솔직하고 담대하게 부부관계를 향유하는

성생활의 모든것

결혼행전

팀 라헤이·비벌리 라헤이 지음
김인화 옮김

요단
JORDAN
PRESS

성생활의 모든 것
결혼행전

2005년 7월 10일 제1판 1쇄 발행
2025년 6월 13일 제1판 17쇄 발행

지은이	팀 라헤이·비벌리 라헤이
옮긴이	김인화
발행인	김용성
제 작	정준용
보 급	이대성

펴낸곳	요단출판사
등 록	1973. 8. 23. 제13-10호
주 소	07238) 서울특별시 영등포구 국회대로76길 10
기 획	(02)2643-9155
보 급	(02)2643-7290 Fax(02)2643-1877

ⓒ2020. 요단출판사 all rights reserved.

정가 18,000원
ISBN 978-89-350-0928-2 03230

이 책의 저작권은 요단출판사가 소유하고 있습니다.
출판사의 사전 승인 없이 책의 내용이나 표지 등을 복제, 인용할 수 없습니다.

Originally published in the U.S.A
under the title THE ACT MARRIAGE-Updated & Expanded
Copyright ⓒ 1976 by The Zondervan Coporation
Copyright ⓒ 1976 by Tim & Beverly lahaye
Grand Rapids, Michigan

The Act of Marriage

The Beauty of
SEXUAL LOVE

Tim and Beverly LaHaye

ZondervanPublishingHouse
Grand Rapids, Michigan

A Division of HarperCollins*Publishers*

❀ ❀ ❀

신뢰와 성실함으로
아름답고 가슴 벅찬 결혼생활을 원하는
모든 부부에게 드립니다.

차례

머리글 • 8

1장 _ 신성한 성 • 11
    종족번식의 의미를 넘어 | 성경에서의 성 | 아담이 그의 아내를 '알았다'
    황홀한 사랑 | 구약에 나타난 '애무' | 신약에 나타난 성관계

2장 _ 남성에게 성행위는 어떤 의미인가? • 24
    성욕구와 생각의 문제[정욕과 시각작용]

3장 _ 여자에게 있어 성행위가 갖는 의미란? • 38
    성행위에 내재되어 있는 가장 아름다운 의미[결혼 안에서의 성행위가 갖는 목적]

4장 _ 하나님이 성을 창조하신 이유 • 53
    죄 중에서도 가장 큰 죄['한 몸'이라는 의미] | 결론[하나님의 다양한 목적]

5장 _ 성교육 • 63
    실습을 통해 배우기[남성 생식기, 여성 생식기] | 고통을 피하려면[처녀막, 성감대, 오르가즘]

6장 _ 성관계의 기술 • 87
    최종적인 목표 | 준비단계 | 사전에 알고 있어야 할 것들 | 위대한 발견 | 전희
    절정 | 절정이 끝난 다음 | 신혼여행에서 할 수 있는 실험 | 음핵 자극하기
    성감대가 깨어나는 네 단계 | 다양한 체위 | 결론[성관계의 기술개발]

7장 _ 남성만을 위한 이야기 • 121
    가급적 많이 알아야 한다 | 자제력을 발휘하라 | 아내의 만족에 집중하도록 하라
    아내의 성감대를 유념하라 | 분노를 통제하라 | 거친 말은 되도록 삼가라
    아내의 사생활을 보호하라 | 청결을 습관화하라 | 성관계를 서둘러 끝내버리지 마라
    허심탄회한 대화를 나누라 | 항상 인격체로 사랑하라

8장 _ 여성만을 위한 이야기 • 134
    항상 긍정적인 마음을 갖자 | 긴장을 풀어라 | 금기사항을 탈피하라
    남성은 시각에 강하게 자극한다 | 잔소리를 하지 않는다

아내는 남편의 사랑에 반응하는 존재이다 | 청결을 생활화한다

허심탄회하게 의사소통하도록 하라 | 하나님의 도우심을 구한다

9장 _ 충족되지 않은 여성 • 151

성에 대한 가장 큰 속임수 | 오르가즘이란 무엇인가?

성적 충동의 결여, 오르가즘의 손상 | 오르가즘을 느끼지 못하는 원인과 치료법

변명은 이제 그만 | 언제나 처음처럼 | 분노는 삶을 황폐화시킨다 | 죄의식

성적 욕망을 꺾는 가장 큰 요인 | 기쁨에 집중하라 | 조루증

자발적인 행위가 가져다주는 보상 | 지배욕 강한 담즙질 여성들

10장 _ 여성이 보이는 반응의 관건 • 193

케겔운동법 | 최신판 케겔운동 | 케겔운동은 남성에게도 유익하다

11장 _ 성무력증에 시달리는 남성 • 225

남자가 성무력증에 걸리는 이유는 무엇인가? | 성무력증을 유발하는 요인은 무엇인가?

치료법 | 성무력증을 치유하는 방법은 과연 존재하는가? | 죄의식에 대한 치료

포기는 금물 | 그러면 아내는 그런 남편을 어떻게 도울 수 있을까? | 문제는 남편 자신이다

60대 이후에도 섹스는 가능한가?

12장 _ 올바른 가족계획 • 280

아이를 출산하고 양육해야 하는 이유 | 출산계획 | 산아제한[피임방법] | 영구 피임법

| 결론[하나님의 선물]

13장 _ 통계로 본 성생활 • 304

가정생활세미나 성관계 설문조사 | 또 다른 흥미있는 비교자료들

불만족, 가끔 만족, 거의 만족 | 자녀는 하나님의 축복이다

기도는 모든 것을 변화시킨다 | 혼전 성경험과 관련된 큰 거짓말 | 증가하는 오럴섹스

성관계를 갖는 횟수 | 결론[행복에 이르는 관건]

14장 _ 성에 관한 질문과 설명 • 336

낙태 | 낙태 이면에 숨겨진 위험 | 간음 | 산아제한 | 의사소통 | 충고 | 사정 | 상상 | 전희

자유연애 | 성관계를 갖는 횟수 | 성불감증 혹은 성욕 부재 | 생식기 | 성무력증 | 자위행위

갱년기 | 생리 | 오럴섹스 | 오르가즘 | 성불감증 | 체위 | 낭만 | 중년 및 노년의 성관계 | 성충동

임신중의 성생활 | 기타 다른 질문들

머리글

이 책은 내가 지금까지 출간했던 여러 저서와는 전혀 다르다. 기혼 부부 및 결혼을 앞둔 청춘남녀, 또 결혼생활에 어려움을 겪는 많은 부부, 그리고 가정사역을 돕는 전문가들이 읽어야 할 실제적인 내용을 대담하고 솔직하게 기술하였다.

나는 오래 전부터 부부의 성관계에 대해 명확하게 설명해 주는 지침서의 필요성을 느꼈다. 이 방면의 기독교 서적은 대부분 핵심이 되는 주제에 대해 두루뭉실 넘어가거나 독자의 상상에 맡겨버린다. 그러나 이런 모호한 내용은 결코 도움을 주지 못한다. 일반 서적은 아예 도가 지나치거나 노골적인 내용으로 일관하여 정작 도움이 필요한 사람에게 혐오감을 준다. 덧붙여 말하면, 이런 책은 성경의 기준에 전혀 맞지 않는 행위를 옹호하고 있다.

모든 부부가 알아야 할 사실이 불쾌한 느낌으로 흐르지 않도록 나는 오십 년을 함께한 아내의 도움을 얻어 이 책을 집필했다. 아내는 이 책에 섬세한 균형과 가정사역 전문가로서 여러 방면에서 얻은 상담 경험을 십분 빌려주었다.

나는 오십 년을 함께한 아내의 도움을 얻어 이 책을 집필했다. 아내는 이 책에 섬세한 균형과 가정사역 전문가로서 여러 방면에서 얻은 상담 경험을 십분 빌려주었다.

우리가 그동안의 사역을 통해 얻게 된 결론은 많은 부부가 성생활의 축복을 누리지 못하고 있다는 사실이다. 우리는 이러한 잘못된 인식과 생활을 바꾸어 주기 위해 도움을 줄 수 있는 몇 가지 원리를 개발하였다. 이것이 알려지면서 여러 사람의 요청으로 인해 이 책이 만들어지게 되었다. 우리는 이 책이 성경적이면서 실제적인 책이 되도록 기도했고, 주님의 인도하심으로 목회자, 의사, 전문가들로부터 받은 상담 사례와 제안들을 반영할 수 있었다.

우리의 상담자 대부분이 그리스도인이라 그런지 모르겠지만, 우리는 자료들을 읽으면서 그리스도인들이 대체로 일반인보다 성적인 즐거움을 더 깊게 체험한다는 결론을 내렸다. 하지만, 이런 가정을 증명할 방법이 없었다. 그래서 우리는 결혼한 부부들을 상대로 상세한 설문지를 준비해서 가족생활 세미나의 참석자에게 나눠주었다. 여기에서 나온 결과를 가지고 일반적인 성관계 설문조사와 비교해 보면서 우리의 판단을 확신하게 되었고, 다른 흥미롭고 중요한 사실을 발견하기도 했다. 이 설문의 결과는 13장에 나와 있으며, 그중 몇 가지는 이 책 곳곳에서 인용하였다.

이 책의 마지막 장을 쓸 즈음에, 〈레드북〉 지에서 십만 명의 여성을 대상으로 한 성만족도 조사결과를 발표했다. 〈레드북〉의 조사 중 가장 의미심장한 발견으로 첫손 꼽히는 것은 "성적 만족은 종교적 신앙과 아주 중요한 관계에 있다. 여성의 종교적 신념이 강할수록 결혼에서 누리는 성생활의 즐거움 역시 높아질 가능성이 많다는 사실이 상당히 일관성 있게 나타났다"고 한 내용이다. "아주 신앙이 투철한 여성(25세 이상)일수록 성적 반응도 더 높으며… 신앙이 없는 여성들보다 매번 오르가즘에 쉽게 도달한다"고 주장하고 있다. 이런 사실은 우리 부부의 가설이 옳다는 사실을 더욱 확신케 했다.

어떤 주제든 인간이 쓴 책 중에 더 이상 덧붙일 게 없는 완성된 책이란 없다. 우리 역시 이 지침서가 부부생활에 대해 모든 것을 말해 주는 최종 결정판이라고 주장하지는 않는다. 그럼에도 이 책에는 거의 모든 부부에게 도움이 될 만한 귀중한 정보가 많이 담겨있다. 이 책을 통해 여러분의 사랑과 성생활이 더욱 풍성하게 되기를 기도한다.

우리는 성생활의 진정한 아름다움은, 바로 그리스도인의 결혼생활에 있다는 증거와 실례를 많이 발견했다. 우리는 이 책에서 그리스도인들이 우리 사회의 어느 누구보다 즐거운 성생활을 한다는 사실을 증명할 것이다. 성관계에 집착하거나 자극을 얻으려고 자극적인 것에 의지하지 않고서도 그들은 언제나 성생활을 즐기고 있다. 하늘에 계신 아버지께서 원래 뜻하신 그 모습대로 말이다. 이 책을 읽은 후에 당신도 여기에 동감했으면 하는 바람이다.

팀 & 비벌리 라헤이

1_ 신성한 성

부부의 성행위는 남편과 아내가 특별히 나누는 지극히 아름답고 친밀한 연합이며, 따라서 거룩한 것이다.

부부의 성행위가 거룩한 경험이라는 증거는 인간에게 내리신 하나님의 첫 계명에서 나타난다. "생육하고 번성하여 땅에 충만하라 땅을 정복하라"(창 1:28). 이 의무는 죄가 세상에 들어오기 전에 이미 주어진 것이다. 하나님께서는 남자와 여자가 정결한 상태에 있을 때 성관계와 종족번식의 원리를 제정하시고, 이를 즐기게 하셨다고 볼 수 있다.

여기에는 강한 힘으로 끌어당기는 아름다운 성관계를 통해 남편과 아내가 서로를 느끼게 만드는 과정이 반드시 포함된다. 두말할 것 없이 아담과 이브는 에덴동산에서 하나님의 의도하신 그대로, 그들을 강하게 밀착시키는 이 힘을 느꼈으며 낙원에 죄가 들어오기 이전에 이미 성행위를 즐겼을 것이다(창 2:25).

하나님께서 우리의 즐거움을 위해 인체의 성기능 구조를 설계하셨다는 생각이 혹자에게는 아주 깜짝 놀랄 일인지도 모른다. 그러나 그리스도교 심리학자 헨리 브란트가 이런 사실을 상기시킨다. "하나님께서는 인간 신체의 모든 부분을 만드셨습니다. 그는 어떤 부분은 잘 만들고 어떤 부분은 대충 넘어가거나 하지 않으십니다. 그분이 모든 것을 선하게 창조하셨기에 창조를 다 마치신 후에 이를 둘러보시며 '참 보기 좋구나'(창1:31)라고 말씀하셨습니다." 다시 강조하지만, 이는 죄가 완전무결한 낙원을 망쳐놓기 전에 이미 생겨난 것이다.

우리는 그동안의 상담을 통해 많은 부부가 성행위에 대해 그릇된 인식을 하고 있다는 판단을 하였다. 이미 알고 있는 사실이지만, 그리스도교 지도자들이 오랫동안 이 부분에 대해 솔직하게 말하기를 꺼려한 까닭에 결혼생활에서 가장 중요한 성생활이 아름다움을 잃고 그늘지게 되었다.

이러한 인식이 잘못되었다는 것은 성경의 기록을 확인해 보면 금방 알 수 있다. 앞서 말한 창세기 1장 28절의 말씀 외에도 예수님의 행동에서도 확연히 드러난다. 예수 그리스도께서 가나의 혼인 예식(요 2:1-11)에 가셔서 기적을 행하신 것은 결혼의 중요성을 인정하신 신성한 증표이다. 아울러 마태복음 19장 5절에 "그 둘이 한 몸이 될지니라"라고 명확히 선언하신다. 아울러 성령께서도 거룩한 체험을 확증하신다. 그 확증의 예를 하나만 들어보겠다. 히브리서 13장 4절에서 이 원리를 기록하고 있다. "모든 사람은 결혼을 귀히 여기고 침소를 더럽히지 않게 하라." 이 선언보다 더 명확한 것이 있을까? 남편과 아내의 성행위에 쉬쉬하고 있다면 성경을 이해하지 못하는 사람이다. "모든 사람은 결혼을 귀히 여기라"에 덧붙여 "침소를 더럽히지 않게 하라"고 한 번 더 강조한 것은 부부관계의 거룩한 체험과 신성한 의무를 강조하는 것이다.

성교(coitus)라는 용어는 사랑의 행위를 묘사하는 정확한 단어이다. 하지만, 이 단어를 사용하자니 어감상 썩 내키지 않았다. 그러나 히브리서 13장 4절에 성령께서 쓰신 침소(bed)라는 단어가 헬라어의 코이테(koite, 코이타이로 발음됨)에서 파생되었고, '사정 함으로 함께 동거하다'라는 의미가 있다는 것을 알고 생각을 바꿨다. 코이테는 '눕다'라는 뜻의 케이마이(keimai)에 그 어원을 두고 있으며 '동침케 하다'라는 뜻의 코이마오(koimao)와도 비슷하다. 앞서 말한 '성교'(coitus)라는 단어가 라틴어 코이티오(coitio)에서 오긴 했지만, 헬라어의 코이테(koite) 역시 똑같은 뜻이며 부부가 '동거'하며 침대에서 경험하는 관계를 의미한다. 이 단어의 의미에 근거를 둔다면, 히브리서 13장 4절은 이렇게 번역된다. "모든 부부는 성관계를 귀히 여기고 순결하게 지켜야 한다." 성교를 통해 부부는 그들이 사랑을 표현한 결과로 탄생할 새 생명, 하나님이 주신 또 다른 인간 창조의 특권을 누리게 된다.

종족번식의 의미를 넘어

나의 첫 성상담 시도는 완벽하게 실패로 끝났다. 결혼한 지 얼마 안 되어 한 친구가 나를 찾아왔다. 신학교 3학년이었던 우리는 비슷한 시기에 결혼을 하여 아주 가깝게 지내고 있었다. 건강하고 낙천적인 친구는 어딘가 아픈 듯 평소보다 표정이 어두웠다. 그는 불쑥 이렇게 털어놓았다. "너는 내가 언제까지 각방을 써야 한다고 생각하니?" 그는 자기 아내가 '오로지 종족번식을 위해서만' 성관계가 이루어져야 한다고 믿고 있는지 근접을 허락하지 않는다고 했다. 친구는 졸업 후에 아이를 갖기로 아내와 합의했기 때문에 성관계에 제약과 많은 불편이 따랐다. 그는 정말 심각하게 물었다. "팀, 성경에 성관계가 즐거움을 위해 존재하는 거라고 가르치는 구절은 없어?"

불행하게도 나는 그 대답을 제대로 해줄 만큼 성경을 잘 알지 못했다. 그런 문제에 대해 생각해 볼 건더기가 없었다. 그 일이 있은 뒤, 나는 이 주제에 대한 하나님의 뜻이 무엇인지 알려고 성경을 읽고 참고문헌을 열심히 모았다. 예상 외로 부부의 성행위를 다루는 구절은 많았다. 종족번식을 언급하는 곳도 있었지만, 부부의 즐거운 성생활을 위한 의도로 다뤄진 구절이 상당히 많이 기록되어 있다. 즉 나의 결론은, 하나님은 성행위가 아담과 이브 시대 이래로 남자와 여자에게 결혼의 즐거움을 주는 가장 큰 요소가 되게 만드셨다는 것이다.

그러나 안타까운 일은 부부의 성생활이 만족스럽지 못하면, 부부의 관계에서도 많은 스트레스를 받게 된다. 부부 중 하나라도 성생활에 흥미가 없다면 서로의 긴장감은 이기적인 표현이나 행동으로 이어져 결혼생활의 파경을 초래한다.

성경에서의 성

성경이 성의 잘못된 오용과 남용에 대해 '간음'이나 '간통'으로 분명하게 강조하는 것은 사람들이 자신의 부도덕함을 정당화하고 있기 때문이다. 성경은 배우자 외의 성관계를 인정하지 않고 있다.

하나님께서는 성을 창조하신 분이다. 인간에게 그런 충동이 일어나도록 하신 것은 남녀를 괴롭히려는 것이 아니라 즐거움과 충일감을 맛보게 하기 위해서다. 이 모든 일이 어떻게 일어났는지를 명심하라. 아담은 에덴동산에 살면서도 충만감을 느끼지 못했다. 모든 종류의 잘 길들여진 동물들에 둘러싸여 세상에서 가장 아름다운 낙원에 살았지만, 그는 자신의 동류와 교제하지 못했다. 그래서 하나님께서는 아담의 육체의 일부를 가져다가 생식 구조를 제외하고는 모든 점에서 남자와 유사한 여자를 만드심으로써 또 다른 창조의 기적을 드러내셨다. 서로 대적하는 대신, 그들은 서로를 보완하는 존재로 지어졌다. 객관적으로 보아도 성을 주신 목적의 일부는 결혼이 즐거움이란 사실을 확인하게 된다.

하나님께서 결혼생활에서 부부의 성관계를 인정하신다는 증거로, 그 기원을 설명하는 아름다운 이야기를 살펴보자. 하나님이 만드신 모든 피조물 중 인간만이 "하나님의 형상"(창 1:27)대로 지음받은 존재다. 이 사실만으로도 인간은 땅 위의 모든 피조물 중 유일무이한 존재가 된다. 그리고 계속해서 "하나님이 그들에게 복을 주시며 하나님이 그들에게 이르시되 '생육하고 번성하여 땅에 충만하라'"(28절) 하시는 구절이 나온다. 하나님은 지으신 피조물을 보며 직접 감상을 말씀하신다. "하나님이 지으신 그 모든 것을 보시니 보시기에 심히 좋았더라"(31절).

창세기 2장은 아담과 하와를 하나님이 어떻게 만드셨는지 상세히 묘사하고 있는데, 분명히 그들을 정식으로 소개하고 번성하라는 명령을 하시기 위해 하나님께서 직접 하와를 아담에게 이끌어 오셨다(22절)는 표현도 이에 포함된다. 그리고 여기에서 그들의 순결함이 다음의 말씀으로 아름답게 묘사된다. "아담과 그의 아내 두 사람이 벌거벗었으나 부끄러워하지 아니하니라"(25절). 아담과 하와는 이때 세 가지 이유에서 당황하거나 부끄러워하지 않았다. 그들을 소개시키고 사랑의 행위를 나누라고 명령하신 분은 거룩하고 공의로우신 하나님이셨다. 부부의 성행위에 대한 어떤 금기사항도 아직 부과되지 않았기에 그들은 죄의식에서 아직 자유로웠다. 또한 그들의 친밀한 애정행위를 지켜볼 사람이 주변에 없기 때문이기도 했다.

더욱 흥미로운 것은 세상 최고의 성행위가 아름다운 선남선녀나 조각같이 완벽한 몸매를 지닌 이들에게만 국한되지 않는다는 사실이다. **서로 자신보다 상대의 필요를 채워주고자 하는 관심을 가지는 것이야말로 부부생활을 영위하는 최상의 조건이다.** 결혼을 위한 최고의 준비가 미덕이며, 두 사람이 서로에게 충실할 때, 가장 풍성한 관계가 이루어지는 이유가 바로 이것이다. **하나님의 계획은**

한 남자와 한 여자가 서로를 통해서만 경험하는 황홀한 절정의 순간을 함께 나누게 하는 것이다.

아담이 그의 아내를 '알았다'

이 성스러운 관계를 하나님께서 축복하셨다는 또 다른 증거는 창세기 4장 1절에 아담과 하와의 부부생활을 묘사한 멋진 표현에서 나타난다. "아담이 그의 아내 하와를 알았으므로 하와가 임신하여…"(문자적 번역. 개역 및 개역개정 성경에는 '알았으므로' 대신 '동침하매'라는 표현을 씀 - 역자 주). 서로의 사랑을 전심으로 표현하고 열정적으로 솟구치는 절정의 체험 속에 정신과 마음, 감정과 육체가 숭고하고 내밀한 교류를 나누는 방식으로 이보다 나은 것이 있겠는가? 이런 경험은 신성하고 개인적이며 친밀하게 서로를 함께 '아는' 것이다. 하나님께서는 남녀가 서로 즐거움을 누리도록 그런 만남을 의도하셨다.

어떤 이들은 하나님께서 영적으로 받으실 만한 것은 즐거운 것이어서는 안 된다는 이상한 생각을 한다. 최근 몇 년간 우리는 부부문제를 상담하면서 함께 정기적으로 기도하라는 권면이 아주 큰 효과가 있음을 발견했다. 함께 기도하는 부부의 성관계는 눈에 띄게 달라졌고, 아주 만족해 한다는 사실을 상담을 통해 여러 번 들었다.

어느 감정이 풍부한 젊은 아내의 이야기를 들어보자. 기도생활이 그들의 관계를 바꿔놓았다며 이렇게 털어놓았다. "잠자리에 들면서 남편과 기도를 하질 못했습니다. 기도 후에 성관계를 맺는다는 것이 어색할 것 같아서 그냥 침대로 들어갔습니다. 그런데 얼마 전부터 기도를 하고 침대에 누웠어요. 그랬더니 마치 사랑을 위해 판을 펴놓은 것처럼 서로 아주 가까워진 느낌이 들었어요." 그녀와 같은 경험을 한 사람이 상당히 많다. 사실 부부가 사랑으로 충만한 시간을 맞기 위해 서로 기도 시간을 갖는 것은 더욱 사랑의 싹을 틔운다.

황홀한 사랑

성경은 지나칠 정도로 성을 표현하고 있다. 아가서의 솔직한 묘사를 읽어보라(2:3-17, 4:1-7 참고). 잠언에서는 "낯선 여인"(음녀)을 취하는 것에 대해 경고하며 도리어 남편들에게 이렇게 가르친다. "네가 젊어서 취한 아내를 즐거워하라." 어떻게? "너는 그의 품을 항상 족하게 여기며 그의 사랑을 항상 연모하라"(잠 5:18-19). 이 황홀한 성관계의 경험이 그를 절정에 이르게 하고 즐겁게 만든다. 이 문맥은 이런 즐거움을 배우자 모두가 느껴야 할 경험임을 강조한다. 현대의 전문가들은 성관계 전의 '전희' 단계가 서로를 만족시키는 데 꼭 필요하다고 말한다. 여기에 이의를 제기할 생각은 없다. 하지만, 우리가 지적하고 싶은 것은 솔로몬이 이미 3천 년 전에 똑같은 얘기를 했다는 사실이다.

성경구절의 진정한 의미를 이해하려면 원래의 목적을 연구해야 한다. 앞서 말한 구절의 의미는 우리가 읽기만 해도 충분히 알게 되지만, 그 배경을 이해하면 훨씬 강력한 힘을 발휘한다. 잠언 1장에서 9장의 영감 된 말씀은 세상에서 가장 지혜로운 자인 솔로몬이 그의 아들에게 주는 교훈을 기록하고 있다.

그는 아들에게 내부에 도사린 어마어마한 성충동을 일평생 잘 조절하고, 음란하게 사용하려는 유혹을 피하라고 가르친다. 솔로몬은 그의 아들이 결혼생활에 국한하여 정당하게 성충동을 사용하며 평생을 즐기기를 원했다. 전체 구절이 지혜에 관한 것이므로 즐겁고 만족스런 부부의 성관계가 지혜에 도달하는 과정임은 분명하다. 혼외정사는 결국에 '파멸'(비탄, 죄책감, 슬픔)을 가져오고 만다. 순간적이고 어리석은 쾌락을 경계해야 한다. 황홀한 사랑을 위해 몸과 마음이 준비되어 있는가? 부부의 사랑을 나누는 행위에는 황홀한 아름다움이 들어있다. 그것이 하나님의 의도이다.

구약에 나타난 '애무'

구약의 인물 가운데 이삭을 통해 부부관계를 유추해 볼 수 있다. 창세기 26장 6-11절을 보면, 부부관계의 정겨움을 연상할 수 있다. 히브리 사람들에게 믿음의 선진(히 11장 참조)이라 칭함을 듣는 이 남자가 자기 아내를 '애무'하였다. 어느 정도인지 알 수 없지만, 그 행동을 보고 아비멜렉은 이삭과 리브가가 부부라는 사실을 확신하였고, 자신에게 리브가가 누이동생이라고 거짓말한 이유를 이삭에게 따지게 된다.

이삭의 실수는 자기 아내를 애무한 것이 아니라 부부의 사생활을 외부에 드러냈다는 것이다. 여기서 강조하고자 하는 것은 이삭의 잘 잘못이 아니라 고금을 통하여 남편과 아내의 '애무'는 보편적인 부부의 애정표현이라는 것이다. 애무는 금기시되는 것이 아니다. 하나님께서 그렇게 만드신 행동이기 때문이다.

하나님이 부부의 성행위를 인정하셨음에 대한 깊은 통찰은 이스라엘을 위해 모세에게 주신 하나님의 계명과 율법에서도 드러난다. 하나님은 남자가 결혼한 뒤 일 년 동안은 모든 병역의 의무나 직무를 면제해 주라고 명령하셨다(신 24:5). 그래야 성적 욕구가 가장 강할 시기에 실제 경험으로 즐거움을 누릴 기회를 많이 가짐으로써 서로를 '알아갈' 수 있게 된다. 아울러 '생육하고 번성하라'는 말씀에 의해 종족번식을 위한 배려도 들어있다.

신약은 성적 욕구가 하나님의 섭리 가운데 이루어진 것을 묘사하고 있다. 하나님의 의도와 마음을 알 수 있다. 고린도전서 7장 9절에는 "만일 절제할 수 없거든 결혼하라 정욕이 불 같이 타는 것보다 결혼하는 것이 나으니라"고 말씀한다. 왜 그런가? 인간 내부에 만들어 놓은 이 자연적 욕구를 해소하는 방법은 결혼 안에서의 성행위밖에 없다. 이것이 성적 욕구를 해소하도록 하나님이 본래 정하신 방법이다. 그래서 남편과 아내가 완전히 서로를 의지하여 성적인 만족감을 느끼도록 예정하셨다.

신약에 나타난 성관계

성경은 인간 행위에 대한 최상의 지침서다. 성경에는 성관계를 포함해서 사람과 사람 사이에 일어나는 온갖 종류의 관계가 기록되어 있다. 결혼생활에 대한 신약의 대표적인 구절은 다음일 것이다.

> 음행을 피하기 위하여 남자마다 자기 아내를 두고 여자마다 자기 남편을 두라 남편은 그 아내에 대한 의무를 다하고 아내도 그 남편에게 그렇게 할지라 아내는 자기 몸을 주장하지 못하고 오직 그 남편이 하며 남편도 그와 같이 자기 몸을 주장하지 못하고 오직 그 아내가 하나니 서로 분방하지 말라 다만 기도할 틈을 얻기 위하여 합의상 얼마 동안은 하되 다시 합하라 이는 너희가 절제 못함으로 말미암아 사탄이 너희를 시험하지 못하게 하려 함이라 (고전 7:2-5).

이 개념에 대해서는 책의 후반부에서 자세히 설명하겠지만, 여기서 가르치는 성관계의 중심원리를 대략 살펴보려 한다.

1. 남편과 아내 둘 다 결혼을 통해 만족을 얻어야 할 성욕구와 동기를 지닌다.
2. 사람은 결혼하면 자기 몸을 배우자가 주장하게 해야 한다.
3. 남편이나 아내 그 어느 쪽도 배우자의 성적 필요를 거부하지 못한다.

4. 부부의 성생활은 하나님께서 인정하신 것이다.

세 자녀를 둔 젊은 여성이 나를 찾아와 자기에게 정신과 의사를 소개시켜 달라고 했다. 그녀는 이제껏 한 번도 오르가즘을 느껴 본 적이 없고, 부부관계중에는 긴장을 감추지 못했으며 끝나고 나면 늘 죄책감을 느낀다고 했다. 그리고 성경적 가치관에 반하는 깊은 애무행위를 결혼 전에 이미 경험했다고 털어놓았다.

이 여성에겐 심리학 테스트나 상담요법이 필요한 게 아니다. 그녀가 결혼 전에 저지른 죄를 고백하고 성경이 말하는 부부의 사랑에 대해 배워야 한다. 상담 이후에 그녀는 나의 조언을 실천하였다. 죄를 회개하고 성경적 관점으로 자신을 살폈다. 성경을 읽으며 부부관계에 관련된 좋은 책을 보면서 성관계는 부부를 위해 하나님께서 제정하신 거룩한 계획의 일부분이라는 확신을 얻었다. 이제 그녀는 완전히 다른 아내처럼 되었다. 그러자 미지근하게 신앙생활을 했던 그녀의 남편이 나를 찾아왔다. "아내에게 뭐라고 말씀하셨는지는 몰라도, 덕분에 부부생활이 완전히 달라졌습니다." 그때부터 그들은 영적으로 놀랍게 성장했다. 이 부부는 성관계가 하나님께서 서로 즐거운 경험이 되도록 아끼고 배려할 수 있도록 만드신 의도라는 사실을 깨닫고 서로 노력을 했기 때문이다.

오늘날 우리가 목도하는 시중에 널린 싸구려와 변태로 가득한 성관계를 하나님께서 의도하시지 않았다는 사실은 누구나 인정할 것이다. 이는 인간의 본성이 타락해서 하나님께서 인간에게 심어

준 모든 선한 것을 파괴시킨 결과다. 하나님은 부부의 성행위가 두 사람이 이 땅에서 나눌 수 있는 가장 고상한 체험이 되도록 계획하셨다.

성령충만한 그리스도인이라면 집착하거나 뒤틀리고 왜곡된 성의식으로 머릿속을 채우지 않아도, 일생동안 다른 어떤 사람보다 성생활을 즐길 줄 안다고 우리는 믿는다. 이것은 우리 부부가 오랫동안 가정사역을 하면서 얻게 된 결론이다. 즉 **부부는 성관계를 통해 그 사랑과 기쁨을 나누어야 한다. 이것이야말로 우리를 지으신 하나님의 계획이며 행복한 결혼생활의 원리인 것이다.**

2_ 남성에게 성행위는 어떤 의미인가?

상대방의 입장에서 생각하는 대화를 할 때, 서로의 마음을 쉽게 알게 된다. 이것이 의사소통의 핵심 열쇠인데 부부관계도 마찬가지다. 남자에게 있어 성행위가 진정으로 무엇을 의미하는 지를 아내가 이해한다면, 남편의 구애에 자연스럽게 반응하고 부부간의 애정도 깊어갈 것이다.

수지는 상담을 시작하면서 이런 불평을 늘어놓았다. "우리 문제는 이거예요. 빌은 정말 짐승 같아요! 늘 생각하는 게 섹스밖에 없어요! 처음부터 섹스 문제로 실랑이만 벌인 느낌이에요. 남편은 너무너무 밝혀요!" 보통 이러한 얘길 들으면 건장한 육체의 남성을 연상한다. 아울러 지나가는 예쁜 여자만 있으면 눈을 번뜩이는 그런 남자일 것으로 생각하게 되는데, 수지의 남편은 정반대였다. 빌은 조용하고 근면하며 차분한 성격으로 아주 가정적인 20대 후반의 남성일 뿐이다. 얼마나 자주 성관계를 가지느냐는 질문에 그녀는 "일 주일에 서너 번"이라고 대답했다(경험을 통해 아내들은 보통 성관계 횟수를 남편들보다 더 많이 부풀려 이야기하고, 반대로 불만족스런 남편 쪽은 빈도를 낮게 잡아 얘기하는 경향이 있음을 발견했다. 양쪽 이야기를 다 듣고 평균을 내면, 더 정확한 수치를 얻게 된다). 사실 빌은 비정상적인 사람이 아니다. 우리의 조사와 다른 자료들에 비추어볼 때 그는 그 연령대의 보통 남편의 범주 내에서 자신의 역할을 잘하고 있는 것으로 밝혀졌다.

수지는 세 가지 문제를 안고 있었다. 그녀는 성관계를 좋아하지 않았고, 빌의 욕구를 이해하지 못했으며, 남편보다는 자신에게 더 관심을 쏟았다. 그녀가 이기적인 자신의 행동을 인정하고 애정 행위가 남편에게 어떤 의미가 있는지를 알게 되었을 때, 그들의 부부생활은 완전히 변화되었다. 이제 그녀는 성행위를 즐기게 되었고, 최근에는 우리를 방문해 이런 얘기를 해주었다. "어젯밤에 남편이 저에게 '여보, 도대체 당신한테 무슨 바람이 분 거야? 몇 년 동안 난 줄기차게 침대에서 당신을 쫓아다녔는데, 이젠 당신이 날 쫓아다니고 있잖아!' 이러지 뭐예요." 이젠 그녀도 남편도 멀리 쫓아다닐 필요가 없게 되었다.

부부의 성행위가 남편에게 중요한 다섯 가지 이유는 다음과 같다.

1. 성적 욕구를 만족시킨다. 모든 종류의 생물에서 수컷은 암컷보다 강한 성충동을 가지고 있다는 것은 일반적인 상식이다. 인간 역시 예외는 아니다. 여성에게 강한 성충동이 존재하지 않는다는

의미가 아니라, 남성의 욕구가 지속적인 데 비해 여성의 욕구는 드문드문 산발적으로 일어난다.

하나님께서는 남성이 공격자와 공급자, 가족의 지도자가 되도록 계획하셨다. 이는 어느 정도 남성 성욕과도 관련이 있다. 남편의 주도적인 통솔력은 좋아하면서 그의 성충동 때문에 불평하는 아내는 성욕이 없으면 통솔력도 존재하지 않는다는 사실을 인정하는 게 좋을 것이다.

남성의 성충동이라는 신체적 원인을 설명하자면, '한 방울의 정액에 3백만 개의 정자가 들어 있다'는 과학적 사실을 언급해야 할 것 같다. 나이에 따라 다르겠지만, 하루에 두 번에서 다섯 번까지 사정을 한다면, 남성의 생식계통에서는 매일 한 번씩 수백만 개의 미세한 정자를 만들어내는 것이 분명하다. 성관계를 통해 이것이 분출되지 못한다면, 이는 정신적, 육체적으로 욕구불만에 이르게 된다. 한 작가는 이렇게 말했다. "정상적이고 건강한 남자가 만들어내는 정액은 그 압력 때문에 42시간에서 78시간마다 방출하지 않으면 안 된다." 여러 가지 조건의 변수가 방출 압력을 결정한다. 그러니까 정신적인 업무나 가족문제가 부담으로 작용하면, 심신에 여유가 있을 때처럼 그 압력을 생생히 느끼지 못하게 된다. 연구에 따르면 농촌지역의 남성은 같은 연령층의 도시지역 남성보다 일관성 있게 성관계의 욕구를 느낀다고 한다. 연구원들은 도시인들이 농촌지역에 사는 사람들보다 심리적인 압박을 더 겪기 때문에 이런 결과가 발생했다고 설명한다. 또 다른 가능성은 농촌에 사는 사람들은 육체노동을 더 많이 하기 때문에 주로 앉아서 생활하는 도시 사람들보다 건강상태가 좋다는 것이다.

젊은 기혼 여성들은 경험부족과 임신에 대한 두려움 때문에 남편의 열정을 함께 나누지 못한다. 결혼 초 몇 년 동안은 성관계의 횟수가 종종 갈등과 불화의 원인이 된다. 젊은 아내들은 남편의 욕구가 별난 것이 아니라 대부분의 정상적인 남성의 특징이라는 사실을 깨닫지 못하고, 남편의 끓어오르는 젊음의 열정을 짐승 같다고 생각할지도 모른다. 이 욕구는 종족번식을 일으키는 동기를 부여하는 하나님의 선물이며, 사회적 목적이다. 이 욕구는 인간의 성적 행위뿐 아니라 인성과 일, 동기, 또 인간생활 특징의 모든 면에 영향을 미친다. 이것이 없으면 여성과 사랑에 빠지는 남성이 되지 못한다. 이 욕구에 대항하기보다는 잘 협력해 가는 것이 아내의 지혜일 것이다.

부부관계에서는 태도가 아주 중요하다. 특히 성행위에 있어서는 더 그렇다. 둘 중 어느 쪽이든 이를 꼭 해야 하는 의무방어전 같은 것으로 바라본다면, 그런 태도는 곧 상대 배우자에게 쉽게 감지된다. 따라서 그들의 사랑의 열정이 사라질 때까지 조금씩 상황은 악화된다. 고답적인 성행위에 대한 사고방식을 바꾸지 않으면, 사랑이 싸늘히 식어버릴 날도 멀지 않다.

2. 남자다운 남자로 느끼게 한다. 남성은 보통 여성보다 자의식이 강하다. 스스로를 남자답지 못하다고 느끼게 되면, 자신이 무가치한 존재라고 단정하는 경우가 있다. 남성의 성충동은 자아와 복

잡하게 얽혀있다. 성기능에 자신감이 없으면서 강한 자아상을 보이는 남성을 나는 한 번도 만나보지 못했다. 성적 만족감을 느끼는 남편들은 다른 삶의 영역에서도 빠른 속도로 자신감 넘치는 태도를 보여준다.

대부분의 남자는 자신이 불안한 감정을 성적 원인과 결부시키지 않고 있다. 내가 지켜본 바로는 남성의 유약한 자아를 살펴보면 거기에는 대부분 성적인 불만과 자신감 부족이 들어있는 것을 발견하게 된다. 사회적으로 실패를 경험한 남자라도 침실에서 아내와 누리는 관계가 좋다면 모든 것을 견딘다. 하지만, 침실에서마저 실패한다면 사회에서 인정받고 성공을 하더라도 그는 공허함을 떨쳐버릴 수가 없다. 침실에서 성공하지 못한다는 것이 남성에게는 삶의 실패를 알리는 전조와 같다.

어느 날 상담실을 찾아온 부인이 있었다. 그녀는 사업에 실패한 남편을 위해 자기가 할 수 있는 일이 없냐고 질문을 했다. 늘 의욕이 넘쳤던 남편이 무기력해져 있다는 것이다. "그인 다시 일어설 거라고 저는 확신해요. 워낙 활동적이라 한 번 실패했다고 인생 전체를 망칠 사람이 아니에요." 나는 이 말을 듣고 이런 제안을 했다. 경제적인 앞날은 하나님께 맡기고 남편에게 적극적인 애정공세를 펼치라고 조언을 했다. 옷도 과감하게 입고 여성적인 매력을 한껏 발산해서 성을 통해 기를 살려주라고 말했다. "남편이 절 수상하게 생각하면 어쩌죠? 그런 면에서는 남편이 늘 적극적이었거든요." 그녀의 반응을 듣고, 나는 상처입은 남편의 자아는 아내가 이런 좌절의 시기에도 자신을 사랑한다는 것을 재확인하고 싶어한다고 설명해 주었다. 많은 남편이 무의식적으로 갖는 생각은 아내가 어떤 의무감이나 자신에 대한 불쾌한 감정을 갖고 성관계를 회피한다는 두려움이다. 특히 실패의 시기에 처한 모든 남편에게는 아내가 자신이 제공하는 외적 조건 때문이 아니라 있는 그대로의 자신을 사랑한다는 확신이 필요하다. 그녀는 남편에게 더욱 애정을 쏟았다. 남편은 아내의 변함없는 사랑에 힘을 얻었고, 성관계를 끝내고 5분도 안 되어 새로운 아이디어를 아내에게 얘기하기 시작했다고 한다. 이런 경험은 그를 도약하게 만드는 계기가 되었다. 얼마 지나지 않아 그는 자신이 진출할 분야를 찾았고 지금은 아주 성공적인 인생을 살고 있다.

어떤 여성들은 성관계를 이렇게 사용하는 것은 또 다른 형태의 '성적 착취'라고 이의를 제기할지도 모르겠다. 우린 이기적이지 않은 사랑의 표현이라고 생각하고 싶다. 그녀가 남편을 사랑하기 때문에 이 경우만큼은 자기 기분이나 남편의 기분이 아니라 오로지 그의 필요에 맞춰 분위기를 조성하려 했던 것이다. 이것이 바로 성경에서 말하는 사랑의 아름다운 완성이 아닐까? "각각 자기 일을 돌아볼 뿐더러 각각 다른 사람들의 일을 돌아보아 나의 기쁨을 충만케 하라"(빌 2:4).

너무나도 많은 여성이 성적 매력을 잘못 생각하고 있다. 다른 사람 앞에서 섹시하게 보이고 그렇게 행동해야 한다고 생각한다. 그러나 신실한 아내는 자신의 성적 매력과 만족감을 오로지 남편에게만 전달한다. 그러면 남편은 더욱 기쁨을 느끼게 되고, 서로가 함께 성관계를 즐기고 있다는 사실을 확신하면서 그의 만족감은 훨씬 더 충만해진다. 지혜롭고 사려 깊은 여성은 남편에게 그가 아주 훌륭한 연인이며, 자신도 그와의 관계를 즐기고 있음을 알려주려고 특별한 노력을 기울인다. 이는 남편의 자아에도 좋은 영향을 주어 부부 사이에 솔직한 대화를 더 많이 나눌 수 있게 한다. 거짓되고 위선적인 정숙으로 얌전빼는 사람은 배우자에게 그런 중요한 사실을 감추게 될 것이다. 순전한 사랑은 주는 가운데 화려하게 꽃핀다. 헌신적인 남편이 아내가 자신과의 성관계를 즐긴다는 사실을 알 때 희열을 느끼는 이유가 바로 그것이다.

그런 사랑의 유익은 연인과의 결속이 굳어질 뿐만 아니라, 그 사랑이 자녀에게 축복으로 쏟아 부어진다는 것이다. 자신감에 찬 남성은 더 좋은 아버지가 되고, 더 나은 판단을 내리며 가족 전체에 대한 사랑이 더욱 커진다.

3. 아내에 대한 남편의 사랑을 북돋운다. 우리는 증후군(syndrome)이라는 용어에 익숙하지만, 보통은 이 말을 질병, 우울, 분노, 두려움 같은 부정적인 일과 연관시킨다. 하지만, 사실 이 말은 사랑과 함께 쓰이는 것이 가장 적절하다. '사랑 증후군'은 아무도 다치게 하지 않으며, 그런 증후군은 서로 성행위의 만족감을 나눌 수 있는 결혼한 배우자 사이에서 일어난다.

남성은 하나님께로부터 강한 성충동과 양심을 함께 받았기 때문에, 양심을 거스르지 않고 이 욕구를 만족스럽게 해소하면 이를 가능케 해준 사람에 대한 사랑이 절로 솟는다. 그러나 지상에서 오직 한 사람, 아내만이 그 일을 할 수 있다.

왜 그런지 한번 생각해 보자. 남성의 성욕구는 오로지 사정에 의해서만 해소된다. 이 사정은 성교, 자위행위, 몽정의 방법에 의해서만 이루어진다. 성교를 다른 것과 비교해 볼 때 사정을 하는 가장 만족스런 방법이지만, 이것은 부부간 성행위, 매춘, 간통 등으로 번갈아가며 충족될 수 있다. 이 모든 방법이 생물학적인 정액의 방출을 하게 하지만, 지속적인 즐거움을 보장해 주지는 않는다. 하나님께서 모든 남성에게 주신 양심이 도덕성에 관한 하나님의 기준을 위반했을 때 스스로를 '고발'하기 때문이다(롬 1장, 2:14-15절 참조). 성관계로 얻은 것이 쾌락뿐이고 곧 죄의식이 뒤따른다면, 하나님이 원래 의도하신 만족스런 경험을 그저 흉내만 낸 가짜라고 할 수 있다. 그렇지만, 이와 반대로 부부의 성행위가 제대로 이루어지고 나면, 그 정결함으로 인해 온몸의 긴장이 이완된다. 성행위는 남성의 생활에 없어서는 안 될 부분인데, 부부의 성행위는 남편의 양심의 순결을 지켜주므로, 그에게 이런 경험을 부여하는 여성은 더욱 그의 사랑을 받는 대상이 된다.

바비는 전형적인 남부 미인으로 남편 조가 자신을 더 이상 사랑하지 않는 것 같다며 속내를 털어놓았다. 증명할 수는 없지만, "그이한테 딴 여자가 생긴 게 분명해요"라고 그녀는 주장했다. 나는 매력적인 아름다운 아내를 두고서 한눈을 파는 남편이 믿어지지 않았다. 계속 질문을 하는 동안, 남편이 마음에 들 때만 보상으로 배급 주듯 성관계를 이용했다는 사실이 드러났다. 조는 이런 상황을 참을 수가 없었을 것이다. 상담을 마치고 돌아간 바비는 나의 조언대로 남편에게 적극적으로 나아갔다. 처음에 당황했지만 아내와의 성행위가 주는 안정감과 만족감을 깨닫고 남편은 더 이상 다른 곳에 눈을 돌리지 않았다.

만족스런 성생활을 영위하고 있는 어느 남편이 성의 유혹을 경험해 본 적이 있느냐는 질문에 아주 명쾌한 대답을 하였다. "차고에 캐딜락이 있는데, 뭣 때문에 길거리에 나가서 폭스바겐을 훔칠 생각을 하겠습니까?"

여성들의 태도가 최근 이런 쪽에서 계속 바뀌어가고 있다. 예전에는 아내들이 보통 성행위를 '결혼에 필수적인 부분'이나 '아내가 마땅히 행해야 할 의무' 등으로 간주했다. 이제는 더욱 많은 여성이 점점 이를 하나님이 주신, 일평생 부부의 관계를 풍성하게 채워 주는 수단이라 여긴다.

4. 가정의 불화를 감소시킨다. 만족스런 부부 관계에서 오는 또 다른 현상은 가정 내에 사소한 말다툼이나 갈등이 줄어든다는 것이다. 성적 만족감을 느끼는 남성은 대체로 느긋해진다. 그렇다고 가정사의 중요한 문제들이 해결되지는 않겠지만, 사소한 신경전은 분명 줄어든다. 많은 아내가 이런 얘기를 했다. "우리 남편은 성생활이 원만하면 일상생활에서도 훨씬 잘 지내요. 애들이 난리를 쳐도 짜증내지 않고, 다른 사람들하고도 잘 참고 지내거든요."

대부분의 남성은 자신들이 까닭 모를 짜증을 내는 것이 상당부분 성적 욕구불만에서 온다는 걸 인식하지 못하지만, 현명한 아내라면 그런 가능성에 대해 결코 방심하지 않는다. 성적인 조화가 이루어지면 남자들에게는 세상도 좀 나아 보이고, 어렵기만 한 일도 제 크기만큼 줄어든다. 남편과 아내의 성관계가 잘 이루어지면 힘든 일도 삶을 짓누르던 압박감도 그만한 가치가 있어 보인다.

한 심약한 남편이 아내에게 이렇게 선언했다. "난 오늘 밤 이 집에서 나갈 거야. 난 혼자 살고 싶어." 이 말을 한 남자는 다른 여자가 생겨서 그런 것이 아니다. 그는 이렇게 고백했다. "난 가족을 부양하려고 부업에 매달리느니 차라리 경주용 차를 수리하면서 저녁시간을 보낼 겁니다." 그가 가출을 하고 싶은 원인은 이것이다. 아내는 가족을 위해 희생하는 자신에게 수고한다거나 고맙다는 표현을 한 적도 없고, 성관계도 거의 없어 자신의 역할과 존재에 대한 상실감이었다. 아내는 자신의 무관심이 남편의 불만족과 분노를 불러왔다는 사실을 깨닫고, 남편에게 사정을 했다. "제발 한 번만 더 기회를 줘요. 당신의 소중함과 결혼생활의 가치를 꼭 당신에게 보여줄게요." 그렇게 다시 기회를 얻어 그 말을 증명해 보이는 여자들도 있겠지만, 그렇지 못하는 경우도 있을 것이다. 아내는 남편에게 좀 더 세심해야 남편의 불만을 감소시킬 수 있고, 행복한 가정을 만들 것이다.

5. 생의 가장 흥분되는 경험을 제공한다. 부부간 성행위의 절정에서 발산되는 거대한 신체적, 정서적 분출은 남편에게는 언제나 누려 볼 수 있는 최상의 경험이다. 그 절정의 순간은 모든 다른 생

각이 머릿속에서 사라지고, 신체의 분비선과 기관들의 흥분상태가 최고조에 도달한다. 호흡은 점점 빨라지고 사랑하는 사람의 내부에 정액을 방출하는 동시에 압력이 한꺼번에 풀리는 절정의 순간을 맞는다. 이 환상적인 경험은 말로 표현하기에는 너무 부족하다.

한 심장병 환자가 부부의 성행위가 남성에게 갖는 의미를 우리가 지금까지 들었던 어떤 내용보다 아주 훌륭하게 묘사했다. 조금이라도 불필요한 신체활동을 하면 생명에 지장을 받게 된다는 의사의 경고에도 그는 계속 아내와 성관계를 가졌다. 가끔은 끝난 뒤에 몸이 쪼개지는 듯한 고통을 참아야 했다. 심장이 쿵쿵거리고, 얼굴은 완전히 창백해지고, 사지는 싸늘하고 힘이 빠졌다. 어떤 때는 침대를 내려가는 데에도 한두 시간이 걸렸다고 한다. 나는 그 이야기를 들으면서 의사처럼 건강을 걱정하지 않을 수 없었다. 그래서 아내와 성관계 도중에 죽을지도 모른다고 넌지시 언급하였다. 그러나 그는 즉각 이렇게 대답했다. "죽는 데 그보다 더 좋은 방법 있으면 말해 보시오!"

정말 아름다운 것은 하나님께서 남성이 오직 자기 아내와 함께 그런 경험을 공유하게끔 지으셨다는 사실이다. 그가 하나님께서 명령하신 방식으로 그녀를 사랑하고 품에 안으면, 따뜻하고 애정 넘치는 관계로 발전되어 그들의 결혼생활 전체가 풍성해질 것이다. 서로 성행위를 통해 그들은 결혼생활 내내 이런 신나고 즐거운 경험을 수천 번이라도 나누게 될 것이다.

미국의 유명한 인생상담 칼럼에 약 열흘 간격으로 부부관계에 있어 남편의 성에 대한 핵심을 잘 표현한 두 통의 편지가 소개됐다. 첫 번째 편지는 집안일에 엉망인 아내에 대해 불평과 불만을 잔뜩 늘어놓고, 아내에게 있는 한 가지 장점을 적어놓은 것이다. "그래도 내가 그걸 원하면 언제나 침대로 가 줘요." 두 번째 편지는 어떤 영업사원의 글이었다. 그는 첫 번 남자에게 오히려 아내에게 감사하라고 일침을 가했다. "나한테 그런 마누라가 있으면 더욱 열심히 일하고 돈을 많이 벌어서 집에 파출부를 붙여주겠소."

마라벨 모르간의 「완전한 여인」(*The Total Woman*)이라는 책에는 남성은 머릿속에 저녁밥과 성관계를 떠올리며 퇴근한다는 얘기가 나온다. 그리고 종종 성관계가 저녁을 먹기 전에 오기도 한다.

성욕구와 생각의 문제

남자의 성충동이 너무나 강해서 종종 성관계가 그들 머리 제일 윗부분에 자리 잡은 것처럼 보이기도 한다. 군대에 가 본 남자라면 다들 알겠지만 군인의 95퍼센트는 휴식시간에 하는 얘기가 거의 성적인 내용이다. 육두문자를 섞은 음담패설이 끊임없이 난무한다.

그러한 남성들이 그리스도인이 된 직후, 이제 하나님의 말씀과 성령의 역사하심으로 자기의 사고 방식을 변화시켜야 한다는 것을 깨닫는다. 우리 하나님께서는 물론 이 보편적인 남성의 문제를 아시므로 이렇게 경고하신다. "나는 너희에게 이르노니 음욕을 품고 여자를 보는 자마다 마음에 이미 간음하였느니라"(마 5:28). 다른 어떤 죄보다 정신적 간음이 신실한 많은 남자를 영적으로 패배하게 만든다.

많은 여성이 종종 섹시하게 옷을 입고 다니는 것은 이런 남성들의 문제를 이해하지 못하기 때문이다. 볼썽사나운 노출은 남성의 생각에 어떤 문제를 일으킨다. 그리스도인 여성이라면 단정한 옷차림을 하고 다녀야 한다. 여성은 남성의 몸을 보고도 별로 성적인 자극을 받지 않기 때문에 남자의 반응을 재빨리 알아차리지 못한다. 이런 사실은 군복무를 하면서 라스베이거스 공군 기지에 주둔하고 있을 때 깨달은 것이다. 졸병 시절, 최고의 임무였던 여군 막사를 청소하라는 명령을 받았다. 빈 내무반을 청소하면서 나는 의외의 사실을 발견했다. 두 층을 다 치울 때까지 남자 누드 사진은 한 장도 발견할 수 없었던 것이다. 이와는 딴판으로 197명이 생활하는 남자 막사에는 193장의 여자 사진이 떡하니 걸려있는데 말이다. 최근 성에 대한 지나친 강조로 여성도 성적 충동이 증가하고 있다. 하지만, 여성은 후천적인 학습의 영향으로 그렇게 되는 반면, 남성은 천성적으로 그런 경향을 띤다.

시각적인 정욕의 문제에 여성이 별로 영향받지 않는다는 또 다른 예증은 최근 우리 집에서도 발견된다. 육체미 화보를 훑어보다가 나는 미스터 아메리카의 사진을 발견했다. 불룩 솟은 이두박근과 물결 모양의 근육에 감탄하고 있을 때, 아내가 뒤에서 사진을 슬쩍 보고 곧바로 이런 반응을 보였다. "어유, 징그러워!" 여성만의 다른 영적인 문제들이 물론 있겠지만, 성에 대한 충동은 확실히 남성보다 적은 듯하다.

아무튼, 사랑이 넘치며 성관계에서도 남편과 호흡이 잘 맞는 아내는 남편이 자신의 생각을 하나님께서 기뻐하시는 방향으로 지켜 나가도록 하는 데 큰 도움이 된다. 사실 하나님은 정력 넘치고 애정 많은 남성과 냉철하고 무심한 아내와 부부의 관계를 허락하기도 하신다. 이럴 때 어떤 남편은 생각의 정욕이 끓어올라 영적으로 패배할 확률이 높다. 그리고 아내를 탓하는 핑계거리로 이용한다.

남자는 여자보다 시각작용과 사고구조가 유혹에 넘어가기 쉽다. 이런 남성의 특징을 아내는 이해하고 있어야 한다. **아내는 자신보다 남편의 필요를 생각하고, 자신의 사랑을 부어 주는 것이 현명한 모습이다.** 그 보상으로 남편은 아내를 더욱 배려하고, 아끼고 도와주어야 할 것이다. 바로 결혼생활이 하나님이 허락한 가장 황홀한 경험을 나누고 확인할 수 있게 해주기 때문이다.

3 _ 여자에게 있어 성행위가 갖는 의미란?

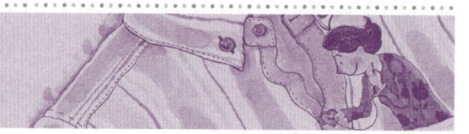

요즈음 성에 대한 인식과 태도가 많이 변했지만, 여전히 남성 중심의 문화는 부부관계에도 큰 영향을 끼치고 있다. 성생활도 마찬가지인데 여성의 입장은 간과되고 있다. 그동안 성관계란 여성이 남편의 사랑을 확인하는 행위가 아니라 남편의 욕구를 충족시켜 주는 행위라는 인식이 지배적이었다. 따라서 많은 여성이 성관계를 통해 사랑받고 있다는 행복감보다 이용당하고 있다는 좌절감만 맛보곤 했다.

이러한 분위기는 아내의 생활을 무미건조하게 만든다. 별반 다를 것 없는 집안일도 한 몫 거든다. 아이를 낳고 키우는 데만 급급한 생활이 된다. 남편이 원할 때만 성관계를 가지는 것은 여간 곤혹스러운 일이 아니다.

다행히 근래 들어서는 아내가 무엇을 갈망하는지 그리고 어떻게 하면 아내의 욕구를 더 잘 충족시켜 줄 수 있을지 고민하는 남편이 늘고 있다고 하니 참으로 반가운 소식이 아닐 수 없다. 나아가 현대의 그리스도인 남편은 이전 세대와는 다르게, 아내는 무조건적인 용납과 이해가 필요한, 하나님의 특별한 피조물이라는 인식을 갖고서 아내를 존경하고 사랑하려는 모습을 많이 보이고 있다. 특별히 지난 십 년 간 출판된 책 가운데에는 이런 문제에 대해 솔직하게 다룬 책들이 몇 권 있는데, 남성이 그런 책을 통해 여성에 대해 좀 더 잘 이해할 수 있게 된 것도 이러한 변화를 가능케 하는 데 크게 작용을 하였다. 혹 아직도 여성과 성에 대해 별로 아는 게 없는 남성은 필히 그런 책을 읽어 보기 바란다. 바보가 아닌 다음에야 그런 책을 통해 많은 것을 배우게 될 것이며, 그 결과 여성과 성에 대해 아는 것이 많아질수록 여성이 갖고 있는 정서적 욕구도 더 잘 파악하고 이해할 수 있게 될 것이다.

언젠가 한 현인은 "여자야말로 지구상에 존재하는 피조물 가운데 가장 복잡한 피조물이다"라고 말한 적이 있는데, 정말 그의 말대로 여성을 온전히 이해하고 있는 남자는 아마 단 한 명도 없을 것이다. 이번 장에서는 성행위가 여성에게 어떤 의미를 갖고 있는지에 대해 쓰려고 한다. 그러므로 남성이 이 장을 읽는다면 많은 도움을 받을 수 있을 것이다. 남편들이여, 아내가 갖고 있는 성적 욕구에 좀 더 민감해지기 바란다. 그래야만 성적인 영역에서뿐 아니라 생활 전반에서도 서로를 더 잘 이해하고 즐길 수 있기 때문이다.

다음의 다섯 가지는 결혼에서의 성행위가 여성에게 어떤 의미를 갖고 있는지 정리한 것이다.

1. 여성스러움을 충족시켜 준다. 요즈음처럼 자아상 관련 서적들이 맹위를 떨친 적도 드물 것이다. 서점마다 자기 정체성에 대한 책들이 진열되어 있다. 그리스도인으로서 나는 그런 책들이 말하는 내용에 전적으로 동의할 수는 없지만, 진정한 행복은 자신을 온전히 받아들이는 데서 출발한다는 주장은 동의한다. 그리고 이것은 기혼여성에게 특히 더 적용되는 말이다. 한 남자의 아내가 된 여성이 자신의 성생활을 실패라고 생각한다면, 여성으로서의 아름다움을 상실하고 자신을 온전히 받아들이지 못하게 된다.

이런 맥락에서 본다면, 결혼을 앞둔 신부가 자신의 앞날에 대해 불안해하는 것도 쉽게 이해할 수 있다. 결혼 후의 생활에 대해 안전을 보장받은 미혼 여성은 한 명도 없다. 한 사람이 자신을 온전히 받아들이는 데는 인생의 삼분의 일에서 절반이라는 긴 세월이 걸린다는 점을 감안하면, 결혼은 신중에 신중을 거듭해야 하는 중요한 결정이 아닐 수 없다. 그런데 그렇게 힘들게 결혼했는데, 가장 중요한 성생활에서 만족하지 못하면, 자아상이 상당히 복잡하게 꼬이게 된다. 남성과 마찬가지로 여성 역시 훌륭한 자아상을 간직할 수 없다.

여성의 사고방식을 이해하기 위한 가장 좋은 방법은 남성의 사고체계와 대조해서 보는 것이다. 남자는 하나님으로부터 가족을 부양하라는 명령을 받았다. 따라서 남자의 정신 심리는 그쪽으로 경도되어 있어 직업세계에서의 성공여부에 따라 자아상이 많은 변화를 받게 된다. 젊은 남성들이 모든 꿈과 희망을 직업세계에서 찾으려고 하는 것도 다 이 때문이다. 청소년기에 접어든 소년들에게 다음에 커서 뭐가 되고 싶냐고 물어보면, 대부분 소방관이나 경찰관이나 의사나 야구선수 등 어떤 직업을 가진 사람이 되고 싶다고 대답하는데, 이것은 소년들이 직업세계에 대해 어떤 생각과 심리를 갖고 있는지 잘 반영하는 것이라고 할 수 있다.

물론 커가면서 꿈도 바뀌겠지만, 그래 봐야 이 직업에서 다른 직업으로 바뀌는 것뿐이지, 인격이나 사람 자체가 어떻게 변했으면 좋겠다는 것은 절대로 아니다. 반면, 소녀들에게 다음에 커서 뭐가 되고 싶냐고 물어보면, 대부분 '현모양처'나 '가정주부'가 되고 싶다고 말하는데, 소년들과 달리 이것은 성인이 되어 여러 가지 직업세계를 거친 다음에도 변하지 않는, 갖고 싶은 직업 최우선 순위로 자리매김하고 있다.

내가 볼 때, 언젠가는 가정주부가 되고 싶다는 본능적이면서도 직관적인 바람은 여자라면 누구나 갖고 있는 일차적인 욕구이다. 그러므로 자신이 그러한 갈망을 갖고 있는 것에 대해 부끄러워할 필요는 전혀 없다. 여성을 그렇게 만든 것은 바로 하나님이시기 때문이다. 이 세상에서 가장 불행한 여성은 그런 일차적인 욕구를 무시하고 사는 여성들이라고 할 수 있다. 그리고 여성의 본능적인 갈망에 대한 나의 생각이 옳다면, 아내로서의 역할은 여성에게 실로 중요한 것이 아닐 수 없다.

어쩌면 당신은 "그게 결혼에서의 성행위와 무슨 상관있냐?"고

묻고 싶을지도 모르겠다. 그러나 단언하건대, 아주 큰 상관이 있다. 아내는 엄마와 가정주부 이상이다. 즉 아내는 남편의 성적 파트너인 것이다. 그리고 남자와 마찬가지로 여자도 성생활에서 실패하면 생활의 다른 영역에서도 성공하지 못할 확률이 높다. 이유는 두 가지인데, 하나는 침실에서의 실패를 불쾌하고 모욕적인 것으로 받아들이지 않을 남자가 거의 없기 때문이고, 다른 하나는 남편이 성관계에서 만족을 얻지 못하면 십중팔구 안 좋은 방법으로 불만을 표현하게 되기 때문이다. 그런 식으로 계속해서 남편의 비난을 받을 경우, 남편의 인정 여하에 따라 자존감이 좌우되는 여성으로서는 실의와 좌절감에 빠질 수밖에 없게 된다.

실제로도 우리는 아내로서는 실패했지만, 그럼에도 불구하고 훌륭한 자아상을 갖고 있다고 자부하는 여성은 단 한 명도 만나보지 못했다. 한 번 결혼에 실패한 부인이 재혼할 때는 자기보다 여러 면에서 부족한 남자와 결혼하는 것도 어쩌면 이 때문일 것이다. 결국 그런 여자들은 남편에 의해 자존감이 땅에 떨어질 대로 떨어지거나 온전히 용납받지 못하는 경험은 한 번으로 족하다고 생각할 것이다.

2. 남편의 사랑을 강하게 확신시켜 준다. 모든 사람에게는 사랑받고자 하는 욕구가 내재되어 있다. 이것은 남성보다 여성에게 더 해당된다. 여성은 사랑을 주고받는 데 남성보다 뛰어난 능력을 보유하고 있다. 모성에 바탕을 둔 여성의 속성이라고나 할까? 그러나 대부분의 사람은 이러한 특징을 잘 모르고 있다. 도대체 여성이 어

떤 사랑을 원하는지 제대로 알고 있는 사람이 과연 얼마나 될까? 다음은 남성이 꼭 알아야 할, 여성이 원하는 다섯 가지 유형의 사랑이다.

a) 동반자적 사랑. 독신으로 지내는 여성이 증가추세에 있긴 하지만, 가부장적 사회에서 혼자 사는 것은 정말 힘든 일이다. 불의의 사고 및 질병으로 사랑하는 남편과 사별하여 혼자 된 여성의 삶은 더욱 외롭고 절망적이다. 일반적으로 여성은 남편을 영원한 동반자적 관계로 본다. 그런데 남편은 동반자적인 관계를 갈망하는 아내의 욕구를 잘 이해하지 못한다. 그도 그럴 것이 남편은 온종일 바깥에서 업무에 시달리기 때문에 집에 가서 쉬고 싶다는 생각밖에 하지 못한다. 아내 역시 남편을 생각하며 하루를 보냈겠지만, 저녁 이후의 시간을 보내는 것에 생각이 서로 다를 수가 있다.

그러면 자신의 욕구와 아내의 기대가 대치되는 모순적인 상황에서 남편은 어떻게 해야 할까? 나는 남편과 아내 모두 욕심을 조금씩 포기하고 양보하는 훈련을 하라고 말하고 싶다. 다시 말해, 남편은 아내가 동반자적인 관계를 갈망한다는 사실을 받아들여 텔레비전을 보는 시간을 줄이고, 대신 아내와 대화하는 시간을 늘리도록 노력한다. 아내는 아내대로 잡다한 수다를 떨기보다 남편이 관심있어 하는 분야에 대해 대화를 나누려고 노력하는 것이다. 남편이 지친 몸으로 집에 돌아왔을 때 대화의 방향을 온통 자신이 좋아하는 쪽으로만 끌고 가는 것은 현명하지 못한 아내의 모습이다. 그보다는 남편이 관심 있어 하는 분야에 대해 질문을 던지거나 언급함으로써 남편의 귀가를 진심으로 환영한다는 뜻과 그를 가슴 깊이 사랑한다는 마음을 전달하는 것이 부부의 관계를 깊게 하는 데 도움이 될 것이다. 그러다 보면 남편을 세워주고 격려하는 일도 자연스러워질 것이다.

여자는 동반자적인 관계에 있지 않는 남자와는 육체적인 사랑을 나누기가 어렵다. 뒤집어 말해, 이 말은 자신의 사랑을 필요로 하고 또 그 사랑에 깊이 감사하는 남자에게는 몸도 마음도 기꺼이 줄 수 있다는 뜻이기도 하다. 그러나 현명한 아내라면 자기가 남편과의 동반자적인 관계를 갈망하듯 남편도 자신과의 동반자적인 관계를 원한다는 사실을 잊지 말아야 할 것이다. 이것은 아무리 성공했든 아무리 바쁘든, 남자라면 누구나 갖고 있는 욕구이기 때문이다. 참고로, 남편이 성공가도를 달리면 달릴수록 아내는 그와의 동반자 됨을 더 간절하게 갈망하는 경향이 있다고 한다.

b) 측은히 여기는 사랑. 여성은 보살피고 돌보는 자질을 천성적으로 타고났다. 그러나 남자 가운데 그런 자질을 갖고 있는 사람은 극히 드물다. 아이가 넘어져 울고 있을 때 총알같이 달려가는 사람이 누구인가? 혹은 꼭두새벽에 아이가 보채면 이불을 걷어차고 달려가는 사람이 누구인가? 장담하건대, 아빠보다는 엄마가 훨씬 더 많이 그렇게 할 것이다. 그럼에도 불구하고 엄마는 자기가 아이에게 보여준 측은히 여기는 사랑을 잘 과시하지 않는데, 이는 그가 엄마이기 때문이 아니라 여성이기 때문이다.

나는 남성에게 여성은 측은히 여기는 사랑을 베풀기도 하지만,

동시에 받고 싶어하기도 한다는 것을 꼭 알려주고 싶다. 그리고 이것은 정서적으로나 신체적으로 큰 고통을 겪고 있을 때 특히 더 그렇다. 남편은 자기가 힘들 때는 아내의 보살핌과 사랑을 마음껏 즐기면서도 정작 아내가 힘들 때는 자신이 받은 사랑의 반의반도 돌려주지 못하는데, 실로 유감천만한 일이 아닐 수 없다. 자기가 받고 싶은 대로 남에게도 행하라는 황금률은 부부간에도 그대로 적용되는 명령이라고 할 수 있다.

ㄷ) **낭만적인 사랑**: 여성은 참으로 낭만적이다. 모든 소녀의 가슴 속에는 잠자는 공주를 깨우는 백마 탄 왕자에 대한 동경이 자리 잡고 있다. 그리고 이것은 숙녀가 되어도 좀체 변하지 않는다. 이러한 이유로 여성은 꽃과 음악과 부드러운 불빛과 외식 말고도 낭만적인 것을 수없이 갈망한다. 그러나 남자들은 여자가 그런데 약하다는 것을 잘 이해하지 못한다. 조사결과에 의하면, 그런 남편과 결혼한 아내들은 현실에 빨리 적응하여, 낭만에 대한 환상을 스스로 극복하는 경향이 있는 것으로 나타났다. 한마디로, 낭만이라고는 눈곱만큼도 없는 남편에게 실망하기보다는 차라리 자신의 감정을 억누르는 게 낫겠다고 결론 내린 것이다. 그러나 그런 여자들도 이따금씩 남편으로부터 낭만적인 사랑의 표현을 받게 되면 – 남편과 단둘이 외식을 하거나, 전혀 기대하지 않았던 선물을 받거나 하면 – 그동안 살아온 인고의 세월을 한꺼번에 보상을 받는 느낌을 받는다고 한다.

남녀의 감정이 이렇게 다른 것처럼, 결혼생활에 있어 조금씩 어굿나는 것을 수용하지 않는다면 반드시 불화가 생겨난다. 즉 아내는 낭만적인 사랑을 받고 싶어하는 데, 남편은 아내의 갈망 따위에는 전혀 관심을 두지 않는다면 엇박자를 그리는 생활을 하게된다. 그리고 남편의 감정은 금방 드러나지만, 아내의 감정은 내면 깊은 곳에 숨겨져 있어 부부간의 갈등을 부추기는 요소로 작용한다. 그러나 부부간의 갈등을 부추기는 낭만적인 요소들이 때로는 부부간의 관계를 더 돈독하게도 한다. 그 이유는 남편이 아내를 대하는 작은 행동 - 차 문을 열어준다든가, 길을 건널 때 어깨를 감싸 안아 준다든가 하는 - 에도 과분한 사랑과 감사로 반응하기 때문이다. 자신이 한 작은 행동에 아내가 지나치게 감격할 때, 남편은 어색한 느낌을 받기도 하지만, 그래도 그것이 부부관계를 결속시키는 기분 좋은 계기가 된다는 것만은 부인할 수 없을 것이다.

남성들이여, 부디 여성의 속내를 이해하도록 노력하라. 여성의 생각은 쉽게 드러나지 않는다. 그러나 모든 여성의 가슴 깊은 곳에는 낭만적인 사랑을 갈구하는 욕망이 꿈틀거리고 있다는 사실을 명심하라. 당신의 아내도 마찬가지다.

d) 애정 어린 사랑. 대부분의 여성은 애정을 표현하는 몸짓을 싫어하지 않는다. 물론 그렇지 않은 여성도 있지만, 그 경우는 애정 결핍증상이 원인이 된다. 즉 시간을 가지고 감정을 충분히 나누면서 성관계를 갖는 것이 아니라 급한 일을 해치우듯 후다닥 섹스를 끝내는 남편과 살다보니 자신도 모르는 사이에 무미건조한 여자가 되어, 손목을 잡거나 살짝 키스를 하는 애정 표현에도 난색을 하

는 것이다. 일부 무분별하고 성급한 남편은 그런 섹스로도 만족할 수 있을지 모르지만, 여성은 절대로 그렇지 않다. 여성에게는 부드러운 접촉과 따스한 포옹 그리고 사랑하는 사람과 가깝게 밀착되어 있다는 느낌이 있어야 성관계도 즐겁고 기분 좋은 일이 된다. 실제로 아내는 자신을 인정해 주는 말과 칭찬과 격려에 과분하게 반응한다. 그러므로 현명한 남편이라면 이따금씩은 아내를 칭찬하고 격려해 주기 위해 일상의 틀을 깨뜨리는 노력을 할 것이다. 모르긴 해도 그런 남편 가운데 성욕에 굶주리는 사람은 거의 없을 것이다. 왜냐하면 그들은 별 의미 없어 보이는 사랑의 말 한마디로도 아내를 뜨겁게 달굴 수 있다는 사실을 알고 있기 때문이다.

개인적으로 나는 꽃을 별로 좋아하지 않는다. 우리 집에 꽃 한 송이 없다고 해도 나는 크게 아쉬워하지 않을 것이다. 그럼에도 불구하고 나는 세미나를 다녀올 때마다 꽃가게에 들러 아내를 위해 꽃을 사곤 한다. 왜 그럴까? 꽃을 안겨주었을 때 아내의 얼굴에 번지는 감격스러워하는 표정을 좋아하기 때문이다. 그러나 솔직히 말하면, 나도 애정을 갈망하는 아내의 욕구를 채워 주면 내가 오히려 더 과분한 보상과 유익을 받게 된다는 것을 배우기까지 몇 년이라는 시간이 걸렸다. 즉 꽃을 사줄 때마다 아내가 감격한 이유는 그녀가 정말로 노란 장미를 좋아해서가 아니라, 내가 집으로 돌아올 때마다 자기를 생각하며 꽃가게를 들렀다는 사실 때문이라는 것을 깨닫는 데 많은 시간이 걸렸던 것이다.

e) 열정적인 사랑: 열정적인 사랑은 여성보다 성충동이 강한 남

성에게서 더 잘 찾아볼 수 있다. 그러므로 여성은 열정적인 사랑에 대한 욕망을 개발해야 한다. 또한 아내에게 애정 어린 사랑을 베풀 수 있는 남편이라면 열정적인 사랑도 가르칠 수 있을 것이다. 그리고 그런 시도를 한 번이라도 해 본 남편이라면 그것이 충분히 투자할 만한 가치있는 일임을 이미 경험했을 것이다.

주지하다시피, 여성의 정열은 남성에 비해 상당히 간헐적으로 일어난다. 물론, 분위기 좋은 장소에서 충분한 사랑과 애정을 받으면 여성도 열정적인 사랑을 불태울 수 있지만 말이다. 그러나 여성이 열정적인 사랑을 표현할 수 있게 되는 것은 앞에서 말한 네 가지 욕구가 모두 충족된 다음이라는 것을 잊지 말아야 할 것이다.

여성의 마음속에 있는 이러한 다섯 가지 사랑의 욕구가 적절하게 충족되면, 아내는 남편에 대해 깊은 만족감과 신뢰감을 갖게 되고 아내가 그러한 태도로 남편을 대하게 되면 남편도 자신의 사랑에 확신을 갖게 된다. 그리고 이것은 남성과 여성이 한 사무실에서 일하는 요즈음 같은 시대에는 실로 중요한 요소가 아닐 수 없다. 많은 기혼남성이 육체적인 매력을 발산하며 업무에 임하고 있는 비서들이나 다른 여직원들에 둘러싸여 하루하루를 보내고 있는데, 그러다 우연히 전기가 통하는 여성을 만나기라도 했을 때, 그를 유혹에서 지켜줄 수 있는 것은 아내와 나누고 있는 따뜻한 사랑뿐이기 때문이다. 결국 "가정에서 성욕이 충족되는 남편은 바깥에서 그것을 해결하려고 하지 않는다." 물론 이 말은 아내에게도 동일하게 적용될 것이다. 아내는 남편이 자신을 원한다는 것을 알고 싶어

하는데, 그것을 가장 잘 확신할 수 있는 방법은 성관계이다.

3. 성행위는 여성의 성적 충동을 만족시킨다. 여성이 남성처럼 강하고 지속적인 성충동을 갖고 있는 것은 아니지만, 그래도 성적 충동을 갖고 있는 것만은 사실이다. 조사결과에 의하면, 대부분의 여성은 생리기간을 전후로, 그리고 가임기간인 배란기에 평소보다 성욕이 강해지는 것으로 나타났다. 게다가 여성이 성적 쾌감을 느낄 수 있는 능력은 나이가 들수록 증가하는 경향을 보이고 있다. 그리고 남편의 애무에 자유롭게 반응하는 법을 배우고 또 오르가즘을 경험하는 법도 터득함에 따라 성관계의 가치를 인정하고 그것을 갈망하는 욕망 또한 증가하는 추세를 보이고 있다.

남성이 아주 쉽게 상상이나 환상에 빠져드는 경향이 있는 반면, 아내는 별로 그렇지 않다. 그렇지만, 아내도 과거에 경험했던 짜릿한 순간들을 낭만적으로 회상할 수 있는 능력은 갖고 있다. 누구나 성관계에서 좌절감을 경험하면 성욕이 감퇴하고, 반대로 오르가즘을 경험하면 성충동이 커지기 마련이다. 성충동이 계속해서 커지면 배출구가 필요하게 되는데, 결혼생활에서의 성행위는 그것을 해소하기 위해 하나님이 만드신 신성하고 아름다운 계획이라고 할 수 있다.

4. 성행위는 여성의 신경계를 부드럽게 이완시켜 준다. 오랜 상담 결과, 우리 부부는 성관계에 대한 갈망이 전혀 없는 여성은 신경질적인 여성이라는 것을 발견하게 되었다. 우리가 신경질적인 여성은 성관계에 별 관심이 없거나 소극적인 여성이라고 단정하지 않는 것

을 유의하기 바란다. 물론, 어떤 여성은 선천적으로 신경질적인 기질을 갖고 태어나기도 한다. 그렇지만, 성관계를 통해 오르가즘을 경험하게 되면 그런 부분이 많이 다듬어진다. 실제로, 성충동이 약하거나 전혀 없는 여성을 자세히 관찰해 보면 거의 신경질적인 성품을 가지고 있다. 그러므로 아내는 건강하고 건전한 방법으로 남편에게 성적 욕구를 표현하는 법을 배워야 한다.

남성도 그렇지만 여성의 신경계도 생식기와 긴밀하게 연결되어 있다. 하나님은 신분의 고하를 막론하고 모든 여성으로 하여금 결혼 안에서의 성관계를 통해 위생적으로 청결하면서도 긴장을 이완시켜 주는 아름다운 경험을 할 수 있게 해주셨다. 물론 부부간의 성관계는 종족번식과 쾌감을 위해 이루어지는 것인 것이 사실이다. 그것을 통해 아내가 임신하여 아이를 낳고 또 그것을 통해 부부가 성취감과 만족을 얻기 때문이다. 그러나 성관계는 신경계를 진정시키고 긴장을 완화하는 데도 크게 한 몫을 한다.

5. 궁극적인 경험. 적절한 때에 오르가즘을 느낄 수 있다면, 여성에게 있어 성행위만큼 극적이고 흥분되는 경험은 찾아볼 수 없을 것이다. 어느 세미나에서 내가 이렇게 말하자 한 여성이 일어나 자기는 인생이 여성에게 줄 수 있는 가장 훌륭한 선물은 출산이라고 생각한다며 내 말에 이의를 제기했다. 그래서 나는 그렇게 일회적이면서 한시적인 경험에 대해 이야기하는 것이 아니라, 하루하루의 삶 속에서 규칙적으로 되풀이되는 경험에 대해 이야기하는 것이라고 주의를 환기시켜 주었다. 나는 지금도 서로에게 최고의 선

물을 주기 원하는 남편과 아내에게 성행위만큼 가치있고 의미 있는 경험도 없다고 확신한다.

성행위에 내재되어 있는 가장 아름다운 의미

결혼 안에서의 성행위가 갖는 가장 중요한 의미를 일찍 말하지 않고 여기에서 이야기하는 것은 나름대로의 계획과 목적이 있기 때문이다. 분명 우리는 이 세상 어디를 살펴봐도 부부의 성행위만큼 아름다운 것은 찾아볼 수 없을 거라고 확신한다. 그것은 남편과 아내가 일상 속에서 서로 끊임없이 나누는 살아 있는 경험이기 때문이다. 아무도 침입할 수 없는 둘만의 공간에서는 남편과 아내가 하나 됨을 경험할 수 있는 것은 하나님이 주신 특권이요 은총이다. 결혼 안에서의 성행위가 부부를 결속시켜 주고 그들의 삶에 풍성한 영향을 끼치는 것도 바로 이 때문이다.

부부가 성행위를 통해 경험하는 시간은 다른 일로 함께 보낸 시간보다 훨씬 더 깊고 중요한 의미를 갖고 있다. 보통 평범한 부부가 일주일에 3번 정도, 한 번에 약 30분씩 성관계를 가진다고 가정했을 때, 두 사람이 사랑을 나눈 시간은 고작해야 일주일에 90분밖에 되지 않는다. 그러나 그들에게는 그것이 다른 어떤 것보다 큰 의미를 갖고 있는 활동이라는 점을 감안한다면, 90분이라는 물리적 시간은 크게 중요치 않다는 데 쉽게 동의할 수 있을 것이다. **만족스러운 성생활을 영위하고 있는 부부는 오늘 밤 혹은 내일 밤에 갖게 될 관계에 대한 기대에 부풀어 정서적으로도 조화를 이루는**

생활을 하게 된다. 그리고 그 가운데 부부간의 사랑은 더 깊고 공고해진다. 장담하건대, 성행위만큼 부부 사이의 관계를 강하게 결속시켜 주는 인간적 만남은 존재하지 않을 것이다.

4 _ 하나님이 성을 창조하신 이유

　이 세상에서 가장 짜릿하고 흥분되고 만족스러운 경험은 단연 '결혼 안에서 나누는 성행위'일 것이다. 하나님은 결혼 안에서의 성행위가 모든 부부에게 충만감을 안겨주는 경험이 되도록 태초부터 계획해 놓으셨다. 이 지구라는 행성에서는 어디를 가든 부부가 나눈 사랑의 열매를 볼 수 있는데, 그것은 바로 아이들이다.
　그런데 잘못된 성행위로 인해 여러 가지 심각한 문제를 야기하는 것은 실로 비극이 아닐 수 없다. 우리는 하나님이 남편과 아내에게만 허락하신 성행위가 가장 큰 사회문제로 대두되고 있는 슬픈 현실을 목도하고 있다. 물론 이것이 어제 오늘의 일이 아니다. 이미 노아 시대 때부터 성충동을 절제하지 못해 더러워진 세상을 볼 수 있다.
　미국만 하더라도, 사회의 성문란은 도덕과 양심을 파괴시켜버렸다. 십대 미혼모가 폭발적으로 증가하고 있다. 언젠가 신문에서 스물네 살에 할머니가 된 여성에 대한 기사를 읽은 적 있는데, 정말 믿기 어렵고 또 믿고 싶지 않은 이야기가 아닐 수 없다. 지금 이 시간에도 근친상간에서부터 동성애, 그리고 하루 4천 명이 넘게 낙태를 하는 살인행위를 하고 있다. 도덕적 불감증은 현대인의 양심을 파괴하고 있으며 선악을 분별하는 능력이 없는 젊은이를 무차별 양산해 내고 있다. 성충동의 무절제한 발산으로 인해 에이즈 같은 성병이 횡행하여 귀한 생명을 앗아가고 있다. 그럼에도 불구하고 성충동으로 불타오르는 젊은이들에게 전문가들이 해줄 수 있는 것은 고작해야 '안전한 성관계'를 갖고 금욕하라는 것밖에 없는 서글픈 현실에 우리는 살고 있다.

이처럼 성충동 오용이 확산됨으로 인해 결혼서약마저도 아무렇지도 않게 파기하는 분위기가 만연하게 되었다. 어쩌면 이 책을 읽고 있는 독자 가운데도 부부 중 한 명이 외도를 하였거나 배우자가 아닌 다른 사람을 성적으로 유혹함으로써 파경에 이른 가정을 알고 있는 사람이 있을지 모르겠다. 그리고 슬프게도 우리는, 그리스도인 가정은 절대 그렇지 않다고 자신있게 말할 수 있는 처지도 못 된다. 그리스도인 가운데도 외도로 인해 가정이 무너져 내린 경우가 얼마나 많은가? 성으로 인한 범죄는 교회 내에서도 위험수위를 넘었을 정도로 강한 영향력을 발휘하고 있다. 교회 지도자의 성문제가 문제가 되어 그리스도인에게 충격을 준 것만 해도 한두 번이 아니다.

유감스러운 얘기지만, 우리 교인들도 성문제로 인해 어려움을 많이 겪었다. 심지어 좋은 가정 만들기에 관심이 많은 성도가 죄를 범하여 가슴을 아프게 했다. 심지어 한 아리따운 새댁은 남편을 데리고 와서는 격앙된 목소리로 "이 인간이 나에게 헤르페스를 옮겼어요"라고 말했다. 그리고 손자까지 있는 젊은 할머니가 자신이 일하고 있는 선교기관의 대표 목회자와 '문제'를 일으킨 적도 있다.

그들이 저지른 이런 비윤리적인 행위로 인해 그들을 아끼고 사랑하는 주변 사람들 – 배우자와 아이들, 부모와 친척, 친구 및 교회 성도들 – 이 받는 정신적 충격과 상처는 이루 말할 수 없을 정도다. 또한 자신에게도 엄청난 고통을 가져다준다. 만약 당신이 성적 범죄를 저질렀는데, 그 사실을 가족이 알게 되었다고 한다면, 온 가족이 모이는 행사에 아무렇지도 않게 참석할 수 있겠는가?

나는 이런 실수를 범한 사람들과 상담할 때는 그 상처에 대해 강조한다. 주변 사람들과의 관계는 이전 같지 않을 것이다. 대개 한 번 받은 상처와 배신은 쉽게 지워지지 않기 때문이다. 게다가 신앙이 없는 사람이라면 자신에게 상처를 준 사람을 죽을 때까지 용서하지 못할 수도 있다. 하나님은 진정으로 회개하고 죄를 고백하면 기꺼이 용서해 주시고 자비를 베풀지만, 아무리 신앙이 좋은 사람이라 하너라도 배우자가 그런 범죄를 지었다면 상처를 씻고 회복하는데 오랜 시간이 걸릴 수가 있다. 그것도 그가 상처를 잊기 위해 노력한다는 전제하에서 말이다. 그러므로 상처가 치유되기도 전에 또다시 똑같은 고통을 경험하게 된다는 것은 상상도 할 수 없는 일이다. 성적 범죄에 빠지지 않도록 하여야 한다. 자신을 절제하고 아낄 줄 아는 마음을 간직할 수 있도록 하나님의 도우심을 간 구하라.

죄 중에서도 가장 큰 죄

일세기에 살았던 사도 바울이 성의 오남용을 언급한 것을 보면, 이 문제는 인류 역사와 더불어 시작되었다고 할 수 있다. 바울은 로마서 1장과 갈라디아서 5장에서 인류가 저지르는 가장 보편적인 죄에 대해 언급하는데, 성적인 죄를 가장 먼저 언급한다. 그것은 성적인 죄야말로 가장 크고 가장 흔한 죄이기 때문이다.

가끔 남성만이 참가하는 세미나를 인도하게 되면 남성만을 위한 내용을 많이 언급한다. 그 중 하나가 자신이 성과 관련하여 어떤 환상을 갖고 있거나 누군가를 유혹하고자 하는 욕구가 있다면, 그것은 조금도 이상한 것이 아니라 아주 정상적인 것이라고 강조한다. 어떤 사람들은 그런 남자를 보고 성욕이 과도하게 넘치는 변강쇠라고 하며 백안시하기도 하지만, 사실은 절대로 그렇지 않다. 그러나 이 사실이 성적인 죄를 범해도 좋다는 면죄부가 되는 것은 결코 아니다. 하나님은 성적인 죄를 용납하시지 않는다. 그래서 나는 강의할 때 성충동을 느끼는 것은 잘못이 아니지만, 그것을 행동으로 옮기는 것은 명백한 죄라는 것과 성적 유혹이 왔을 때 그것을 물리치는 방법을 가르치는 데 초점을 두곤 한다.

조사에 의하면 남성 그리스도인의 70퍼센트가 아내와의 성적 헌신을 지키고 있는 것으로 나타났다. 30퍼센트는 어디 갔는가? 성이 상품화된 세상에서 그 유혹을 떨쳐버려야 한다.

여기서 우리는 "사랑의 하나님이 '결혼 안에서의 성행위'를 다른 무엇보다 앞서서 소개하려고 하신 이유가 무엇일까?"라는 중대한 질문에 봉착하게 한다. 그분이 그것을 인간의 성충동보다 앞에 놓으신 데는 분명 나름대로의 이유가 있을 것이기 때문이다(주지하다시피, 수많은 부부로 하여금 50년 넘게 결혼생활 하는 동안 적게는 4천 번에서 많게는 6천 번까지 황홀한 경험을 할 수 있게 하지만, 동시에 그만큼에 달하는 사람들로 하여금 말할 수 없는 고통과 상처를 겪게 하는 것이 바로 이 성충동 아니던가?). 그리고 실제로도 하나님이 이 아름답고 신성한 경험 혹은 축복을 아내와 남편에게만 허락하신 것은 다음의 몇 가지 사항을 염두에 두고 계셨기 때문이었다. 그러면 하나씩 살펴보도록 하자.

1. 종족번식. 아담과 하와를 창조하신 뒤, 하나님은 그들을 축복하시며 "생육하고 번성하여 땅에 충만하라 땅을 정복하라"고 명하셨다. 하나님만이 아시는 몇 가지 이유로, 그분은 아담과 하와가 에덴동산에서 종족의 번식을 원하셨다. 알고 있겠지만, 이 명령은 창세기 3장에서 아담과 하와가 하나님의 의지에 반역하는 죄를 짓기 전에 주어진 것이었다. 종족번식은 처음부터 갖고 계신 하나님의 섭리였고 명령이었다.

아담과 하와에서 출발한 지구상의 인구는 이제 60억 명이라는 거대한 숫자로 불어났다. 하나님의 의도된 계획은 태초부터 지금까지 변함이 없다. 일부 학자는 노아의 홍수 이전에 살았던 사람들

외에도 또 다른 60억의 인구가 이미 우리 이전에 이 지구상에서 살다 갔으리라고 추정하기도 한다.

태초에 두 사람이었던 세계인구가 60억에 육박하게 되었다는 사실은 하나님이 인간에게 강한 성충동을 허락하신 이유를 잘 설명해 준다. 곧 종족을 번식하되, 살아 있는 몸과의 관계를 통해서만이 아니라(아담이 사람의 모습으로 창조되었을 때처럼) 살아 있는 영혼과의 관계를 통해(하나님이 그에게 생기를 불어넣으셨을 때처럼) 그렇게 하는 것이 하나님이 인류에게 명하신 종족번식의 진정한 의미라는 것이다. 인간이 태어날 때부터 가지고 있는 영원한 영혼은 인간 본성에서 가장 중요한 부분이자 인간을 동물과 구분지어 주는 고귀한 특징이다. 하나님의 아들 예수가 십자가에 달려 돌아가시며 죄에서 해방시켜 주려 한 것도 바로 우리 속에 있는 이 영적인 본성이었다.

2. 부부의 즐거움. 성과 관련하여 대부분의 사람이 잘못 생각하고 있는 것이 있다. 하나님께서 성행위를 역겨워하신다는 선입견이다. 그러나 하나님의 의도는 전혀 그렇지가 않다. 부부에게 놀라운 선물로 주신 것은 그것을 통해 서로의 행복과 기쁨을 더하시기 위해서였다. 솔로몬은 아가서에서 이 점을 분명하게 지적한다. 더 나아가 그는 '결혼 안에서의 성행위'에 관한 아주 은밀한 기술에 대해서도 언급한다. 또한 잠언기자는 건전한 부부의 성생활을 강조하고 있다. 다른 여인이 아무리 매혹적으로 보여도 욕정에 끌려서는 안 된다. "네 샘으로 복되게 하라 네가 젊어서 취한 아내를 즐거

워하라 … 너는 그의 품을 항상 족하게 여기며 그의 사랑을 항상 연모하라"(잠 5:18-20)는 말씀을 잊지 말기 바란다.

어쩌면 당신은 이 말씀이 수천 년 전에나 통했을 법한 케케묵은 말씀이라고 생각할지도 모르겠다. 그러나 이 말씀은 모든 인류에게 시대를 초월하여 항상 적용된다. **모든 부부는 죽는 날까지 배우자를 통해서만 성적이고 감정적인 기쁨을 누려야 한다. 이것이야말로 결혼이 갖고 있는 목적이기 때문이다.** 부부가 성적인 표현을 하면 할수록, 서로에 대한 사랑과 애정은 그만큼 더 풍성하고 깊어지게 된다. 이것이 하나님께서 원하시는 목적인 것이다.

3. 탈선방지. 평생을 독신으로 살았던 사도 바울조차 자기 속에 있는 정열을 억누르기보다는 결혼해서 그것을 불태우는 편이 낫다고 했다. 고린도전서 7장 1-4절에서 그는 음행이 횡행하므로 남자마다 자기 아내를 두고 또 여자마다 자기 남편을 두라고 권고한다. 그가 여기에서 자식에 대해서는 아무 언급도 하지 않는다는 사실을 주목하기 바란다. 그는 오직 남녀가 갖고 있는 성적 정열을 누그러뜨리는 데 대해서만 이야기하고 있다. 성행위는 자녀출산을 위한 부부의 관계이지만, 성충동 해소를 위한 기능을 한다. 어쩌면 이것이 우선될지도 모른다. 대부분의 부부가 1년에 150회가량 성관계를 갖는데, 임신하는 데는 그렇게 많은 성관계가 필요치 않기 때문이다. **하나님은 원만한 성관계를 통해 출산뿐만 아니라 성충동을 해소하고 결혼생활에 충실하기를 모든 부부에게 바라고 계신다.**

다시 한 번 강조하지만, 성을 상품화하고 그릇된 성범죄가 판을

치는 사회 속에서, 하나님은 그러한 유혹을 물리칠 수 있는 방법을 부부에게 선물로 주셨는데, 그것이 바로 '결혼 안에서의 성행위'이다. 부부의 성관계는 서로의 자제력을 강화시켜 주고 성적 욕구를 자연스럽게 해소시켜 줌으로써 사탄의 유혹으로부터 우리를 보호하는 긍정적인 역할을 한다(고전 7:5). 그리고 결과적으로는 영적 생활을 향상시켜 준다.

4. 서로에 대한 신뢰. 남녀가 결혼할 때, 그들은 서로에게 자신을 온전히 주겠노라는 약속을 한다. 그리고 동반자가 되었다는 것을 표현하기 위해 자신의 몸을 상대방에게 주게 된다. "남편은 그 아내에 대한 의무를 다하고 아내도 그 남편에게 그렇게 할지라 아내는 자기 몸을 주장하지 못하고 오직 그 남편이 하며 남편도 그와 같이 자기 몸을 주장하지 못하고 오직 그 아내가 하나니"(고전 7:3-4)라는 말씀처럼 말이다. 바울이 하고 싶은 말은 결혼은 자신의 몸을 상대방에게 온전히 주는 것이었다. 그리고 이것을 확증할 수 있는 방법이 바로 성관계다. 성적 만족을 얻기 위해 부부가 서로에게 자신을 맡길 때 그들은 결혼식 때 했던 서약을 입증하면서 생활할 수 있다.

실제로, 결혼은 "죽는 날까지 당신을 내 존재의 일부로 여기겠노라"고 서약한 남녀 간의 배타적이면서도 독점적인 성계약이라고 할 수 있다. 뿐만 아니라, 생을 마치는 날까지 자기 몸을 상대방에게 주어야 하는 것, 곧 자기 몸의 소유권을 평생토록 배우자에게 맡겨야 하는 것이다. 그래서 결혼은 남의 등에 떠밀려 어쩔 수 없이 해야 하는 것이 아니라, 하나님의 인도하심 안에서 아주 신중하게 생각한 후에 해야 하는 것이다.

5. 독특한 의사 창출. 부부라는 경이로운 관계에 대한 가장 아름다운 가르침은 "그러므로 사람이 그 부모를 떠나서 아내에게 합하여 그 둘이 한 몸이 될지니라"(마 19:5)고 말씀하신 예수님 자신에게서 찾아볼 수 있다.

결혼은 상반된 성을 가진 두 사람의 '연합'이다. 그리고 이것은 창조주이신 하나님께서 태초부터 계획해 놓으신 것이다. 성인이 된 남녀라면 부모를 떠나 배우자와 연합하여 자신만의 가정을 만들어야 한다. 이제 그들은 예수님이 '한 몸'되는 경험이라고 표현하신 '결혼 안에서의 성행위'를 통해 서로와 연합해야 하는 시기에 이른 것이다. 여기서 '한 몸'이라는 의미는 부부의 성적 연합이라는 의미이다. 바울 사도도 "창기와 합하는 자는 그와 한 몸인 줄을 알지 못하느냐"(고전 6:16)라고 경고하지 않았는가? 부부는 '결혼 안에서의 성행위'를 통해 서로 독특하게 연합된다. 즉 부부를 하나로 결합해 주며 서로에 대한 헌신을 배타적이고도 독특한 방법으로 표현하게 해주는 '성행위'에 의해 다른 사람과는 나누지 않는 유일한 방법으로 서로에 대한 사랑을 전달하게 되는 것이다. 이런 관계는 부부가 아닌 다른 어디에서도 찾아볼 수 없다. 그리고 그것은 하나님이 인정하시는 관계이다.

결론

하나님이 인간 속에 성적인 능력을 창조하셨을 때는 기쁨을 느끼게 하는 것에서부터 독특한 연합에 이르기까지 다양한 목적을 염두에 두고 계셨다. 그분이 창조하신 모든 것처럼 성은 선하고 좋은 것이다. 그리고 그분이 인간에게 주신 모든 선물이 그렇듯이, 성은 인간이 나쁜 목적으로 사용하거나 오용하면, 본래의 목적에서 어긋나 왜곡되고 추해지게 된다. 결혼 안에서의 성은 하나님이 태초에 의도하신 대로 사용될 때에만 아름답고 풍성하며 온전할 수 있다. 간통과 간음, 동성애, 난혼 같은 성남용은 추하고 유해하며 생명을 단축시킨다. 자기 속에 있는 성충동을 어떻게 사용할 것인지와 관련하여서는 모든 사람이 똑같은 선택의 기로에 서 있다고 할 수 있다. 다시 말해, 하나님 말씀에 순종하여 결혼 안에서만 성행위를 즐겁게 나눌 때 하나님은 성을 성스러운 것이라고 말씀하실 것이다. 세상적인 가치관에 휩쓸려 미혹에 넘어가지 말고, 욕정에 끌리지 말라. 성은 얼마든지 아름답고 의미 있게 가꿀 수가 있다. 그것은 각자의 책임이요, 의무인 것이다.

5 _ 성교육

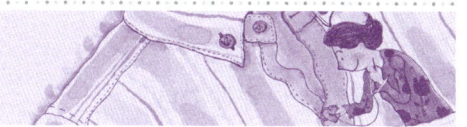

'무식하면 용감하다'는 속담이 있다. 그러나 하나님은 그러한 용감을 좋아하시지 않는다. "내 백성이 지식이 없으므로 망하는도다"(호 4:6)라는 그분의 말씀은 영적인 영역은 물론, 일상생활의 영역에서도 똑같이 적용된다. 이것은 성문제에 있어서도 마찬가지다. 안타깝게도 많은 부부가 생식기와 성기능에 대해 알지 못하면서도, 배우려고 하지 않기 때문에 여전히 저차원적인 성생활에 머무르고 있다.

성기능 장애를 겪는 사람들과 상담을 해보면 대부분 성관련 서적이라고는 한 권도 읽은 적이 없을 뿐만 아니라, 거기에 대해 진단이나 어떤 상담도 받은 적이 없었다. 기성세대는 성에 대해 교육을 받은 적이 없기에 성문제에 대해 무지할 수밖에 없다. 오늘날은 유치원에서부터 고등학생에 이르기까지 성교육이 이루어지고 있지만, 성인에게나 적합할 만한 내용을 가르치고 있다. 결국 부모는 성에 대해 너무 무지하고, 아이들은 너무 많이 알고 있는 상황이 되어 세대 간의 자연스런 대화가 단절된다. 결국 성은 부자연스럽고 어색한 문제로 자리 잡게 된다.

내가 느낀 성교육의 문제점은 다음과 같다.

첫째, 도덕적 안전장치 없이 일방적인 주입식 성교육을 실시하고 있다. 그것은 잘못하면 커다란 위험을 초래할 수도 있다. 도덕적 원리나 원칙 없이 성교육을 실시하는 것은 불에 기름을 붓는 것과 마찬가지다. 조사결과에 의하면 남자는 열여섯 살에서 스물한 살 사이가 성충동이 가장 강한 때라고 한다. 따라서 이 또래의 남학생들은 앞으로 몇 년 동안은 자제해야 하는 성충동에 불을 붙이는 정보에 절대 노출되어서는 안 된다. 그러므로 성충동에 대한 책임을 질 수 없는 이 또래의 남학생들에게 성교육을 시킬 때는 그것을 자제해야 하는 도덕적 이유를 반드시 함께 가르쳐야 한다.

둘째, '성교육 전문가들'은 자신이 실시하는 교육이 성적 행복을 창출할 수 있다는 착각에 빠져있다. 성교육을 받았다고 해서 자기 순결을 지키는 것은 아니다. 갈수록 사회의 성범죄 비율은 높아가고 있다. 스물네 살 미만의 젊은이가 가장 성병에 많이 걸리고 있다. 이런 현상은 성교육이 예방 차원이 아닌 누구나 지켜야 할 순결과 결혼 안에서의 성생활을 소원할 수 있는 건강한 정신을 심어주지 못했기 때문이다.

이렇게 말하고 나니, 오래 전에 우리 지역에서 있었던 소동이 생각난다. 교육위원회에서는 성교육 강화를 위해 부모의 의사와는 상관없이 학교 수업의 교과과정으로 선택하려고 계획을 세웠다. 그래서 나는 다른 목회자들과 함께 위원회에 참석하여, 도덕적 가치가 완전히 배제된 이 과목이 실행된다면, 전대미문의 난잡한 성관계와 십대 미혼모 양산과 각종 성병의 유포와 학습의욕의 감퇴 등 갖가지 부작용이 초래될 것이라고 분명하게 경고했다. 그러나 그들은 우리의 경고를 일축해 버렸다.

개인적으로 나는, 비행 청소년이 증가하고 학습능력이 떨어지는 이유는 성적 호기심과 욕구가 왕성한 시기에 있는 학생들에게 성을 지나치게 강조했기 때문이라고 생각한다. 물론 오락산업도 비난의 화살을 비껴갈 수는 없을 것이다. 그러나 무엇보다 잘못된 성교육과 도덕적 훈련의 결핍이 이러한 결과를 초래한 가장 큰 원인이 아닌가 한다. 결론적으로, 오늘날의 성교육은 한창 학업에 열중해야 할 학생들을 성에 심취하게 만드는 실수를 범하고 만 것이다. 교육자의 입장에서 볼 때 평범한 학생은 동시에 두 가지 일에 집중할 수 없다고 믿고 있다. 특히 그 중 하나가 성일 때는 더욱더 그럴 것이다. 혹 여학생들은 둘 다 할 수도 있겠지만, 뜨거운 피로 들끓고 있는 훈련되지 않은 십대 남학생들은 절대로 그렇게 할 수 없을 것이다.

교육자들은 자신이 가르치는 것에 대해 정직한 결과를 얻는 것이 상례다. 만일 그들이 읽기를 집중적으로 가르친다면, 읽기에 능숙한 학생을 길러낼 것이고 수학을 강조한다면, 그들 밑에서는 훌륭한 수학자가 배출될 것이다. 그런데 이 나라의 교육자들은 그런 것보다 투명한 성교육을 가르치는 데 지나치게 치중한 나머지 미국 역사상 유례를 찾아볼 수 없을 정도로 성적 방임주의 사고방식을 가진 세대를 양산해 내게 되었다. 최근에 실시한 한 조사에 의하면 여학생의 57퍼센트와 남학생의 67퍼센트가 고등학교를 졸업하기도 전에 성경험을 한 것으로 나타났다. 그리고 또 다른 조사결과에 의하면 공립학교에서 실시하고 있는 성교육은 책임있는 성관계를 가르치는 것이 아니라 학생들에게 성에 대한 환멸을 느끼게 하는 것으로 나타났다.

그렇다고 해서 성에 대해 무지한 것이 잘못된 성교육보다 낫다고는 절대 말할 수 없다. 젊은이들은 성이 결혼을 위해 준비된 신성한 경험이라는 것을 배워야 한다. 또한 난교를 일삼을 경우 그 대가가 얼마나 값비싼지, 이성교제를 할 때는 자신과 상대방의 몸이 둘 다 거룩한 성령의 전이라는 사실을 배워야 한다. 그렇다면 그들에게 누가 그런 것들을 가르쳐야 하겠는가? 바로 성경을 믿는 교회와 그리스도인들이 아니겠는가? 교회는 기회 닿는 대로 젊은이들에게 하나님이 바라시는 성에 대해 분명하고도 명백하게 가르쳐야 한다.

요즈음에는 하나님이 제시하신 미덕의 기준을 지켜야 하는 이유와 결혼할 때까지 순결을 아껴두어야 하는 이유 그리고 절제해 두었던 성욕을 배우자와의 관계를 통해 아름답게 승화시키는 방법 등등에 대해 가르쳐 주는, 도덕적으로 탄탄히 다져진 프로그램을 교회가 많이 준비하고 있는데 이는 실로 고무적인 현상이 아닐 수 없다. 혼전순결 서약운동, 예비부부학교, 결혼생활강좌 등등의 프로그램처럼 십대 청소년들과 부모 및 교회지도자 모두에게 유익한 프로그램이 더욱 생겨났으면 하는 바람이다.

우리 부부는 어떻게 하면 부모가 자녀에게 성에 대해 올바르게 가르치는 것을 도와줄 수 있을까 고민하다가 결국 책을 한 권 저술하게 되었는데, 그 책이 바로 「우리 자녀 순결하게 키우기」(How to Raise Sexually Pure Kids)이다. 이 책에는 성에 대한 일반적인 사실과 도덕적 가치를 십대 아이들에게 제대로 가르쳐 줄 수 있는 방법들이 실려 있다. 또한 하루가 다르게 커가는 십대 아이들로 하여금 결혼할 때까지는 순결을 지키겠노라는 헌신을 하도록 유도해 달라는 당부의 말도 실려 있다. 덧붙여 자녀가 순결을 지키겠노라는 헌신을 하고 나면 '순결반지'를 끼워주어 결혼할 때까지 끼고 다니게 하라는 조언도 실려 있다. 그러면 부모에게서 순결반지를 선물 받은 아이들은 결혼할 때까지 그 반지를 자랑스럽게 끼고 다니다가 첫날밤 그 순간을 위해 순결을 지켜왔다는 표시로 반지를 빼 배우자에게 줄 수 있을 것이다.

실습을 통해 배우기

성에 대해 자세히 심층적으로 연구할 수 있는 가장 좋은 시기는 결혼에 임박하였을 때다. 다행히 인간의 성은 그렇게 복잡하지도 까다롭지도 않다. 아담과 하와가 하나님께 성행위에 대한 지침서를 받지 않았어도, 자연스럽게 그것을 배웠다. 이처럼 결혼생활은 성관계를 거듭해서 갖는 가운데 많은 것을 배울 수 있을 것이다. 자신보다는 배우자의 만족에 더 큰 관심이 있다면, 성생활에 문제가 될 것이 없다. 더욱이 현대는 관련 서적이나 전문상담을 통해 성지식을 쌓을 수 있지 않는가?

그러나 가장 좋은 방법은 딸은 엄마와, 아들은 아빠와 솔직하고도 가식 없는 대화를 나누는 것이다. 우리도 두 아이를 출가시키기 전에 성에 대한 우리의 가치관과 생각에 대해 들려주며 대화하는 시간을 가졌는데, 정말이지 부모로서 누릴 수 있는 기쁨 가운데 그보다 더 큰 기쁨도 드물 것이다. 우리 아이들은 부모와 대화를 통해 또한 나름대로 책도 읽는 가운데 성생활에 아름답게 적응해 가는 모습을 보여주었다.

이제 언급되는 내용은 우리가 나눈 대화의 일부분이라고 할 수 있다. 이미 결혼한 부부에게도, 예비 신랑신부에게도 이 글은 유익하면서도 흥미진진할 것이다. 이 글을 읽으며 성관계는 결혼이라는 의도된 목적 안에서만 누려야 하는 기쁨이라는 점을 되새겨 본다면, 하나님이 참으로 정교하게 인간을 창조하셨다는 것을 인정하지 않을 수 없을 것이다. 또한 우리를 "지으심이 심히 기묘"(시 139:14)하다는 시편기자의 고백에도 동의하게 될 것이다. 지금부터 내용을 좀 더 주의 깊게 보길 미리 부탁한다.

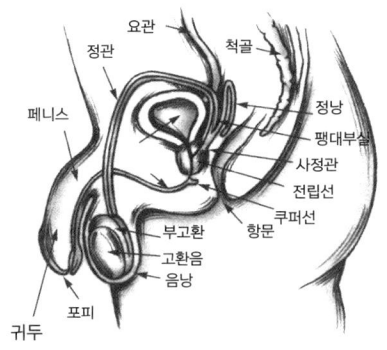

그림 1 남성 생식기

무엇보다 남녀의 생식기에서 가장 기본이 되는 부분이 무엇인지 아는 것이 중요하다. 그 기관의 목적과 기능을 알아야 부부생활을 좀 더 쉽고 친근하게 할 수 있기 때문이다.

음낭: 고환을 감싸고 있는 일종의 주머니 같은 것으로 남성의 양다리 사이에 늘어져 있다.

고환: 음낭 안에 밀착되어 있는 달걀 모양의 기관으로 정자를 생산하며 자극에 민감하다. 크기는 조금 큰 밤이나 호두만하며 모양도 그와 유사하다. 굳이 크기를 말하자면 길이 약 3.3센티미터, 폭 약 2.5센티미터 정도 된다고 할 수 있다. 그리고 안에는 직경 0.02밀리미터 정도 되는 관이 길게 늘어져 있는데, 이 관을 길이로 따지면 3백 미터 이상은 족히 될 것이다. 정자는 하루에 약 7천만 마리에서 1억 마리가 만들어지며, 보통은 왼쪽 고환이 오른쪽 고환보다 아래로 늘어져 있다. 간혹 남성 가운데는 사춘기가 지난 후에도 한쪽 고환만 내려오는 남성이 있는데, 그렇다고 해서 이것이

성장애를 불러일으키는 것은 절대로 아니다. 왜냐하면 건강한 남성은 한쪽 고환만 기능해도 남성으로서 구실할 수 있기 때문이다. 그리고 수술을 받거나 호르몬 계통의 약물치료를 받으면 이 문제는 쉽게 고칠 수 있다. 단 내려오지 않는 고환에서는 종양이 나타날 확률이 높으므로, 남자아이는 열 살이 되기 전에 작은 문제라도 조기에 발견하기 위해 고환이 내려왔는지 그렇지 않은지를 의사의 검진을 통해 확실히 해두는 것이 좋을 것이다.

정자 또는 정충: 고환에서 만들어지는 남성의 정액에는 태아의 성을 결정짓는 유전인자가 들어 있으며 성행위 시에 페니스를 통해 여성의 질 내부로 들어가 난자를 수정시키게 된다. 정자의 길이는 머리에서 꼬리까지가 50~60마이크론미터 정도로 아주 미세하다.

부고환: 음낭 안에 있는 작은 도관으로, 고환에서 만들어진 정자가 성숙되는 곳이다.

정관: 부고환에서 나와 팽대부실로 연결되는 도관으로 이 관을 통해 정자가 팽대부실로 들어가게 된다. 정관수술 시에는 각 정관에서 2~3센티미터 정도를 잘라내는데 수술 후 하루에서 이틀 정도는 기능을 상실하지만, 그 후로는 성관계 갖는 데 아무 지장도 받지 않는다. 달라지는 게 있다면 정자가 페니스로 들어가지 못해 여성을 임신시킬 수 없다는 것뿐이다.

팽대부실: 부고환에서 성숙된 정자가 정관을 거쳐 모이게 되는 일종의 방 같은 곳이다.

정낭: 정액을 만드는 기관으로 이곳에서 만들어진 정액은 정자를 전립선으로 나르는 일을 한다.

사정관: 페니스를 통해 정자와 정액이 여성의 자궁 안으로 들어갈 수 있게 하는 기관이다.

전립선: 약간 큰 호두 모양으로 생긴 아주 중요한 선으로, 성교 시에 강하게 수축되면서 사정을 돕는다. 정액을 추가로 만드는 곳인 동시에 페니스 발기를 조정하는 신경이 들어 있는 곳이며, 방광과 페니스 기저부 사이에 위치하고 있다. 나이가 들면서 이 전립선이 비대해져 소변의 원활한 흐름을 막아 배뇨에 고통을 받는 사람들이 있다. 이럴 경우 전립선 절제수술이나 도관 확대수술을 받아야 한다(전자보다는 후자가 더 간단하다). 그런데 이 두 가지 수술 중 한 가지라도 받게 되면 사정된 정액이 페니스 대신 방광 안으로 들어가 성교 시에 여성의 질 속으로 방출되는 것이 불가능하게 된다. 그러나 오르가즘을 느끼는 데는 큰 지장이 없다. 그리고 수술을 받았음에도 불구하고 임신을 원할 경우에는 반드시 의사의 지시에 따라 조심스럽게 해야 한다. 그래서 그런지 요즈음에는 수술 대신 약물치료를 선호하는 경향이 늘고 있다.

인간의 몸에 있는 선 가운데 45세 이후에 비대해지기 시작하는 선은 이 전립선 하나뿐이다. 60세에서 70세에 달하는 노인 가운데는 적어도 65퍼센트에 달하는 남성이 이 전립선의 비대로 여러 가지 어려움을 겪는다. 이를테면, 요실금 증상이 있다든지 소변이 잘 나오지 않는다든지 페니스가 잘 발기되지 않는다든지 등을 겪고 있는 것으로 나타났다. 이 병은 남성이라면 누구나 걸릴 수 있는 것이므로, 이 병에 걸리지 않도록 미리 주의하는 것이 중요하다.

쿠퍼선: 남자에게 성충동이 일어났을 때 맨 처음으로 작용하는 선이다. 이 선은 소변의 산성을 중화시키는 미끄러운 액체를 요도 속으로 흘려보내 뇨의 산성 성분 때문에 정자가 죽는 일이 없도록 방지하는 역할을 한다.

요도: 방광으로부터 페니스를 거쳐 소변을 배출시키는 역할과 전립선으로부터 페니스를 거쳐 정액과 정자를 방출시키는 역할을 한다.

페니스: 소변과 정자가 방출되는 기관으로 보통 때는 아주 말랑거리지만, 정신적으로나 물리적으로 자극을 받아 성충동이 일어나게 되면 혈액이 몰려 압력이 높아지기 때문에 팽팽하게 발기하게 된다. 페니스는 해면조직과 발기성조직 그리고 요도를 포함하고 있는 중심부 이렇게 세 부분으로 구성되어 있다. 아무 자극도 받지 않았을 때의 페니스 길이는 사람마다 다르지만, 발기되었을 때의 페니스 길이는 대부분 12센티미터 내외로 비슷하다. 그리고 발기되어 있는 동안에는 귀두의 테두리 부분이 끝부분보다 더 단단해지는데, 이는 성교 시에 질을 좀 더 효율적으로 마찰시켜 여성으로 하여금 더 잘 흥분되게 하기 위해서이다. 포피절제술(포경수술)을 받으면 이 테두리 부분이 주변조직보다 훨씬 더 두드러지게 돌출하게 된다.

음경 귀두: 페니스의 머릿부분으로 상당히 민감하여 반복적으로 질과 마찰하게 되면 정자와 정액을 사정하게 된다.

포피: 음경 귀두를 감싸서 보호하고 있는 늘어진 피부로, 피지라는 이물질이 끼어 냄새가 나기 때문에 하루에 한 번씩은 꼭 씻어야 한다. 이 같은 위생적인 이유로 의사들은 포피절제술을 권장하고 있지만, 수술 자체가 음경 귀두를 자극하는 데 효과가 있는 것은 절대로 아니다.

성감대: 페니스와 음낭 그리고 그 주변에 있는 생식기가 남성의 주요 성감대로, 접촉에 상당히 민감하다. 그래서 남자는 부인이 그 부분을 부드럽게 만져주기만 해도 흥분하게 되고, 보통은 수분 내에 성관계를 가질 수 있게 된다.

몽정: 이것은 성관계를 가질 준비가 되어 있지 않은 소년들에게서 일어나는 일정치 않은 경험으로 지극히 자연스러운 현상이다. 아침에 일어났을 때 잠옷이 끈끈한 액체로 젖어 있거나 이미 딱딱한 형태로 굳어 있는 것을 보면 소년들은 소스라치게 놀라곤 하는데, 절대로 그럴 필요가 없다. 그것은 정자를 생산하는 속도가 갑자기 증가함으로써 고환 내부의 압력이 높아져 고환이 팽창되었기 때문에 일어난 현상이기 때문이다. 그러므로 정낭과 전립선이 정액으로 가득 차 생식기 전체가 폭발 직전의 상태가 되었을 때는 꿈속에서 자기도 모르게 페니스로 혈액이 몰려 발기할 수 있다. 그러면 쿠퍼선이 중성화시키는 액체를 요도와 사정근육 또는 사정관으로 보내게 되고, 정자와 정액이 하나로 녹아들어 요도와 페니스

를 통해 분출되게 된다. 몽정은 십대 소년들에게서 흔히 볼 수 있는 현상이다. 성행위 시에 남자가 여자보다 적극적인 자세를 취하는 것도 정자와 정액이 끊임없이 생성되기 때문이다. 그러므로 남자가 보이는 적극성과 공격성을 단순히 자기만족을 위한 수단으로 볼 것이 아니라, 부부간의 성관계와 관련하여 하나님이 명하신 계획을 이루기 위한 수단으로 보도록 해야 할 것이다.

사정: 저장실에 비축되어 있던 정액이 사정관 안에서 교차하는 작은 관들을 통해 바깥으로 분출되어 나오는 것을 일컫는 표현으로, 이때 느끼는 희열은 과히 성관계의 절정이라 할 수 있다. 정액이 전립선을 통과할 수 있게 되는 것은 페니스의 기저부에서 근육 수축이 일어나기 때문인데, 정액은 전립선을 통과하는 동안 더 많은 분비물과 합쳐지게 된다. 그런 다음에는 요관을 거쳐 요도 밖으로 나가 여성의 자궁 속으로 들어가게 된다. 2~3일 정도 금욕한 다음 성관계를 가졌을 때 사정되는 반 스푼 정도의 정액에는 대략 2억 5천만 개에서 5억 개에 이르는 정자가 들어 있다. 기본적으로 정액은 달걀흰자와 단백질 구조가 유사하며, 독특한 냄새 때문에 더럽다고 생각하는 여성도 있는데, 실제는 전혀 그렇지 않다. 그러므로 관계가 끝난 다음에 굳이 샤워를 함으로써 정액을 씻어낼 필요는 없다.

하나님의 정교한 창조 작업은 남성 생식기와 여성 생식기가 이루는 아름다운 조화에서도 찾아볼 수 있다. 여성의 생식기(혹은 성기관)는 외부 생식기와 내부 생식기 두 개로 나눌 수 있는데, 전자는 신체 바깥에 위치하고 있어 쉽게 볼 수 있으며, 몸 안쪽 깊숙한 곳에 있는 내부 생식기로 들어가는 통로 역할을 한다. 내부 생식기는 두 개의 난소와 두 개의 난관, 한 개의 자궁과 질로 구성되어 있다.

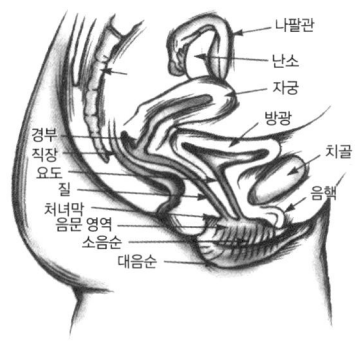

그림 2 여성 생식기

여성의 생식기는 태아가 세상에 태어나기도 전인 임신 7~8개월경에 형성되지만, 사춘기(대개 12살에서 15살에 이르는 나이)가 되기 전까지는 불활성적인 상태로 머물러 있다. 그러다가 사춘기가 되면 뇌 밑부분에 있는 뇌하수체로부터 성적으로 성숙해야 할 때가 되었다는 신호가 보내져 하루가 다르게 성숙하기 시작한다.

난소: 영어 명칭인 오버리(ovaries)는 '달걀'이라는 의미의 라틴어 오바(*ova*)에서 그 이름이 유래하였다. 모든 여성은 하복부 양쪽에 달걀크기만한 난소를 갖고 있다. 남자의 고환에 해당하는 이 난소

는 고환이 정자를 생산하는 것과 마찬가지로 난자를 생성한다. 여아는 태어날 때부터 난자라고 불리는 작은 여포를 30만 개에서 40만 개 정도 난소에 갖고 태어나는데, 그 중에서 성숙한 난자가 되어 난소 밖으로 나오는 것은 불과 3천 개에서 4천 개밖에 되지 않는다. 그리고 나이가 듦에 따라 난소는 소녀를 여성스럽게 만들어 주는 여성호르몬을 분비하게 되는데, 이로 인해 가슴과 엉덩이가 커지고 겨드랑이와 생식기에는 음모가 나기 시작하며 각선미가 발달하여 마침내는 온전한 여성으로서의 외모를 갖추게 된다. 난자는 거의 한 달을 주기로 성숙하게 되는데 정자의 약 10배 크기로 0.1밀리미터 정도로 커지면 난소에서 나와 나팔관으로 방출되게 된다.

나팔관: 수란관이라고도 불리는 이 관은 난관을 뜻하며 길이가 12센티미터 정도 된다. 자궁과 연결되어 있으며, 거의 72시간에 걸쳐 난자를 자궁으로 옮기는 일을 한다. 이 기간 동안 성관계를 가지면 정자와 난자가 만나 수정할 수도 있는데, 이는 곧 생명의 잉태를 의미한다. 그러나 나팔관에 머무는 동안 수정이 되지 않으면 난자가 자궁으로 내려와 용해되게 된다.

자궁: 단단한 근육 기관으로 길이가 7센티미터, 가로 5센티미터, 앞뒤 두께 2~3센티미터 정도의 크기로 달걀 모양을 하고 있다. 내부는 두터운 근육에 의해 둘러싸인 삼각형 모양의 좁은 구멍으로 되어 있다. 윗부분은 두 개의 나팔관과 연결되어 있고 아랫부분은 좁고 단단한 조직으로 되어 있는데, 이를 자궁경관이라고 한다. 임

신 중에 아기가 자라는 곳인 이 자궁은 임신이 진행됨에 따라 상당한 크기로 확대된다.

자궁경부: 영어의 서빅(cervix)은 '목'이라는 의미를 가진 라틴어 세르빅스(cervix)에서 유래한 용어로 자궁 아래쪽에 있는 목 부분을 말한다. 이 자궁경부는 자궁경관을 둘러싸고 있으며 비교적 좁은 자궁의 아래 끝부분을 형성하고 있다. 그런데 이 자궁경부의 절반가량은 질 속으로 밀려 내려와 있기 때문에 의사들은 콧속이나 귓속을 들여다보는 것만큼이나 쉽게 자궁경부를 검사할 수 있다. 임신 전에는 만져보면 물렁한 느낌이 들지만, 출산 후에는 단단한 느낌이 들게 된다. 자궁경부가 질로 들어가기 시작하는 입구 부분은 연필심보다 두껍거나 큰 것은 감히 통과할 수도 없을 정도로 좁다. 그러나 이 좁고 단단한 통로 덕택에 자궁내부는 무균상태를 유지할 수 있다. 물론, 질 쪽으로 끊임없이 흘러내리는 소량의 정화액도 질과 자궁을 청결하게 하는 역할을 하고 있다.

질: 남성의 페니스와 비교해서 손색이 없으며, 성관계 시에 페니스를 받아들이도록 되어 있는 기관이다. 영어의 버자이너(vagina)는 칼집이라는 의미를 가진 라틴어 '바지나'(vagina)에서 이름이 유래하였다. 여성의 몸 깊숙한 곳에 있는 여러 기관으로 오가는 통로 역할을 하며 칼집과 같은 길고 얇은 모양을 하고 있다. 길이는 7~12센티미터 정도이고 내벽은 탄력이 강하고 섬세한 근육조직으로 되어 있다. 그리고 표면은 상당히 부드러워 성교 시에 여러 겹으로 주름지게 된다.

질 벽에는 정화 및 윤활 역할을 하는 분비물을 끊임없이 생산하는 미세한 선들이 깔려있는데 이 때문에 질은 자정작용을 할 수 있다. 눈물샘에서 눈물이 나와 눈을 청결하게 하듯이 말이다. 그리고 질 위쪽은 자궁경부의 끝부분을 둘러싸고 있는 둥근 천장 같은 형태를 하고 있다.

외부에서도 보이는 질 입구는 감각신경의 집결지이자, 이 감각신경이 보내는 신호에 반응을 보이는 괄약근으로 둘러싸여 있다. 본인의 의지대로 조일 수도 있고 이완시킬 수도 있는 이 괄약근 안에는 바르톨린이라는 선이 두 개 있는데, 극소량의 분비물을 추가로 생산한다. 그러나 그것도 성적 자극 여하에 따라 달라진다.

성적 자극을 받았을 때 여성의 생식기가 보이는 최초의 반응은 질에서 윤활유 역할을 하는 점액이 나오는 것인데, 점액이 분비되는 시간은 대개 10초에서 30초 밖에 되지 않는다. 최근에는 여성이 성적으로 흥분하면 차가운 유리창에 성에가 끼듯이 질 벽이 점액 방울로 빼곡하게 뒤덮인다는 사실이 밝혀졌다. 이것은 성교 시에 페니스가 질 안쪽으로 삽입되는 것을 원활하게 해준다. 이 점액이 잘 분비되게 하기 위해서는 무엇보다 남편이 질을 만질 때 부드럽게 만져야 하며, 그래도 충분히 분비되지 않을 때는 안전성이 있는 수용성 인공윤활제를 사용해야 한다. 그러나 인공윤활유를 사용해야 하는 상황은 그리 많지 않을 것이다. 질 내부에서는 성관계를 갖기에 충분한 정도의 윤활유가 자연적으로 분비되어 나오기 때문이다.

음문영역: 바깥으로 나 있는 질 입구 부분으로 외부에까지 연장된 부분을 대음순이라고 한다. 이 대음순은 남자의 음낭에 해당하며 그와 똑같은 피부조직으로 되어 있다. 성적으로 흥분하면 이 대음순이 부풀어 오르거나 두터워지게 된다. 그러다가 대음순이 열리면 안쪽에 자리하고 있는 소음순이 나타나게 되는데, 이 소음순은 음문 바로 앞에 바짝 붙어 있으며 아주 민감한 조직으로 되어 있다. 대음순이 음낭에 해당한다면 소음순은 음경 귀두에 해당하며 그와 유사한 피부조직으로 되어 있다.

처녀막: 그리스 신화의 결혼의 신인 하이멘(hymen)으로부터 이름이 유래하였으며 질 입구 뒷부분에 있는 얇은 막으로 비교적 단단하고 거칠다. 여성 가운데는 태어날 때부터 이것이 없는 사람도 있으므로 처녀막이 꼭 처녀의 상징이 되는 것은 절대로 아니다. 즉 처녀막이 없다고 해서 그 여성이 순결하지 않다고 단정 지을 수 없다는 것이다. 처녀막 입구는 직경 2.5센티미터 정도 되는데, 2.5~4센티미터 정도가 첫날밤 편안한 성관계를 가지는 데 가장 알맞은 크기라고 한다. 조사 결과 신부의 절반가량이 첫 관계를 가질 때 약간의 통증을 경험하며 30퍼센트는 상당히 심한 통증을, 그리고 20퍼센트는 전혀 아무런 통증도 느끼지 않는 것으로 나타났다.

결혼 전에 모든 여성은 산부인과 의사의 검진을 받아 의사가 처녀막을 없애는 게 좋겠다고 판단하고 또 본인도 동의한다면, 첫날에 이 처녀막 때문에 쓸 데 없이 시간을 끌거나 불편함을 겪는 일이 없도록 처녀막 제거수술을 받을 수도 있다. 그러나 본인이 원하지 않는다면 굳이 제거를 할 필요는 없다. 신부가 첫날밤 남편과의 성관계를 통해 처녀막이 터지기를 바란다면, 신랑은 반드시 인공윤활제를 준비해 두었다가 관계를 갖기 전에 자신의 페니스와 아내의 질 입구 주변에 넓게 바르도록 해야 한다. 어떤 체위를 택할 것인가는 당사자들이 결정할 문제지만, 그래도 이왕이면 남성이 여성 위에 올라가서 페니스를 아래쪽으로 향하게 한 뒤 질 뒤쪽에서 삽입하는 것이 여성이 압력을 조절하는 데 용이하므로 고통을 그나마 줄여 줄 수 있다. 한 번의 관계로도 처녀막이 터질 수 있지만, 어떤 여성은 서너 번 관계를 가져야 터지기도 한다. 그러나 수차례 성관계를 가져도 처녀막이 터지지 않으면, 여성으로서는 관계를 갖는 것 자체가 고통일 수 있으므로, 계속 성관계를 가져 그 부분에 상처를 더하기보다는 서로 상대방의 음부를 부드럽게 애무함으로써 성적 만족을 얻는 편이 현명하다고 할 수 있다.

고통을 피하려면

첫날밤에는 곧바로 성관계를 갖기보다 남편이 손톱을 짧고 부드럽게 깎은 다음, 손가락에 윤활제를 흠뻑 묻혀 아내의 질에 발라 줌으로써 질 입구를 먼저 넓혀 주는 것이 좋다. 그런 다음 아주 조심스럽게 손가락 하나를 질 속으로 넣는데, 이때 아내에게 아픈 기색이 없으면 조금씩 힘을 가하면서 항문 쪽을 지그시 누르는 느낌으로 손가락을 하나 더 집어넣는다. 두 손가락 모두 끝까지 밀어 넣어야 하는데, 이쯤 되면 아프다는 신호를 보내는 아내도 있을 것이다. 만일 아내가 너무 고통스러워하면 그날은 그냥 자고 다음날 페니스에 윤활유를 잔뜩 바른 다음 정식으로 시도해 보는 것이 현명할 것이다. 아내가 고통을 느끼는 주된 이유는 질 주변 근육이 이완될 수 있는 시간적 여유를 충분히 주지 않고 성급하게 삽입을 시도하기 때문이다. 더구나 온몸이 달아올라 지나치게 흥분한 신랑은 성급하게 처녀막을 뚫어 아내에게 신체적 통증을 안겨줄 수도 있다. 물론 이 통증으로 인한 육체적 상처가 오래 지속되는 것은 아니지만, 그래도 남편의 페니스가 질 속으로 들어오는 순간에 느낀 고통이 아내의 뇌리 속에 깊게 각인되면, 심리적 상처가 되어 오래도록 그녀를 괴롭힐 수 있다. 그렇게 되면 페니스 삽입에 대한 두려움으로 인해 윤활유제의 분비가 원활하지 않게 되어 성관계가 남편과 본인 모두에게 불만족스럽고 고통스러운 경험이 되기 쉽다.

처녀막이 뚫리거나 찢어지면 피가 나오는데, 대개 한 티스푼에서 두 티스푼 정도의 적은 양밖에 되지 않는다. 만일 출혈이 계속되거나 양이 한 티스푼보다 많을 때는 당황하지 말고 피가 정확히 어디에서 나는지 살펴본 다음 깨끗한 화장지로 그 부분을 강하게 눌러주면 된다. 그러면 출혈이 곧 멎을 것이다. 그리고 다음날 또 피가 나오면 지난밤에 했던 것과 똑같은 방법으로 지혈을 하면 된다.

요도: 방광으로부터 소변을 내보내는 배출구로 질 입구 위쪽에 요도입구가 있는데 질과는 완전히 분리된 조직이다. 둥글게 패인 보조개 모양을 하고 있으며 작은 구멍이 있다.

요도는 치골 바로 밑에 나 있는 관으로, 첫날밤에 남편이 페니스에 윤활제를 듬뿍 바르지 않고 아내와 성관계를 가지면 이곳이 상처를 입게 된다. 그런데 그 상처가 며칠 동안 계속되고 통증이 심해지면 흔히 '신부 방광염' 혹은 '허니문 방광염'이라고 하는 병을 일으키게 된다. 방광 주변에 통증이 있고 소변에 피가 섞여 나오며 소변 눌 때마다 고통이 느껴지면, 요도에 난 상처에서 박테리아가 자라기 시작했음을 알리는 징후라고 할 수 있다. 그러나 의사가 처방해 주는 약을 복용하면 통증은 이내 가라앉으며 염증도 수일 내에 사라질 것이다. 그러므로 모든 신혼부부는 인공윤활제를 사용함으로써, 요도에 상처를 내는 것과 그로 인해 극심한 고통을 겪는 것을 미연에 방지하도록 해야 할 것이다. 특히 신혼 몇 주 동안은 되도록이면 윤활제를 사용하는 것이 좋다.

음핵: 라틴어 '클리토리스'(*clitoris*)에서 이름이 유래하였으며, '근접하다'라는 뜻이 있다. 여성의 신체 중에서 가장 예민하고 민감한 기관이다. 그래서 어떤 사람은 '여성의 욕망에 불을 당기는 방아쇠'라고 표현하기도 한다. 길이가 3센티미터 정도 되는 음핵의 자루 부분은 질 입구에서 5센티미터 정도 위쪽에 있는 음순 끝부분 바로 옆에 있으며 비뇨기 입구 혹은 요도를 덮어 감싸고 있다. 바깥 끝 부분에는 완두콩 크기만 한 작고 둥근 조직이 있는데, 의사들은 이를 '도토리처럼 깍정이가 있는 나무열매'라는 뜻의 라틴어에서 유래한 귀두라는 이름으로 부른다.

현재까지 알려진 바에 의하면, 음핵이 갖고 있는 유일한 기능은 성감을 일깨우는 것이라고 한다. 한마디로, 음핵만 자극해 줘도 대부분의 여성은 오르가즘에 달할 수 있는 것이다. 남성으로부터 애무를 받으면 보통은 음핵이 커지는데, 만일 커지지 않더라도 별로 걱정할 필요는 없다. 오르가즘을 느낄 수 있는 수백 명의 여성을 상대로 연구한 결과 반 이상이 오르가즘에 달한 후에도 음핵이 확대되는 모습을 보이지 않았으며 다른 여성들도 애무에 의해 음핵이 확대되는 정도는 육안으로는 확인할 수 없을 만큼 미세했기 때문이다. 게다가 음핵의 확대는 길이로 일어나는 것이 아니라, 직경으로 일어나기 때문에 그것을 알아차리기가 더 어렵다. 그리고 음핵의 크기와 확대정도도 성적 만족이나 성적 능력과는 아무 상관없는 것으로 나타났다. 그러나 분명한 것은 여성이 오르가즘에 달할 수 있으려면 직접적으로든 간접적으로든 반드시 음핵이 자극을 받아야 한다는 것이다.

소음순: '작은 입술'을 뜻하는 라틴어에서 이름이 유래하였다. 매끄럽고 털이 없으며 부드러운 조직으로 되어 있는, 서로 마주보는 두 개의 주름 모양을 하고 있는 이 소음순은 음핵을 덮고 있는 덮개에 연결되어 있으며 질 입구 바로 아래에까지 이어져 있다. 자극을 받아 성감대가 깨어나기 시작하면 이 소음순은 평상시 두께의 두 배 혹은 세 배로 부풀어 오르게 된다. 때로는 이 소음순을 부드럽게 애무해 주는 것이 음핵을 애무해 주는 것보다 훨씬 더 큰 쾌락을 느끼게도 한다. 그리고 이 소음순은 음핵 위쪽에 직접 연결되어 있기 때문에 페니스가 질 안으로 삽입되면서 소음순을 마찰

하게 되면 음핵으로 황홀한 기분이 전해지게 된다.

모든 아내는 이 부분을 어떻게 자극해 주면 가장 기분 좋은지 구체적이면서도 사랑스러운 말로 남편에게 알려주어야 한다.

대음순: 바깥쪽에 누워 있는 '큰 입술'로 소음순과 평행하게 위치하고 있다. 그러나 소음순처럼 그렇게 민감하지는 않다.

성감대: 가슴과 외음부 등 여성은 남성에 비해 성감대가 상대적으로 넓다. 이것은 아마도 남편이 대부분의 성관계를 이끌어가야 하는 현실을 보완하려는 하나님의 계획일 것이다. 여자의 가슴은 아주 예민하므로 이곳에 애정 깊은 애무를 해주면 성관계를 갖기가 한결 수월해진다. 그러므로 페니스를 삽입하기 전에 가슴을 부드럽게 애무해 주는 것이 좋은데, 그러면 성감대가 깨어나 흥분하였음을 암시하는 표시로 유두가 딱딱해지면서 약간 도발적인 형태로 돌출하게 된다. 동시에 대음순도 커지면서 점차적으로 민감하게 된다. 앞에서도 말했지만, 질과 음핵은 감각이 상당히 예민한 곳이다. 특히 질은 자극을 받으면 윤활유를 분비하여 그 특유의 미끌미끌한 점액으로 음문 영역과 질을 깨끗이 청소함으로써 페니스가 보다 쉽게 질 속으로 들어올 수 있게 해준다. 이것은 수정이나 종족번식과는 아무 상관없는 것으로 건조한 페니스가 질 내부로 삽입될 때 아내의 고통을 극소화하여 부부가 모두 기쁨을 느낄 수 있도록 하기 위해 하나님이 고안하신 오묘한 계획이라고 할 수 있다.

오르가즘: 절정에 달한 다음에는 성적 자극이 점차적으로 가

라앉으면서 만족감과 충만감에 휩싸이게 된다. 남성과 달리 여성은 사정하거나 액체를 방출하는 법이 없다. 즉 여성은 남성이 자극을 주면 그 자극과 함께 남성의 성기와 정자를 받아들이는 역할밖에 하지 못하는 것이다. 그럼에도 불구하고 최근에 이루어진 조사결과에 의하면 여성도 남성만큼이나 거대하면서 폭발적인 오르가즘을 느낄 수 있다고 한다. 차이점이 있다면, 남성은 별다른 전희 과정 없이도 사정할 수 있고 절정에 달할 수 있는 데 반해, 여성은 자기를 사랑하고 깊이 이해해 주며 서로 협력하는 가운데 아름다운 성관계를 정립하고자 하는 남편의 도움이 있어야지만, 오르가즘에 달하는 법을 터득할 수 있다는 것이다.

"여성의 오르가즘 표현방식에는 사정 외에도 남성과 다른 생리적 차이가 두 가지 있는데, 그것은 한 번 오르가즘에 달한 후에도 계속해서 자극을 받으면 곧바로 다시 오르가즘에 달할 수 있다는 것과 상당히 긴 시간 동안 유지할 수 있다는 것이다."

그리고 남성은 오르가즘에 달한 뒤 20분에서 45분 정도만 지나면 성충동이 완전히 소진되어 버린다. 물론, 젊었을 때는 하루에도 서너 차례 사정할 수 있다. 비록 연일 계속해서 그렇게 할 수는 없지만 말이다. 남성의 성은 일정한 시간이 지나야 기능할 수 있다. 나이와 건강 그리고 기타 요소에 의해 좌우되며 보통은 나이를 먹을수록 시간이 더 많이 걸리게 된다. 성관계를 갖는 횟수가 40대에는 일주일에 평균 세 번이었다가 50대에는 두 번으로 그리고 70대에는 한 번으로 줄어드는 것도 이러한 이유 때문이다.

남성과 여성의 해부학적 유사성: 남성과 여성의 성기관이 표면적으로는 달라 보이지만, 기본구조는 똑같다. 남성과 여성의 성기관이 원래는 상동기관이었음을 입증해 주는 대표적 기관이 바로 음핵과 페니스이다. 음핵은 페니스가 갖고 있는 몇 가지 중요한 성질, 곧 흥분되면 혈액을 빠른 속도로 빨아들이는 스폰지 같은 조직으로 되어 있다는 것과 끝 부분에 신경말단이 수없이 분포되어 있어 상당히 예민하다는 것을 감안해 볼 때 페니스의 축소판이라고 할 수 있다. 그리고 페니스의 기저부위에 있는 근육은 질을 둘러싸고 있는 골반부위 근육에 상응한다. 그리고 여성의 외음순은 남성의 음낭에 해당한다. 끝으로, 꼭 그렇다고는 말할 수 없지만 그래도 음핵을 덮고 있는 소음순의 바깥쪽으로 겹쳐진 부분은 음경 귀두를 덮고 있는 포피에 해당한다고 할 수 있다.

남성과 여성의 성기관이 번식과 출산 외에 또 다른 기능을 갖고 있다는 것은 분명하다. 여자와 남자가 어른이 되어 부부가 되고 출산을 할 수 있는 연령이 되기 전에도 여성의 난소와 남성의 고환은 소녀를 여성으로, 소년을 남성으로 만드는 작업을 시작한다. 또한 정신적 심리적 성장뿐 아니라, 육체적 성장속도 또한 조절하고 신장시키는 호르몬도 분비한다.

6_ 성관계의 기술

우리가 하는 대부분의 신체적 활동은 반복적인 행동에 따라 습관화된다. 이것은 성행위도 마찬가지이다. 성인이라면 누구나 성관계를 갖고자 하는 욕망과 그에 필요한 기능을 갖고 있지만, 그럼에도 불구하고 성관계를 갖는 데 필요한 기술은 타고 나는 것이 아니라, 사랑을 통해 습득하는 것이다.

에드 위트 박사는 남성을 상대로 한 세미나에서 "성행위를 할 때 자연적으로 생겨나는 욕망에 따라 행동한다면, 아마 거의 한 번도 아내를 만족시키지 못할 것입니다"라고 말했다. 그가 의도하는 바는 남성이 성적 만족을 얻기 위해 취하는 '자연적'이고도 자기 만족적인 행위가 반드시 그의 아내도 만족시키는 것은 아니라는 것이다. 이러한 이유로 예비신랑신부는 결혼에 들어가기 전에 반드시 이 문제에 대해 진지하게 연구해야 한다. 그래야만 결혼한 다음에 자기와 상대방을 동시에 만족시킬 수 있는 기술을 습득하게 되기 때문이다.

　아무런 성경험이 없는 신랑신부가 결혼 첫날밤에 오르가즘을 동시에 도달하기란 쉬운 일이 아니다. 실로 그것은 불가능하다고 할 수 있다. 조사에 의하면 첫날밤에 오르가즘을 경험하는 신부는 10퍼센트에 지나지 않는다고 한다. 한편, 첫날밤에 오르가즘을 경험하지 못한 신혼부부는 어색한 밤을 맞이하게 된다. 그러므로 신혼부부는 가급적 빨리 '성행위를 익혀야 한다'는 사실을 받아들이고, 행동으로 옮기도록 해야 한다. 사랑하는 남녀가 단 둘만의 공간에서 서로에 대해 배우고 상대방의 성적 본능에 대해 배우는 것, 그것이 신혼여행의 목적이 아니던가?

　둘 중 하나 혹은 두 사람 모두 오르가즘에 도달하지 못했어도, 성관계가 그 자체로 즐겁고 환상적인 경험이 되게 하는 것은 진정한 사랑의 표현으로 관계가 진행될 때이다. 그래야만 성행위를 통해 맺은 부드럽고도 친밀한 관계가 두 사람 모두에게 넉넉한 내적 만족을 줄 수 있기 때문이다. 두 사람이 동시에 오르가즘에 달하려면 강렬한 자극이 있어야 하는 데, 그것은 한두 번의 관계로 터득할 수 있는 것이 아니다. 적어도 그러한 기술을 익히려면 연구하고 실험하고 허물없는 대화를 나누는 오랜 과정을 거쳐야 한다.

　우리는 이 장에서 모든 부부에게 무한정으로 내재되어 있는 사랑의 기술을 다루려고 한다. 특별히 이 장은 신혼부부들을 위한 것이지만, 어쩌면 오랜 성경험을 가진 부부들이 더 관심이 있게 읽지 않을까 싶다. 성관계의 기술을 본격적으로 다루기에 앞서 의미

심장한 어느 결혼 상담가의 말을 옮겨본다. "만일 부부가 평생토록 신혼시절 때의 마음가짐 그대로 서로를 사랑한다면, 성생활은 물론이거니와 결혼생활 전반에 걸쳐 별다른 문제를 겪지 않을 것이다. 그러나 많은 부부가 될 수 있으면 지름길을 택하려고 하는데, 그것이야말로 그들에게 잠재되어 있는 성적 만족의 능력을 망쳐버리는 가장 큰 원인이다."

최종적인 목표

부부의 성관계는 궁극적으로 동시에 오르가즘을 느끼는 것이다. 그러기에 이 사실을 잊지 않는 것이 중요한다. 그러나 대부분 여성보다는 남성이 간단하고 쉽게 오르가즘에 도달하게 된다. 음경 귀두에 있는 신경말단에 자극이 가해지면, 전립선에서 근육수축이 일어나 연쇄반응이 시작되면서 우유빛깔의 정액과 정자들이 요도를 통해 최대 60센티미터까지 멀리 방출될 정도의 강한 힘으로 밀려나오게 된다. 정액과 정자들이 그렇게 방출되고 나면 남성은 자기 몸에 있는 모든 기관이 정열적으로 타오르고 있었다는 것을 깨닫게 되면서 깊은 환희와 함께 만족감에 빠져들어 몸이 전체적으로 이완되게 된다.

남성의 오르가즘은 사정이라는 비교적 간단한 형태를 취하고, 한 번의 관계에서 한 번의 오르가즘밖에 경험하지 못한다. 그러나 여성의 오르가즘은 남성보다 훨씬 복잡하고, 한 번의 관계에서도 여러 번 오르가즘에 달하기 때문에 말하기가 쉽지 않다. 그러한 이유로, 새내기 신부들은 자기의 오르가즘 유무를 잘 알지 못한다. 성관계의 기술이 학습과 배움을 통해 습득할 수 있는 것과 마찬가지로, 오르가즘 또한 충분한 경험을 통해 분별하는 법을 배워야 한다. 일단 오르가즘을 분명하게 경험하고 나면, 성생활 자체가 달라지기 때문이다.

부부가 동시에 오르가즘에 달하기를 원한다면, 그 목적을 달성하는 데 필요한 조처나 방법, 시간 조절 등에 대해 충분한 대화를 나누는 것이 현명하다. 사랑과 인내심 그리고 상대방을 배려하는 마음과 집중력, 끈기가 있는 부부라면 그러한 목적을 충분히 달성할 수 있을 것이다.

준비단계

언젠가 예비부부학교에서 부부의 은밀한 관계에 대해 언급하고 있을 때, 갑자기 어느 여성이 말을 끊었다. "목사님, 이런 얘기를 지금 꼭 해야 하나요? 솔직히 말씀드려 조금 민망스럽습니다. 그건 때가 되면 누구나 자연스럽게 알게 되는 거 아닌가요?" 그 이후, 이 여성이 결혼 후 곧바로 임신하게 되었다는 이야기를 들었다. 성에 대해 아무것도 아는 바가 없고, 부부의 내적 관계에 대해 수치스럽게 생각하던 입장에서는 어쩌면 당연한 결과라는 생각이 들었다. 그녀가 임신하기 전에 제대로 된 오르가즘을 한 번이라도 경험했을지 무척 의문스럽다. 임신은 조금 천천히 하는 것도 유익하다. 성적 기쁨을 가장 왕성하게 누릴 지혜와 시간이 필요하다.

이런 면에서 요즈음 예비신부들의 마음가짐이 많이 변했다. 숙맥처럼 신혼을 보내는 것이 아니라 몇 가지 필요한 준비를 한 다음에 부부관계에 임하고 있다. 나는 예비부부들에게 다음에 제시하는 최소한의 과정을 준비하라고 당부하고 싶다.

1. 가급적 성에 관해 많이 아는 것이 좋다. 특히 이 책의 5장 내용은 남녀의 생식기를 이해하는 데 많은 도움이 될 것이므로 반복해서 읽어도 괜찮을 것이다. 가능하다면 결혼 전에 성에 관한 기본적인 책자 몇 권은 반드시 독파하도록 하라. 그런 후 신혼여행 때나 신혼살림을 차린 다음에 각자가 읽은 책에 대해 함께 대화를 나눈다면 많은 도움이 될 것이다. 특히 이 책은 신혼의 달콤함에 빠져있는 부부에게 도움을 주려는 의도로 만든 것이다.

2. 모든 예비신부는 결혼 몇 주 전에 반드시 산부인과를 찾아가 처녀막 제거와 관련하여 전문의에게 조언을 구하도록 하라. 검진결과 처녀막이 지나치게 두터워 성관계에 심각한 장애를 초래할 것 같으면, 불필요한 고통이나 출혈을 방지하기 위해 처녀막을 얇게 하거나 아니면 과감하게 찢어버리는 것에 대해 진지하게 고민해보아야 한다. 물론, 별다른 고통을 줄 것 같지 않고 또 신부도 원하지 않는다면, 인위적으로 제거하기보다는 신랑과의 관계를 통해 자연스럽게 터지도록 하는 것이 좋다. 요즈음엔 첫날밤에 처녀막으로 인해 고통받을 신부를 위해 오히려 처녀막 제거술을 권장하는 신랑도 많다고 한다. 그러나 처녀막이 두텁지만 제거하고 싶지 않은 신부의 경우에는 신랑이 신부의 처녀막을 손가락으로 늘여

주는 방법도 있는데, 이 방법은 사전에 의사와 상의한 뒤 그의 지시에 따라 아주 조심스럽게 해야 한다. 요즈음처럼 여성의 활동량이 많은 시대에는 이런저런 사고로 처녀막을 잃는 여성도 많고 심한 생리통 때문에 병원에서 처녀막을 얇게 하는 수술을 받는 여성도 많다.

신부는 피임약 사용법과 관련해서도 의사와 상의해야 한다. 이 부분에 대해서는 12장에서 자세하게 다루도록 하겠다. 다만, 신랑 신부라면 누구나 임신에 대한 두려움으로 인해 허니문의 즐거움이 제대로 누리지 못할 수도 있다는 사실을 지적하고자 한다. 부부는 상대방의 느낌과 기분을 존중해 주어야 하며, 결혼과 동시에 출산계획을 신중하게 생각해 보아야 한다. 만일 아이 갖는 것을 미루고 싶다면 의사의 지시를 따라 안전하고 확실한 피임법을 마련하도록 해야 한다.

3. 첫날밤, 성관계 시의 통증을 완화하는 점액이 질에서 충분히 분비되는 신부는 백에 한두 명일 정도로 희박하므로, 반드시 젤리 타입의 인공윤활제를 준비하여 두었다가 적절한 때에 남편에게 건네주도록 하라.

4. 아놀드 케겔 박사가 고안한 골반근육 강화운동 프로그램을 10장에서 자세히 소개할 것이다. 모든 예비신부는 반드시 10장을 필독하여 케겔 박사가 제안한 질근육운동을 연습하도록 하라. 이 운동을 하게 되면 성교 시에 사용되는 질근육을 조절하는 기술을 익히게 될 것이다. 또한 자신에게 잠재되어 있는, 성적 쾌감을 느낄

수 있는 능력도 극대화시키는 동시에 남편에게도 환상적인 시간을 마련해 줄 수 있을 것이다. 어디 그뿐인가? 이 운동을 계속 연습하면 부부가 동시에 오르가즘에 달하는 법도 배우게 될 것이다.

사전에 알고 있어야 할 것들

여성이 남성에 비해 훨씬 낭만적이라는 말은 이미 언급한 바 있다. 심지어 어떤 정신분석학자는 "여성은 불치병에 가까울 정도로 낭만적이다"라고 했다. 그러므로 현명한 남편이라면, 자기 아내가 낭만적인 것에 대해, 의아해하거나 거부감을 갖기보다는 아내의 가슴에 자리 잡고 있는 낭만에 대한 욕구와 갈망을 채워주려고 노력할 것이다. 이런 점에서 본다면, 신혼이야말로 여자의 생애에서 낭만에 대한 기대가 최고조에 달하는 시기이므로, 사랑 많은 남편이라면 아내를 실망시키지 않기 위해 최선을 다할 것이다.

신혼시절을 돌이켜볼 때, 나 역시 제대로 한 일이 거의 없었다. 우리는 아내의 교회에서 토요일 오후에 결혼식을 올렸다. 피로연이 끝난 후, 친구 한 명이 나를 붙들고는 결혼과 삶에 대해 장황한 설교를 늘어놓았다. 시간은 벌써 새벽 두 시를 향해 치닫고 있었다. 피곤한 가운데 잠시 눈을 붙이고 난 뒤 우리는 아침 일찍 신혼여행이라는 것을 떠났다. 우리는 장장 12시간이나 차를 달려 겨우 켄터키 산맥 근처에 있는 한 초라한 모텔에 여장을 풀 수 있었다. 다음날도 곧바로 남 캐롤라이나 주의 그린빌로 달려왔다. 학교로부터 제공받는 이동가옥을 옮길 주차장을 만들고 신혼공간을 꾸

며다. 그리고는 곧장 바쁜 일상 속으로 빠져들어 갔다. 그 며칠간의 신혼여행을 통해 아내가 배운 것은 남편의 속도에 빨리 적응하는 자기 체념이었다. 참으로 미안하게도 그녀는 지금까지 그렇게 살아 왔다.

그때 지금 알고 있는 상식을 눈곱만큼이라도 알고 있었더라면, 아내로 하여금 그처럼 무미건조한 신혼을 보내게 하지 않았을 것이다. 무엇보다 가장 큰 실수는 늦은 결혼 시간이다. 다시 결혼한다면, 오후 일찍 식을 올린 뒤 재빨리 피로연을 빠져나와 둘 만의 시간을 갖도록 할 것이다. 또한 적어도 일주일가량은 신혼여행을 즐기며 삶의 청사진을 세우며 서로를 이해할 수 있는 시간적 여유를 마련해 줄 것이다.

다시 말해, 저녁 이후는 두 사람만의 시간으로 만드는 것이 좋다. 일찍 둘 만의 공간으로 칩거해 들어가 하루 종일 계속되었던 긴장을 풀고 첫날밤을 맞을 준비를 해야 한다. 생각해 보라. 대부분의 신랑신부들은 결혼준비로 인해 신경이 예민해져 있고, 결혼 당일도 이런저런 일들로 몹시 지쳐있기 때문에 들뜬 마음과 흥분을 가라앉히고 첫날밤을 보낼 만한 에너지를 확보하기 위해서는 식사와 휴식이 필요하다.

신부라면 당연히, 신랑이 자기를 안아서 침대에 데려가길 원할 것이다. 첫날밤의 어색한 분위기가 돌지 못하도록 친밀한 분위기를 만들어주길 바랄 것이다. 따라서 신랑은 천천히 부드럽게 신부를 애무해야 하는데, 이때 반드시 사랑한다는 말을 속삭여야 한다. 이 단계에서는 남편의 애정과 정열이 분간 안 될 정도로 뒤섞이게 된다. 정열을 주체하지 못해 관계를 서두르다보면 애정보다는 불타오르는 욕정 때문에 육체적 관계를 맺는다는 나쁜 인상을 주게 되므로 조심해야 한다. 그러므로 어렵겠지만, 자제력을 발휘하여 천천히 부드럽게 다가가는 것만이 아내에 대한 사랑을 보여주는 가장 좋은 방법이 된다.

한 가지 덧붙이고 싶은 말이 있다. 그것은 부부의 사생활이 절대적으로 보장받는 상황에서만 성관계를 가져야 한다는 것이다. 남자는 사소한 것을 무시할 수 있지만, 여자는 바람소리에도 신경을 곤추세운다. 남편은 호텔에서든 집에서든 반드시 문 잠그는 것을 잊지 말아야 한다. 안정감을 최대한 높여야 한다.

그리고 분위기를 위해 조명을 은은하게 낮추고 잔잔한 음악을 준비하여 남편의 감성을 보여주는 것도 유익함을 더한다.

위대한 발견

마침내 분위기가 무르익으면, 남편은 아내의 낭만적 환상에 아주 민감하게 반응해야 한다. 어떤 신부는 광고에 나오는 야한 속옷을 입고 첫날밤을 보내기 위해 그것을 준비해 온 경우도 있다. 그리고 먼저 잠옷을 입고 가운을 걸치고 사랑의 포옹을 원하기도 한다. 그리고 최대한의 자극을 기대하게 된다. 물론 옷이 차례로 벗겨지는 게 당황스럽고 부끄럽지만, 아주 천천히 단계적으로 사랑을 표현하며 진행된다면 서로가 하나 되는 마음을 간직하게 될 것이다. 더욱이 수줍어하는 신부에게 정말 아름답고 소중하다는 것을 강하게 인식시켜 준다면, 신부는 따뜻한 포옹으로 남편에게 응답해 올 것이다.

전희

대부분의 성관련 서적은, 전희의 중요성을 강조하고 있다. 이것은 비단 첫날밤뿐 아니라, 성생활 전체를 통틀어 반드시 필요한 과정이기도 하다. 안타깝게도 남자들은 아내를 만족시키기 위해서는 전희 과정이 필요하다는 것을 알고 있지만, 자신을 위해서도 전희 과정이 필요하다는 사실은 정작 간과하고 있다. 남자는 여자의 알몸을 보면 더욱 강한 욕구가 일어나기 때문에 조급함이 배어나오기 때문이다. 최근의 조사에 의하면, 곧바로 성행위에 들어가는 것보다는 전희 과정을 충분히 거친 다음에 관계를 갖는 것이 남성으로 하여금 사정을 늦추게 하는 데 많은 도움이 된다고 한다. 그 밖에도 전희를 통해, 아내의 성감을 부드럽게 일깨울 수 있는 방법을 알게 되고, 자신의 애무에 반응해 오는 아내의 몸짓을 보며 더 큰 자극과 흥분을 느끼게 된다. 따라서 절정에 느끼는 환희와 짜릿함도 그만큼 더 커지고 풍성해지는 효과도 누릴 수 있게 된다.

적당한 전희 과정의 시간은 어느 정도가 좋을까? 각 부부의 필요와 기질 그리고 환경 및 공간에 따라 달라질 것이다. 그러나 어떤 경우든지 서둘러 관계를 끝내 버리는 것은 현명하지 못하다. 경험이 적은 신부라면 성행위에 들어가기 전에 30분 혹은 그 이상의 시간을 전희 단계에 투자해야 할 것이다. 경험이 축적되면 그 시간도 10분에서 15분 정도로 단축될 것이다. 또한 감정이 고조될수록 그 시간은 단축될 수 있다.

여성으로 하여금 성관계에 대한 충동을 갖게 하는 일반적인 방법은 존재하지 않는다. 어떤 여성은 가슴을 애무해 주면 크게 흥분하는 데 반해, 다른 곳을 애무해야 흥분하는 여성도 있다. 그리고 자신의 감정곡선에 따라 영향을 받기도 한다. 이러한 이유로 아내는 남편에게 자신의 상태와 요구를 분명하게 말로 표현하고 또 남편의 손을 자신이 애무 받고 싶은 곳으로 부드럽게 가져가는 적극적인 행동을 취할 필요가 있다. 사려 깊은 남편이라면 아내의 성감을 일깨우기 위해, 혈액이 몰려 유두가 단단해지면서 곤두설 때까지 목과 어깨와 가슴을 부드럽게 애무해 줄 것이다. 물론 너무 과격하게 애무해서 유두를 화나게 하는 일은 없어야 하겠지만 말이다. 아내의 상반신을 키스해 주며 부드럽게 쓰다듬어 주면 아내의 성감대를 일깨우는 데 많은 도움이 된다. 그렇게 상반신을 애무한 다음에는 서서히 손을 아래로 가져가 아내의 음문을 만져 주어야 한다. 이때 잊지 말아야 할 것은 손톱으로 인해 불쾌감을 받지 않도록 반드시 짧게 깎아야 한다. 그렇지 않으면 힘들게 달구어 놓은 아내의 감정이 순식간에 식어버릴 수도 있다.

남편이 아내의 음핵과 질 부분을 손으로 애무하는 데 가장 적당한 체위는 남편이 아내 위에 엎드리는 남성상위일 것이다. 이때 밑에 누워 있는 아내가 무릎을 몸쪽으로 끌어당겨 구부리면 서로 한결 편하게 된다. 한편, 남편은 그런 아내의 자발적인 행동이 성관계를 즐기고 서로 배려하는 자세라 생각하고 흥분을 더 고조시킨다. 아내 입장에서도 다리를 끌어당기면 자기 몸의 가장 민감한 부분을 남편의 애무하는 손에 더욱 가깝게 밀착시킬 수 있어 더 강한 전율을 느낄 수 있게 된다. 음핵 부근을 부드럽게 애무해 주는 것이 아내의 성감대를 자극하는 가장 좋은 방법이기는 하지만, 그렇다고 해서 그곳에서부터 전희를 시작해서는 절대로 안 된다. 갑자기 음핵을 만지게 되면 음핵이 화를 낼 수도 있기 때문이다. 그러므로 음핵 부근에 혈액이 몰려들어 온몸을 흥분시킬 준비가 되었을 때, 직접적인 자극을 주는 것이 가장 현명한 방법이라 할 수 있다.

아내의 성감대가 눈을 뜬 다음에는 남편이 음핵을 손가락으로 만져도 된다. 그러면 아내는 흥분이 고조됨과 더불어 수차례의 생리적 변화를 겪게 된다. 심장은 방망이질치고 체온은 상승하며 몸의 거의 모든 부분이 자극에 민감하게 반응하게 된다. 호흡도 거칠어지고 얼굴은 마치 고통스러워하는 사람처럼 찡그리게 되며 심한 경우에는 아주 큰 신음소리를 내기도 한다. 그러나 이 모든 것이 남편에게는 더할 수 없는 기쁜 일이 아닐 수 없다. 가장 주목할 만한 변화는 질부분에서 일어나게 되는데, 흥분이 고조됨에 따라 질 부근은 촉촉하게 젖게 되며 소음순도 평소보다 몇 배나 큰 크기로 부풀어 올라 음핵 위에 두건 같은 모양으로 덮이게 된다. 그렇게 되면 남편이 손가락으로 음핵을 만지려고 해도 더 이상은 만질 수 없게 된다. 이즈음 되면 질 부근에 가해지는 모든 자극이 부풀어 오른 소음순을 통해 파장 같은 간접적인 형태로 음핵으로 전달되기 때문에 음핵을 직접 자극해야 할 필요가 없어지게 되고 만다. 그리고 이 간접적인 형태로 음핵에 전해지는 자극은 아내의 정열을 극대화시켜 줄 것이다.

남편이 음핵과 질 부근에 주는 자극의 적당한 강도는 전적으로 아내의 결정에 달려 있다. 아주 부드러운 애무를 좋아하는 경우도 있고, 격렬한 애무를 기대하는 아내도 있기 때문이다. 그리고 강도나 속도를 다양하게 바꾸어 주는 것을 좋아할 수도 있으며, 그날의 기분에 따라 매번 다르게 해주기를 요구하는 아내도 있을 수 있다. 그러므로 아내가 어떤 형태의 애무를 요구하든지 남편은 아내의 요구에 민감해야 하며 지나칠 정도로 신중하고도 부드럽게 어루만져야 한다는 것을 잊지 말아야 한다.

이처럼 남편도 전희 과정에 인내의 수고가 필요하다. 아내의 감정을 잘 부릴 줄 알아야 한다. 그러므로 페니스를 삽입하는 동안에도 남편은 계속해서 적당한 곳에 자극을 주어야 하는데, 많은 연습과 시행착오가 필요할 것이다. 그러나 이러한 기술을 온전히 연마하기만 한다면, 그때부터는 아내라는 수레를 가파른 꼭대기까지 끌고 올라가 환희를 만끽하는 것은 한결 수월하게 될 것이다. 또한 남편이 자제력을 발휘하여, 아내의 질에서 나오는 분비물을 페니스에 묻혀 아내의 음핵을 애무해 줄 수도 있게 될 것이다. 아내 가운데에는 손가락으로 음핵을 만져 주는 것보다 페니스로 음핵을 더듬어 주는 것을 훨씬 더 좋아하는 아내도 많다. 페니스로 음핵을 얼마간 더듬어 주면 아내도 페니스를 받아들일 준비가 되어 남편의 삽입이 한결 수월해진다.

절정

경험이 없는 신랑들은 대부분 손가락으로 질 주변을 애무할 때 점액으로 질이 축축해지면 그것으로 아내가 관계할 준비가 되었다고 생각하는데, 그것은 오판이다. 충분한 혈액의 공급으로 소음순이 두텁게 부풀어 오르기 전까지는 질이 페니스를 받아들일 준비가 되어 있다고 보기 어렵다. 만약 질이 축축하게 젖어 있는 것을 확인하자마자 삽입을 시도한다면, 아마 그가 오르가즘에 달할 때 쯤 되어서야 아내의 소음순이 부풀어 오르기 시작할 것이다. 그렇게 되면 남편은 만족했을지 몰라도 아내는 불만족한 가운데 성관계를 끝내게 된다. 사정이 끝나 축 늘어진 페니스는 더 이상은 아내를 절정으로 몰고갈 만한 자극을 질 내부 및 음핵에 가할 수 없기 때문이다. 내가 알기로는 이것이 자기와 아내의 오르가즘을 동시에 가로막는 가장 큰 요인으로 작용한다.

또한 남편은 마른 손가락으로 음핵과 질 부근을 어루만지면 아내가 불쾌해 할 수도 있다는 것을 명심해야 한다. 따라서 애무를 시작하기 전에는 반드시 질의 분비물로 손가락을 촉촉하게 적신 다음에 음핵을 자극해야 한다. 그러면, 아내는 한결 편안하게 느끼고 또 더 좋아할 것이다. 그러나 성관계를 갖기 전에 반드시 거쳐야 하는 이 전희 단계의 기쁨을 극대화하기 위해서는 남편과 아내가 자유롭고 허심탄회하게 서로의 요구를 상대방에게 알리는 것이 가장 중요하다.

이 분야의 관련서적을 보면 저자들은 한결같이 신혼 첫날밤에 부부가 오르가즘에 도달하기 위해서는 서로를 충분히 애무해 주어야 한다고 강조하고 있다. 그 이유는 동시에 오르가즘을 경험할 가능성이 높아지고, 서로의 신체적 기능을 이해하는 계기가 되기 때문이다. 물론 첫날 동시에 오르가즘을 경험하는 것이 처녀총각에게는 기대하기 어려운 일이라는 것을 잘 안다. 그럼에도 불구하고 앞에서 제시한 전희 과정을 밟는다면 서로의 성감대를 일깨워 함께 오르가즘에 도달할 수 있다. 그리고 한 가지 더 신부에게 권유한다. 준비가 되었다면 신랑의 페니스를 자기 손으로 질 입구에로 유도하여 신랑에게 삽입해도 좋다는 신호를 보내라는 것이다. 그러면 신랑은 한 손으로는 신부의 음핵을 계속 마사지하면서 다른 한 손으로는 인공윤활제를 꺼내 페니스 전체에 바르고 삽입을 하면 리듬이 끊어지지 않을 것이다. 이때 신랑은 팔로 체중을 받치면서 아주 천천히 삽입하도록 해야 한다.

일단 삽입에 성공하고 나면 신랑은 1~2분 정도 움직임을 자제해야 한다. 그렇지 않으면 자기도 모르는 사이에 사정을 하여 어색하고 갑작스럽게 성관계를 끝내야 하는 경우도 있기 때문이다. 비록 자기 속에 있는 모든 본능이 깨어나 사정하라고 소리치더라도 신랑은 자제력을 발휘하여야 한다. 그것이 아무리 힘들어도 최소한

1~2분가량은 참아야 한다. 물론, 참고 있는 동안에도 신랑은 뜨겁게 달구어진 아내의 긴장을 계속 유지시켜 주기 위해 음핵 주변이나 부풀어 오른 소음순 부분을 계속해서 자극을 해야 한다. 이때 신부도 가만히 누워 있지만 말고 엉덩이를 조금씩 돌려주어 흥분을 고조시킨다. 이렇게 엉덩이를 돌리면 음핵에 가해지는 남편 손의 움직임이나 마찰을 더욱 느낄 수가 있다. 또한 남편을 지나치게 흥분시키지 않으면서도 자신의 질 벽과 페니스의 자루 부분을 살짝살짝 닿게 하는 효과를 기대할 수 있다. 그러다가 걷잡을 수 없을 정도로 뜨겁게 달아올랐다고 느껴지면, 양쪽 다리를 남편의 허리 위에 올려놓고 엉덩이를 적극적으로 앞뒤로 움직이며 남편의 사정을 유도해야 한다. 결혼하기 전에 이 책의 10장에 언급한 골반 근육 강화운동을 연습한 신부라면, 짜릿하고 황홀경을 체험할 것이다. 남편의 페니스가 왕복할 때마다 페니스를 꽉꽉 조임으로써 남편의 흥분을 고조시킬 수도 있을 것이다. 더욱이 첫 관계를 갖는 부부에게는 이렇게 페니스를 조이는 것이 남편이나 아내 모두에게 도움이 된다. 남편이 사정을 참고 있는 동안 아내가 페니스를 조이면, 둘 다 흥분을 그대로 유지할 수 있기 때문이다. 그러다가 남편이 사정하려는 행동을 취하면, 아내는 음핵과 질 부근에 온 신경을 집중시켜 그곳에서 느껴지는 감각을 하나도 놓치지 말아야 한다. 또 그 느낌을 증폭시키는 데 도움이 되는 움직임을 최대한 많이 하려고 노력해야 한다.

　아무리 성경험이 없다 해도, 남자는 아내의 움직임을 보면 언제 사정해야 되는지 직관적으로 알아차릴 수 있는데, 이제는 사정해도 되겠구나 하는 판단이 서면, 몇 번 더 페니스를 움직이다가 정액과 함께 정자를 아내의 질 속으로 사출하면 된다. 그리고 사정이 끝난 다음에도 아내의 오르가즘은 계속될 수 있으므로 남편은 상하 왕복운동을 가능한 한 오래도록 계속해 주어야 한다.

사정이 동시에 남편의 페니스는 느슨하게 풀어지면서 더 이상은 아내의 흥분을 증폭시킬 만한 마찰을 질 벽과 소음순 부분에 가할 수 없게 된다. 그리고 아내가 첫 번째 성교에서 오르가즘에 도달하지 못했다 하더라도 상심할 필요는 전혀 없다. 신부가 첫날밤에 오르가즘을 경험하는 것이 때로는 가능하기도 하지만, 그래도 대부분은 아주 드물고 어렵기 때문이다. 그러므로 아내가 첫 성관계에서 오르가즘에 도달하지 못했다면, 남편은 전희 단계에서 했던 것과 마찬가지로 손가락으로 아내의 음핵과 질 부근을 부드럽게 자극해 주어 아내가 오르가즘에 달하도록 도와주면 된다.

절정이 끝난 다음

대부분의 신부는 첫 성관계에서 오르가즘에 도달하지 못해도, 전희 단계만 충분히 거치고 나면 성행위가 아주 기쁘면서도 짜릿한 경험이라는 것을 발견하게 될 것이다. 사랑하는 사람과 알몸으로 서로 즐거운 시간을 보낼 수 있다는 것은 그 어떤 경험보다 짜릿하고 즐거운 일이기 때문이다. 처녀막이 터질 때나 질이 확장될 때 느껴지는 고통은 그때까지 맛보지 못한 자극과 흥분 때문에 이

내 사라져 버리는 것이 보통이다. 많은 신부가 자신의 질 속으로 터질 듯이 사출되어 들어오는 정액의 따스한 느낌 또한 전율적이라고 고백한다. 벌거벗은 채 서로 뒤엉켜 더할 수 없이 가깝게 밀착되어 있다는 느낌과 합쳐진다면, 남편의 사정은 자신에 대한 사랑을 표현해 주는 가장 아름다운 방법이 될 수 있다. 그러면 충분한 오르가즘에 도달하지 못했어도 성관계 자체로도 만족을 느끼게 되며, 고조되었던 정서적 긴장이 점차 잦아들며 남편의 생식기와 마찬가지로 자신의 생식기도 서서히 정상적인 상태로 돌아가는 경험을 하게 될 것이다.

성관계가 끝났다고 해서 곧바로 자세를 바꾼다든지 일어나 옷을 입는다든지 할 필요는 전혀 없다. 오히려 성관계가 끝난 다음에도 얼마 동안은 서로를 안아주거나 애무를 해주는 것이 좋다. 실제 많은 부부가 서로를 끌어안고 잠들기도 하는데, 육체적으로도 감정적으로도 정열을 소진한 부부에게 깊고도 만족스러운 숙면이 대가로 찾아온다.

정상적인 남성의 경우, 한 번 사정이 끝난 다음에 다시 성관계를 가지려면 보통 45분에서 1시간 또는 그 이상의 시간이 경과해야 하는데, 아내의 경우에는 그렇지 않다. 어느 연구에 의하면, 여성은 한 번의 성관계에서도 여러 번의 오르가즘을 경험할 수 있다고 한다. 그것도 곧바로 뒤이어서 말이다. 그러므로 남편은 손가락으로 질 부근과 음핵을 애무해 주는 동안 아내가 오르가즘에 도달했다고 해서 손의 움직임을 늦추거나 중단하는 실수를 범해서는 절대로 안 된다. 십중팔구 그녀는 자신의 온몸이 또 다시 달아오르는 짜릿한 경험을 하게 될 것이며 오르가즘 또한 몇 번이고 더 경험할 수 있기 때문이다. 한 번 성관계로 탈진한 남편으로서는, 여러 번 오르가즘을 경험할 뿐 아니라, 곧바로 성관계를 다시 가질 수 있는 아내가 그저 불가사의해 질 것이다. 실제로 어떤 여성은 한 번의 성관계에서 네다섯 차례의 강력한 오르가즘을 경험하기도 한다고 한다. 물론 그것도 남편이 어떻게 해주느냐에 따라 달라지겠지만 말이다. 즉 남편이 아내가 오르가즘에 도달한 것을 확인하고는 질 부근과 음핵을 더 이상 애무해 주지 않는다면, 아내의 정열은 점차적으로 식어 버려 남편이 사정을 마친 후에 경험하는 것과 똑같은 감정적, 육체적 탈진상태를 경험하게 될 것이다.

신혼여행에서 할 수 있는 실험

신랑신부가 신혼여행을 가는 이유는 서로의 동반자 됨을 확인하는 특별한 시간을 갖기 위해서이기도 하지만, 성적으로 상대방에 대해 더 많이 배우고 새로운 경험을 하기 위함이다. 그러한 이유로 신혼부부는 상대방의 성감대를 자극하는 다양한 방법과 체위와 성관계의 횟수와 서로에게 즐거움이 될 만한 것들에 대해 적극적으로 알아가야 한다. 신혼여행에서 배우자의 생리적 기능을 이해하기 위해 하룻밤 정도 시간을 내는 것도 한 방법이다. 무엇보다 배우자의 성감대를 손으로 자극하여 오르가즘에 달하게 하는 것이 가장 좋은 실험이라고 생각한다. 물론 이 실험도 성관계를 가질 때와 마찬가지로 옷을 벗은 상태에서 낭만적인 분위기를 유지하면서 서두르지 말고 천천히 해야 한다.

　남자는 한 번 오르가즘을 경험하고 나면 얼마 동안 성충동이 들지 않는다. 그러므로 아내를 먼저 오르가즘에 도달하게 하는 것이 현명하다. 그러므로 우선, 남편이 옆으로 비스듬히 누워 아내 위에 몸을 조금 걸친 채 아내의 음핵과 질 부근을 손으로 부드럽게 애무해 준다. 그러면 소음순이 부풀어 오르면서 두건 모양으로 음핵을 감싸게 되고 또한 질에서는 점액이 나와 질 주변을 축축하게 적시게 된다. 이 즈음되면 음핵과 질 입구를 동시에 마찰시켜도 별 상관없게 되며 또한 손가락 하나를 질 속으로 조심스레 넣어도 별로 고통스러워하지 않게 된다. 단, 손가락을 질 속으로 밀어넣을 때에도 다른 손가락들로는 계속해서 외음문 영역을 마사지해야 한다. 그리고 아내는 남편이 손가락을 넣을 때 가만히 있지 말고 리듬을 타듯이 질 내부를 움직여야 한다. 그러다 보면 온몸으로 기쁨이 밀려오면서 점차적으로 흥분이 고조되는 것을 느끼게 될 것이다. 그리고 원한다면, 부끄러워하지 말고 남편의 손을 자신이 원하는 곳으로 가져가 좀 더 강하게 자극해 달라고 요구하는 것이 좋다. 한 가지 당부한다면, 그것은 밀려오는 자극과 흥분에 몸이 반응하는 대로 내버려 두라는 것이다. 부끄러워 자신의 감정을 억제하는 것보다는 신음하고 싶으면 신음하고 몸을 비틀고 싶거나 울부짖고 싶으면 비틀면서 울부짖는 등, 자기 몸이 반응하는 대로 내버려 두는 게 남편과 본인 모두에게 유익하기 때문이다.

이렇게 첫 번째 오르가즘에 달하고 나서 정열의 불꽃이 꺼진 다음에는 자신이 과연 몇 번이나 오르가즘에 달할 수 있는지 파악하기 위해 남편에게 애무를 계속하되 좀 늦추어 달라고 요구한다. 그러다가 다시 흥분이 고조되기 시작하면 남편에게 손놀림을 빠르게 하고 또 가하는 힘도 점점 세게 하라는 신호를 보낸다. 그러면 남편은 맨 처음에 했던 동작을 그대로 다시 되풀이하면 된다. 신혼여행 중에 있는 신부는 한 번에서 두 번 정도 오르가즘에 달하는 것이 적절할 것이다.

이렇게 아내가 두 번 정도 오르가즘을 경험한 다음에는 자세를 바꾸어 남편이 아래에 눕고 아내가 남편 위에 비스듬히 엎드려 남편을 오르가즘에 달하게 하는 작업을 한다. 방법은 남편의 생식기 전체를 손으로 부드럽게 마사지하는 것으로 비단 페니스뿐 아니라 음모, 음낭, 허벅지 안쪽까지 두루두루 넓게 마사지하는 것이 좋다. 단, 음낭 안쪽에 있는 고환에 압력을 가하면 상당히 불쾌한 느낌을 주게 되므로 그 부분을 만질 때에는 조심하도록 해야 한다. 그리고 페니스를 자극할 때에는 한 손으로 페니스 자루를 둥글게 감싸고 아래위로 만져주어야 한다. 손놀림을 빨리할수록 남편의 봄도 딱딱하게 굳어질 텐데, 이는 남편의 몸이 아내가 가하는 자극에 반응하고 있다는 표시이다. 아내는 남편이 사정할 때까지 계속해서 페니스를 아래위로 마사지해 주다가, 남편이 사정하면 미리 준비해 두었던 휴지로 잘 닦아내도록 한다.

허버트 마일즈 박사는 「결혼 안에서 맛보는 성적 행복」(*Sexual*

Happiness in Marriage)이라는 탁월한 책에서 다음과 같이 말한다.

부부간의 성생활에 대해 조사하던 중 우리는 한 부부로부터 다음과 같은 경험담을 듣게 되었다. 대부분의 부부처럼 그들도 첫날밤에 남편만 오르가즘을 느끼고 아내는 그렇지 못했다고 한다. 그래서 성관계가 끝난 뒤 신랑은 아내를 오르가즘에 도달하게 하기 위해 손으로 직접 자극을 가하기 시작했다고 한다. 그러나 남편이 자극을 가하면 가할수록 아내는 더욱더 긴장하게 되고 신경이 곤두서 좀체 흥분할 수가 없었다고 한다. 그래서 그녀는 안 되겠으니까 그만하자고 말한 뒤, 남편과 함께 누워 세 시간이 넘도록 이런저런 이야기를 나누었다고 한다. 그러는 동안 긴장이 완화되어 몸이 느슨하게 풀어졌고 다시 한 번 시도하면 꼭 오르가즘에 달할 것만 같은 기분이 들어 성감대를 자극하게 했다고 한다. 그러자 불과 17분 뒤 아내는 생전 처음으로 오르가즘이라는 것을 경험하게 되었다고 한다. 그녀의 경우, 두 번째 시도에서 오르가즘을 경험할 수 있었던 것은 첫 번째 관계를 통해 어떻게 하면 오르가즘에 달할 수 있는지에 대해 이미 많은 것을 배웠고 또 남편과 대화를 나누는 동안 긴장이 완화되고 자신감이 생겨 성감대를 통해 전해져 오는 쾌락에 자신을 온전히 내던질 수 있었기 때문이었다.

그리스도인 가운데에는 이러한 형태의 실험을 완강히 거부하는 사람도 있을 것이다. 그러나 우리는 모든 신혼부부에게 이 실험을 하라고 권하고 싶다. 왜냐하면 그들은 평생 지속해야 할 관계를 향해 이제 막 달음박질을 시작했는데, 그 관계 안에는 성행위가 아주 중요한 요소로 자리 잡고 있기 때문이다. 그리고 신혼여행을 하는 동안 그런 실험을 하지 않으면 상대방을 오르가즘에 달하는 방법을 알 기회가 점점 더 줄어들기 때문이다. 또한 그런 실험을 통해 서로에 대해 더 많이 알게 되고 서로를 즐기는 기회도 그 만큼 더 커지게 되는 것이다. 우리가 생각하는 성행위의 궁극적인 목적은 부부가 동시에 오르가즘을 경험하는 것이기 때문이다. 이렇듯 성관계에 꼭 필요한 기술을 신혼 초에 배워 두게 되면, 이 후의 성관계를 통해 서로를 기쁘게 해주고 즐기면서 살 수 있는 가능성이 그만큼 더 커지게 된다. 성기능장애 전문가들이 권장하는 치료법 가운데에는 내가 제안한 것과 똑같은 실험도 일부 들어있다. 결혼한지 수년째 접어든 부부 가운데에도 내가 제안한 실험을 통해 서로를 더 잘 이해하게 되고 훨씬 만족스러운 성관계를 맺게 된 부부가 상당수에 달한다.

나일스 박사는 "부부가 배워야 하는 성적 적응 단계는 세 가지로 분류될 수 있는데, 첫 번째 단계는 오르가즘을 느끼는 것이고 두 번째 단계는 성관계를 통해 오르가즘을 느끼는 것이며 세 번째 단계는 성관계를 가질 때 배우자와 동시에 오르가즘에 달하는 것이다"라고 말했다.

그러나 첫날밤의 성관계에서 두 번째 혹은 세 번째 단계로까지 발전하지 못했다고 해서 실망할 필요는 전혀 없다. 부부가 함께 오르가즘에 달하기 위해서는 몇 주 혹은 그 이상의 시간이 걸릴 수도 있기 때문이다. 어쨌든, 부부가 동시에 오르가즘에 도달하는 것, 그것은 모든 부부가 지향해야 하는 성관계의 최종적인 목표가 되어야 한다.

오르가즘에 도달하는 것 다음으로 신혼부부가 궁금해 하는 것은 성감대를 자극하는 데 가장 효과적인 체위에 대한 호기심이다. 가장 편한 체위는 아내가 아래에 눕고 남편이 오른쪽에 체중을 실어 아내 위에 엎드리는 것일 것이다. 이때 아내는 다리를 쭉 뻗기보다 무릎을 세워 구부린 채 발 뒤꿈치를 엉덩이에 닿게 하면 훨씬 편하다. 마일즈 박사는 부부가 성관계 시에 취하는 보편적인 체위에 대해 성경은 다음과 같이 말하고 있다고 설명한다.

성적 자극을 불러일으키기 위해 부부가 취하는 체위에 대해 알고자 한다면, 아가서 2장 6절과 8장 3절을 보면 되는데, 이 두 구절은 사실상 똑같은 내용을 담고 있다고 할 수 있다. 2장 6절에 보면 "그가 왼팔로 내 머리를 고이고 오른팔로 나를 안는구나"라는 말씀이 나오는데, 여기에 나오는 '안는구나'라는 단어는 '쓰다듬다' 또는 '자극하다'로도 번역할 수 있다. 결혼 안에서의 순전한 사랑에 대해 쓰고 있는 이 본문은, 아내가 남편이 왼팔로는 자신의 머리를 받쳐 주고 오른손으로는 음핵을 자극해 주고 있다는 것을 성관계에 대한 갈망이 흠뻑 묻어나는 어조로 이야기하고 있다.

이 체위는 수세기 동안 수많은 사람에 의해 사용된 가장 보편적인 체위라고 할 수 있다. 나는 여기에 묘사되어 있는, 성감대를 일깨우기 위한 방법과 체위는 하나님이 남자와 여자를 창조하셨을 때부터 마음에 두고 계셨던 것이라고 주저 없이 말하고 싶다. 그러므로 여기에 묘사된 대로의 전희 단계를 착실히 밟는 것이 하나님의 계획이기도 하지만, 성에 대해 눈뜨는 가장 효과적인 방법이기도 하다고 분명하게 말하고 싶다.

한 걸음 더 나아가 마일즈 박사는 어떻게 하면 남편과 아내가 흡족한 관계를 맺을 수 있는지에 대해 아주 건전하고도 유익한 충고를 해준다.

대인관계에서는 겸손과 중용이 미덕이지만, 부부관계에 있어 성행위만큼은 이런 미덕이 불편을 주기 때문에 전혀 필요가 없다. 다시 말해, 성관계 시에는 겸손이나 체면 따위는 던져 버리고 어떻게 하면 가장 잘 즐길 수 있는지 그것에 골몰해야 하며, 또 상대방에게 어떻게 해달라는 요구를 스스럼없이 할 수 있어야 한다.

단, 한 가지 주의할 점은 성관계는 남편과 아내 모두가 원할 때에만 이루어져야 한다는 것이다. 두 사람 중 어느 한 사람이라도 원하지 않을 때에는 그것을 강요할 수 없다. 사랑은 강요한다고 되는 것이 아니기 때문이다.

성령의 속성 중 하나가 사랑이라면, 사랑에 내재해 있는 지배적인 특성은 친절이다. 그러므로 **성관계는 항상 상대방에게 친절히 대하는 태도로 일관되어야 한다.** 물론, 때로는 격렬하고 정열적인 움직임이 필요할 때도 있지만, 그럴 때조차도 배우자가 자신의 격한 움직임 속에서 친절을 느낄 수 있도록 해야 한다. 그래야지만, 성관계가 서로를 향한 진정한 사랑의 표현이 될 수 있다.

음핵 자극하기

남편이 아내의 음핵을 자극해 주는 것이 전희 단계에서 중요한 과정임을 인식하지 못하여, 많은 아내가 오르가즘을 맛보지 못하고 살아온 것이 그 동안의 현실이다. 게다가 그것이 자위와 결부되어 인식됨에 따라, 남편 가운데에는 그것을 배척하기도 하였다.

전문가들은 성관계 시 느끼는 여성의 쾌락에 있어, 음핵이 어떤 역할을 하는지 조명하기 위해 페니스와 비교하여 분석하였다. 그 결과 음핵은 '여성의 몸에 산재해 있는 성감대 중에서도 가장 예민하고도 민감한 부분'으로 밝혀졌다. 그리고 지금까지도 많은 사람에 의해 '모든 성적 만족의 핵심'으로 인식되고 있다.

로널드 도이치는 "음핵 하나만 자극해 줘도 대부분의 여성은 오르가즘에 달할 수 있다… 다시 말해, 음핵을 직접 자극해 주는 행위 하나만으로도 여성을 절정에 달하게 할 수 있는 것이다"라고 말했다. 더 나아가 그는 "조사자 대부분은 남성의 생식기관과 달리 음핵은 딱 한 가지 이유 때문에 존재하는데, 그것은 바로 성적 자극에 반응하기 위해서라는 데 이의를 제기하지 않는다"라고 말하기도 했다.

조사결과에 의하면, 음핵은 페니스에 있는 것과 똑같은 개수의 신경관을 갖고 있지만, 크기는 페니스의 십분의 일 정도밖에 되지 않는다고 한다. 그러므로 음핵은 여성의 성적 능력이 집결되어 있는 곳이라고 할 수 있다. 따라서 음핵은 여성의 오르가즘과 밀접한 관련이 있다.

사실, 음핵은 출산과 아무 관련이 없고, 여성의 신체적 기능에도 전혀 필요치 않은 부분이다. 그러나 음핵의 역할을 볼 때, 하나님께서 **성관계 시에 사용하도록 특별 배려하신 것이라고 결론지어도 무방하다.** 아가서 5장 4절에서 아내가 남편에 대해 보이는 전율적인 반응은 아마도 남편이 그녀의 음핵을 애무해 주었기 때문이라고 할 수 있을 것이다. 그러므로 음핵을 자극하는 것은 부부가 응당 즐길 수 있는 행위인 동시에, 하나님이 남편과 아내에게 주기로 하신 가장 기쁜 선물이라고 할 수 있다.

성감대가 깨어나는 네 단계

성전문가들은 남성과 여성의 성욕에 대한 단계를 다음과 같이 분석한다. 첫 번째는 흥분단계이고, 두 번째는 절정을 향해 치닫기 위해 흥분이 일시 정지된 단계이고, 세 번째는 오르가즘을 느끼는 단계이며, 네 번째는 모든 긴장이 풀어지는 이완단계이다. 물론, 인간이 보이는 여러 유형의 반응을 획일화하여 하나의 도표로 도식화하는 것이 개인의 다양성을 고려하지 않는 태도라는 것은 인정한다. 그리고 도표는 문제를 단순화시키는 단점을 안고 있다는 것도 인정한다. 그렇지만, 그런 반면 도표는 어떤 기준을 확립할 수 있는 기본적인 패턴을 제공해 준다는 장점도 갖고 있다.

앞쪽의 두 가지 도표를 보면, 남자는 한 가지 동일한 반응밖에 보이지 않는 데 반해 여자는 개인에 따라 다양한 반응을 보임을 알 수 있다. 게다가 여성 속에 내재해 있는, 오르가즘을 느끼는 기능도 상당히 복잡하여, 성생활이 발전함에 따라 앞쪽 도표의 세 가지 반응을 모두 보일 수도 있다.

그러면 여성이 보이는 세 가지 유형의 반응을 차례대로 짚어보도록 하자. 첫 번째는, 한 번의 성관계에서 여러 번의 오르가즘을 경험하는 경우로, 이것이야말로 모든 여성이 바라는 가장 이상적인 반응이라고 할 수 있다. 두 번째는 오르가즘에 도달하지 못한 경우로, 이것은 남편이 아내를 더욱 깊이 이해하려는 마음으로 전희 단계에 할애하는 시간을 좀 더 늘리고 또 부드러운 자세로 성교에 임한다면 충분히 바뀔 수 있다. 세 번째는, 한 번의 성교에서 한 번의 오르가즘만 느끼는 경우로, 이것은 성생활에 대한 다양한 경험을 갖고 있으며 거기에 잘 적응한 기혼 여성들에게서 주로 나타나는 반응이다.

도표를 자세히 살펴보면, 각 단계마다 어떤 생리적 변화가 일어나고 있음을 알 수 있는데, 남편과 아내는 이것을 숙지하고 있어야 하며 또 각 단계마다 어떤 행동을 취해야 하는지를 온전히 습득할 때까지 실험에 실험을 거듭해야 한다.

다양한 체위

성관계 시에 부부가 취할 수 있는 체위에 관한 기록은 오래 전부터 있어왔다. 아흔아홉 가지 체위가 있다고 주장하는 사람들도 있는데, 그 중 아흔다섯 가지는 체조선수나 즐길 수 있을 정도로 어려운 것이므로, 평범한 부부가 즐길 수 있는 체위는 실제로 네 가지밖에 안 된다. 다음에 소개하는 네 가지 체위 중 앞의 세 가지는 마일즈 박사의 글을 인용한 것이다.

1. 남성상위 체위

우리가 조사한 바에 의하면, 무려 91퍼센트에 달하는 부부가 성행위를 할 때마다 거의 대부분 남성상위 체위를 취하는 것으로 나타났다. 그 가운데서 가끔 색다른 체위를 실험해 본다고 대답한 부부도 54퍼센트 정도 되었는데, 그들조차도 성관계를 끝낼 때에는 다시 남성상위 체위로 자세를 바꾼다고 대답했다. 그리고 반 이상은 다른 실험적인 체위를 취하고 반 이하만 남성상위 체위를 취한다고 대답한 부부는 4퍼센트 정도밖에 되지 않았고, 언제나 남성상위 체위가 아닌 다른 체위로 성관계를 갖는다고 대답한 부부는 불과 5퍼센트에 지나지 않았다.

성관계를 가질 때 남편은 침대 발판이나 다른 딱딱한 물건에 발을 단단히 괴는 것이 중요한데, 그래야만 오르가즘에 달했을 때 그것을 마음껏 표현할 수 있기 때문이다. 만일 침대에 발판이 없는 경우에는 머리 방향을 아예 처음부터 반대쪽으로 하여 발을 침대 머리판에 괴도록 하는 것도 좋다.

2. 여성상위 체위

아내가 남편 위에 올라가는 여성상위 체위는 남편에게는 긴장을 풀고 자신을 통제할 수 있게 해주는 장점을, 아내에게는 음핵을 페니스 위에 마찰시킴으로써 강렬한 자극을 맛볼 수 있게 해주는 장점을 갖고 있다. 그러나 이 체위를 취하면 안 좋은 점도 있는데, 그것은 아내가 그런 자세로 성관계 갖는 것을 불편해 할 수도 있다는 것과 남편이 흥분을 조절하기 어렵다는 것 그리고 남편과 아내 둘 다 절정에 다다랐을 때 기쁨을 마음껏 표현하기 어렵다는 것 등이다. 그러나 그런 불편한 점보다는 좋은 점이 훨씬

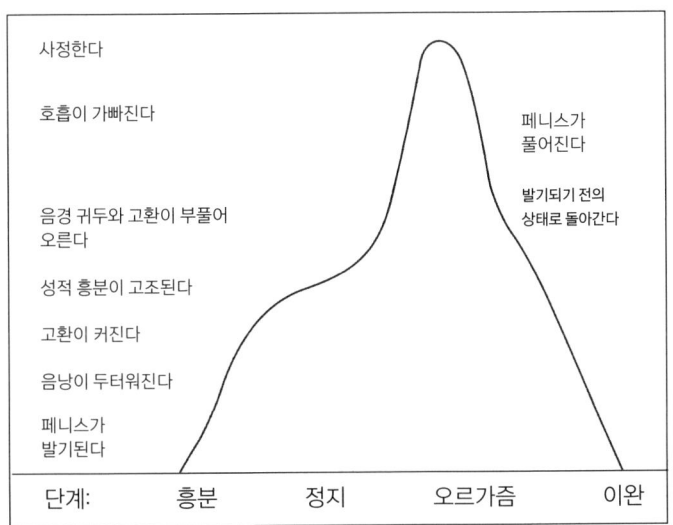

그림 3 남편이 보이는 성적 반응

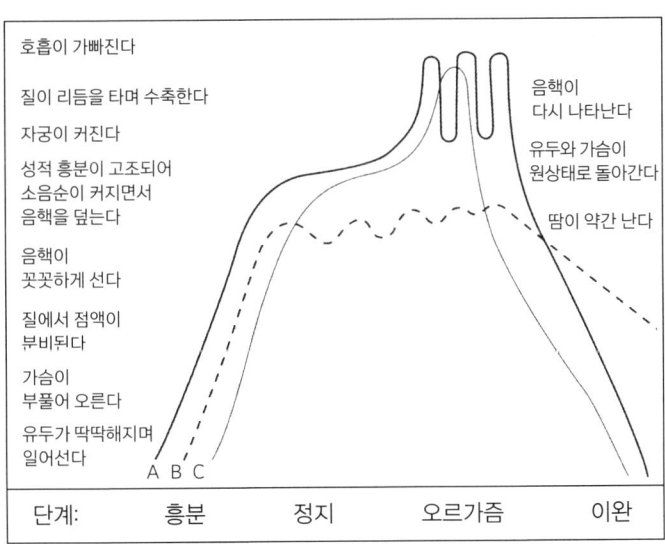

그림 4 아내가 보이는 성적 반응

많기 때문에 이 체위만 고집하는 부부도 없잖아 있다. 특별히 이 체위는 남편은 덩치가 크지만 아내는 체구가 작은 그런 부부에게 유익하다.

3. 측면 체위

앞의 두 체위 말고도 남편과 아내 둘 다 같은 방향을 보고 옆으로 돌아눕는 측면 체위도 권장할 만하다. 이 체위를 취하면 남편이 아내 뒤에 눕게 되므로, 페니스가 뒤쪽에서부터 앞쪽을 향하여 질 속으로 삽입되고 움직임도 그렇게 된다. 단점은 성관계를 갖는 동안 페니스가 음핵을 자극할 수 없다는 것과 부부가 키스를 할 수 없다는 것이고 장점은 남편과 아내 모두 편하게 행위를 즐길 수 있다는 것과 남편이 관계를 맺는 동안 손가락으로 아내의 음핵을 계속해서 자극할 수 있다는 것 그리고 남편이 사정시기를 아내에게 맞춰 적절하게 조절할 수 있다는 것 등이다. 그러나 이 체위를 선호하는 부부도 대부분은 오르가즘 직전까지만이 체위를 취하고 오르가즘을 느낄 단계에 가서는 재빠르게 남편이 아내 위로 올라가는 남성상위 체위로 자세를 바꾼다고 한다.

4. 착좌 체위

이것은 남편이 소파나 등받이가 없는 의자에 앉으면

아내가 남편 무릎 위에 올라가서 남편을 마주보고 앉는 체위이다. 이 체위는 페니스가 질 속으로 삽입될 때 아내가 느끼는 고통을 상당히 경감시켜준다. 다른 체위로는 통증이 심하게 느껴지는 아내에게 좋은 체위이다. 이 체위를 취하면 처음에 약간 통증이 있다가 이내 사라지므로, 다른 체위를 취했을 때 통증이 심한 아내는 아프다는 것을 핑계 삼아 성관계를 회피할 것이 아니라, 이 체위를 취하도록 하면 될 것이다. 이 체위를 취해도 여전히 통증이 심하면 윤활제를 사용해 보고 그래도 통증이 사라지지 않으면 산부인과를 찾아가 본다.

많은 부부가 실험적으로 이런저런 다양한 체위를 취해보지만, 결국 오르가즘을 느낄 단계가 되면 남편이 아내 위로 올라가는 남성상위 체위로 자세를 바꾼다고 한다. 아마도 남성상위 체위가 가장 큰 만족을 가져다주는 체위라서 그렇지 않나 싶다.

결론

부부가 함께 즐길 수 있는 성관계의 기술을 개발하는 것은 어려운 일도 불가능한 일도 아니지만, 아무 노력 없이 저절로 얻어지는 것도 절대 아니다. 태어나면서부터 사랑하기에 적합한 사람은 아무도 없다. 그러나 이기적인 사람들은 사랑의 기술과 성관계의 기술을 배우기가 상당히 어렵다. 반대로, 배우자를 사랑하고 또 어떻게 하면 그를 감정적으로 육체적으로 만족시킬 수 있을까를 생각하며 자신을 통제하는 사람이라면, 누구나 어렵지 않게 이 기술을 배울 수 있다. 물론, 그런 사람이라 할지라도 그것을 배우는 데에는 많은 시간과 연습이 필요하겠지만 말이다. 나는 시간을 내서 이런 부류의 책을 읽는 사람은 누구나 자신을 희생하려는 마음자세가 되어 있고 또 배우자에게 관심 있는 사람이라고 생각한다. 에드 위트 박사는 "모든 육체적 결합은 자신이 배우자를 더 기쁘게 해줄 수 있음을 보여주는 경쟁의 장이 되어야 한다"고 말했는데, 개인적으로 나는 이 말에 깊이 공감한다.

7 _ 남성만을 위한 이야기

　일반적으로 결혼 후 10년 동안은 남편이 아내보다 성생활에 더 적극적이다. 물론 두 사람의 기질과 아내의 생리주기에 따라 가끔 상황이 역전되기도 하지만, 남성들의 성향이 대부분 그러하다. 남자는 본능적이고 보편적인 성충동을 보이지만, 여성의 경우 노력에 따라 성충동이 커진다. 또한 상황에 따라 사라져 버릴 수도 있는 잠재적 충동이라는 사실이다.

　그러므로 현명한 남편이라면 아내가 짜릿한 성관계를 경험할 수 있도록 이 문제에 대해 진지하게 생각하여야 한다. 그것이 겉보기에는 아내를 위하는 것 같지만, 실제로는 자신을 위하는 것도 된다. 남편이 아내의 즐거움을 위해 노력할수록, 아내의 반응도 더 흥분되고 자극적이 되어 서로의 만족이 커지기 때문이다.

　다음에 제시하는 지침은 남편으로 하여금 아내에게 유익하고도 건전한 성욕을 불러일으키게 하는 데 상당한 도움이 될 것이다.

1. 가급적 많이 알아야 한다. 불행하게도, 남성들은 평생을 자기와 함께할 복잡미묘한 신부보다는 자동차나 컴퓨터에 대해 더 많이 알고 있다. 남성은 본능적인 성적 충동의 해소에 만족할 수 있지만, 그것이 여성까지 만족을 가져다주는 것은 아니라고 에드 위트 박사는 말한 바 있다. 본능적 욕구에 급급해 성관계를 갖는 것이 아니라 성생활의 의미와 즐거움을 알고 능란한 기술이 발휘될 때 여성의 성욕구는 커지게 된다. 그러므로 아내를 사랑하는 남편이라면 가급적 많이 알아야 한다. 관련서적을 통해 배우는 부지런함이 필요하다. 나는 이 책의 5장과 6장을 숙독을 권한다. 이것을 읽다보면 기본적인 정보를 상당 부분 얻게 될 것이다.

2. 자제력을 발휘하라. 사도 바울은 "각각 자기 일을 돌볼뿐더러 또한 각각 다른 사람들의 일을 돌아보라"(빌 2:4)고 말했다. 서로를 배려하는 자세는 성행위 시 절대적으로 필요하다. 보통, 남성의 성적 욕구를 해소할 수 있는 시간은 불과 몇 분이 되질 않는다. 그러나 여성은 그렇지 않다. 여성은 서서히 달아오르기 시작하여 단계적인 과정을 거쳐 절정에 도달한다. 그러므로 이런저런 이유로 성관계를 아내가 회피할 때, 남편은 자기에게 더 큰 문제가 있다는 것을 인식해야 한다. 아내가 막 흥분되기 시작했는데 별안간 사정을 해버리면, 아내는 오르가즘을 느낄 수가 없다. 이것은 남편의 책임이지 아내 탓은 아니기 때문이다.

그렇다면 어떻게 해야 할까? 방법은 딱 한 가지, 남편이 사정시기를 조절하는 것이다. 그러나 이것은 상당한 자기 훈련과 연습을 요한다. 어떤 사람은 사정을 늦추기 위해 자극을 유발하지 않도록, 운동이나 업무, 공과금 처리 문제 등을 생각한다고도 한다. 비록 나쁜 방법은 아니지만, 성관계 도중에 그런 것을 생각하는 것은 유익하지가 않을 것 같다. 그럼에도 불구하고 나는 모든 수단과 방법을 동원해 사정을 늦추면서 아내가 흥분할 충분한 시간을 가지라고 말하고 싶다. 손으로 자극하든 페니스로 자극하든 아내를 절정에 달하게 하는 데에는 10분에서 15분이라는 시간이 걸린다. 거기에다 전희 단계에 소요되는 시간까지 합하면 남편이 자제력을 발휘해야 하는 시간은 상당히 길다고 할 수 있다. 남편이 사정시기를 늦출 수 있는 방법에 대해서는 11장에서 상세하게 다루도록 하겠다.

3. 아내의 만족에 집중하도록 하라. 여성은 남성보다 오르가즘이 훨씬 더 복잡하다. 여성이 오르가즘을 느끼는 기술을 터득하려면 오랜 시간과 훈련이 필요하다. 그러므로 현명한 남편이라면 자기보다는 아내가 먼저 오르가즘에 달할 수 있도록 처음부터 아내를 위해 노력할 것이다. 만족을 하는 아내를 보면서 본인도 큰 즐거움을 느끼게 될 것이다.

남편은 여성의 특징을 먼저 이해하여야 한다. 남편들은 전희 단계를 '운동을 시작하기 전의 맨손체조' 정도로 생각하는 데 반해, 복잡미묘한 아내라는 피조물은 절대로 그렇게 생각하지 않는다. 아내에게 전희는 본격적인 운동이 되기 때문이다. 그러므로 남편은 이 단계를 대충하고 넘어가자는 본능의 충동에 절대로 넘어가면 안 된다. 그리고 성관계 시에 거치는 여성의 네 가지 단계를 반드시 숙지하고 있어야 한다. 그래야 각 단계마다 아내를 만족시키기 위해 자기를 헌신할 수 있기 때문이다.

그러한 접촉을 통해 아내가 느끼는 것은 남편이 자기 육체뿐 아니라 자신의 모든 것을 사랑하고 있다는 확신이지 성적 만족감이 아니다. **남편이 아내의 육체보다는 그 육체 안에 거하고 있는 영혼을 더 사랑하고 있음을 확신시켜 준다면, 그는 분명 아내로부터 육체적인 사랑 이상의 과분한 사랑을 받게 될 것이다.** 이 세상에서 가장 훌륭하고도 위대한 성관계는 바로 결혼 안에서의 성관계라는 것을 잊지 말기 바란다. 혼외관계가 아무리 짜릿하고 흥분이 된다 하더라도 그러한 관계 뒤에는 반드시 죄책감이 따라오기 마련이기 때문이다.

4. 아내의 성감대를 유념하라. 잠자리에 들 준비를 하는 아내의 모습만 보더라도 남편은 성관계에 돌입할 수 있는 충분한 자극을 받는다. 그러나 아내는 말 그대로 잠자리에 들 준비밖에 되어 있지 않다. 왜 이런 차이가 발생하는가? 이것은 남성은 시각에 의해 자극받는 반면, 여성은 사랑의 속삭임이나 부드러운 접촉에 의해 자극받기 때문이다.

여성의 청각조직은 남성의 소리에 독특한 반응을 보인다고 한다. 일례로, 남자와 여자가 함께 록음악 공연을 가면 가수가 내지르는 소리에 남자보다 여자가 더 열광적으로 반응한다. 또한 "그 사람 목소리는 너무 감미로워. 목소리만 들어도 미칠 것 같은 기분이야"라고 말하는 여자는 많아도, "그 여자 목소리만 들으면 나도 모르게 온몸이 마구 흥분 돼"라고 말하는 남자는 거의 없다. 여성의 이러한 청각조직은 가정용 난방 기구에 부착되어 있는 자동온도 조절장치와 유사하다고 할 수 있다. 저녁에 귀가하여 따뜻하고 격려하는 말로 아내를 칭찬하면 아내의 자동온도 장치는 저절로 가동되어 달아오르기 시작한다. 그러나 반대로 신경질적이거나 아내에게 불쾌감을 주면 저온을 향해 급격하게 곤두박질친다. 다시 말해, 남편이 큰소리치면 칠수록 아내의 성감온도는 계속해서 내려가기만 한다. 그러므로 퇴근해서부터 잠자리에 들 때까지 목소리를 부드럽게 조절함으로써 아내의 청각조직이 그에 반응하도록 하여 성적 욕망을 깨우는 남편이 현명한 남편이라고 할 수 있다.

5. 분노를 통제하라. 21세기는 상대방에게 악다구니로 소리 질러대는 운전자들로부터 스포츠 경기를 관전하면서도 끊임없이 고함을 질러대는 남성들에 이르기까지, 사회 전반으로 확산된 분노의 문화가 지배한다고 해도 과언이 아니다. 분노는 남성이 좌절에 직면하였을 때 보이는 주된 반응이다. 솔직히 말해, 직장과 학교와 교회 등 사회 전반에 걸쳐서 우리가 맛보는 좌절감은 위험수위를 넘은 지 이미 오래다. 불행한 것은 대부분의 남성이 그것을 집에까지 가져와 아내에게 몽땅 쏟아놓는다는 것이다. 이것은 부부 사이의 성적 충동을 급격히 감퇴시키는 불행의 원인이 된다. 이미 알고 있겠지만, 분노를 표출하는 가장 손쉬운 방법은 소리를 지르거나 고함을 치는 등 말을 통해 그것을 내뱉는 것이다. 그러나 퉁명스럽

게 말하고 언성을 높이는 것은 육체적 학대를 가하는 것만큼이나 부부 사이의 관계를 소원하게 한다. 우리 부부는 "성령으로 충만한 가정은 분노가 없는 가정"이라는 것을 뼈저리게 느끼며 살아가고 있다. 아내와 진정한 사랑을 나누고자 하는, 성령의 인도하심을 받는 남편은 아내를 자주 부드럽게 어루만져 주는 것은 물론이거니와 상냥하고도 친절한 어투로 아내를 대하기 때문이다. 그런 남편이라면 간혹 자제력을 잃고 화를 냈다가도 지체 없이 아내에게 사과함으로써 아내의 가슴에 쓴 뿌리가 박히지 않도록 노력할 것이다. 하나님이 그것을 원하시기 때문이다.

6. 거친 말은 되도록 삼가라. 여성의 언어기관은 상대방이 말할 때의 어조뿐 아니라 그 말의 내용에도 민감하게 반응한다. 한 번은 중년 남성이 아내가 갑자기 냉담해졌다면서 자문을 구하러 온 적이 있었다. 결혼한 지 8년째 접어든 그 부부는 세 명의 자녀가 있었으며 그때까지 서로 존경하고 사랑하며 행복하게 살아왔다고 했다. 그런데 아내가 갑자기 얼음처럼 차가운 여자로 돌변하게 되었다고 했다. 그래서 나는 그에게 최근에 아내에게 거친 말을 내뱉은 적이 없는지 물어보았다. 아니나 다를까? 성관계 시 군대에서 사용했던 조악하고도 품위 없는 말을 딱 한 번 했다고 한다. 여자는 남자의 어휘 하나하나에 민감하게 반응한다. 아울러 아름다운 광경이나 부드러운 상황에서 분위기를 깨는 소리를 하게 되면, 매력 없는 남자로 거리감을 두게 된다. 그래서 나는 그에게 품위와 격식이 있는 어휘를 구사하라고 했고, 오래 지나지 않아 그로부터 아내가

다시 자기를 따뜻하게 대해준다는 전화를 받게 되었다. 표현 방법에 따라 여성의 반응이 다르다는 것을 잊지 말라.

7. 아내의 사생활을 보호하라. 여성과 달리 남성은 자신의 성생활에 대해 떠벌리고 다니는 경향이 있다. 그래서 지각없는 남편은 자기 친구에게 아내의 은밀한 비밀을 말하는 경우가 있다. 농담이라도 그 말의 씨앗은 서로의 관계를 엉망으로 만든다. 생각해 보라. 남편이 떠벌린 이야기가 아내의 귀에 들어왔을 때, 그녀가 얼마나 큰 배신감과 분노를 느끼게 될 것인지! 남편과 아내가 나누는 부부관계의 아름다움과 신성함은 어떤 경우에도 비밀이 보장되어야 한다. 이 점을 명심하도록 하라.

8. 청결을 습관화하라. 몸에서 냄새가 나는 것은 당연한 현상이다. 그러나 냄새가 주는 부작용을 유념해야 한다. 그러므로 성관계에 들어가기 전에 반드시 몸을 깨끗이 할 것이다. 상쾌한 출발은 끝을 좋게 만든다.

얼마 전에 상담한, 아주 예민하고 까다로운 어느 남성이 생각난다. 그는 다소 우울질 성격의 소유자였다. 우울질 성품의 사람은 대부분 완벽한 이상주의자이다. 그런 사람은 냄새에도 민감하게 반응한나. 그는 성관계 시 아내의 질에서 점액이 분비되면, 그로 인한 야릇한 냄새 때문에 금방 성욕이 식는다고 했다. 남성의 정액은 사정하기 전에는 남성의 몸속에 있고, 사정을 하면 여성의 몸속으로 들어가기 때문에 강하고 역겨운 냄새를 여간해서는 감지하기 어렵다. 그러나 여성의 질에서 분비되는 점액은 그 냄새를 쉽게 맡을 수 있기 때문에 냄새에 예민한 사람에겐 심각한 고민이 된다. 그래서 나는 남편들에게 아내의 질에서 분비되는 점액의 강하고 역겨운 냄새를 당연하게 받아들이는 법을 배우라고 권하고 싶다.

그래서 나는 그가 제대로 된 성교육을 한 번도 받지 못했다고 판단하고, 여성의 질에서 일어나는 변화와 그 기능을 자세하게 설명해 주었다. 아내의 질에서 나는 냄새는 그녀 자신도 어떻게 할 수 없는 것이라고 덧붙였다. 그리고 "선생님은 부인의 질에서 나는 냄새가 선생님을 사랑하기 때문에 나는 것입니다. 선생님의 사랑을 부인이 받아들이기 위해 그런 액체를 분비하는 것입니다. 생각해 보십시오. 부인의 질에서 분비물이 나올 수 있게 할 사람은 이 지구상에 선생님 한 분밖에 없습니다. 이 사실 하나면, 그것을 사랑의 냄새로 받아들이기에 충분하지 않습니까?"라고 말했다. 그는 입가에 가득 미소를 띠며 "거기에 그런 의미가 내포되어 있다고는 상상할 수도 없었습니다"라고 말했다. 한참이 지나서 편지 한 통이 도착했다. '사랑의 향기' 때문에 아내를 대하는 자신의 마음도, 또한 성관계 자체도 크게 달라졌다는 내용을 담고 있었다.

9. 성관계를 서둘러 끝내버리지 마라. 일부 여성은 생리주기가 다가오면, 몸이 절로 달아올라 1~2분만 성관계를 가져도 남편과 함께 오르가즘에 달하는 모습을 보이기도 한다. 그러나 기회는 한 달에 한두 번 정도이다. 여기서 남편들에게 당부하고자 한다. 먼저 아내의 몸에 반응이 오면 마음껏 즐기되 그런 기회가 자주 있는 것이 아니라는 사실이다. 아내의 오르가즘은 시간이 관건이다. 그

러므로 성관계를 성급하게 이끌어 가는 대신, 그것을 은근하게 즐기는 법을 익혀야 한다. 아내의 질이 분비물로 흠뻑 적셔질 때까지 기다리는 것은 물론이거니와 소음순이 평소 크기의 두 배 이상으로 부풀어 오를 때까지 잘 참았다가 그 다음에 페니스를 삽입하는 것은 두말 할 필요도 없는 것이다.

현명한 남편이라면 아내의 오르가즘에는 자기보다 10분에서 15분 정도의 시간을 더 요한다는 것을 기억해야 한다. 또 아내를 위해 사정을 자제하는 시간을 즐겁고 의미 있는 시간으로 여길 것이다. 아내의 성욕은 천천히 달아오르며 성적 긴장 또한 점차적으로 상승한다는 것을 남편이 일단 이해하기만 한다면, 아내의 욕구를 충족시켜 주기 위해 노력하는 것이 상대적으로 수월해 질 것이다.

10. 허심탄회한 대화를 나누라. 대부분의 그리스도인 여성은 성에 대해 아무런 지식과 정보가 없는 상태에서 결혼생활에 들어간다. 심지어는 남편이 모든 것을 알고 있으므로 자기를 잘 인도하고 가르쳐 주겠지 하는 순진한 기대감을 갖고 성생활에 임하기도 한다. 하지만 부부의 성생활에 대해 남편도 제대로 알지 못한다는 사실을 모르고 있다. 그래서 그리스도인 신혼부부라도 성생활에 대해 많이 부딪히게 된다. 그 결과 이 문제와 관련하여 기탄없는 대화를 나누어야 할 사람들이 결과적으로는 그렇게 하지 못하는 기현상이 발생하게 되었다.

오히려 교육수준이 높을수록 자신의 성생활에 대해 솔직하지 못하다. 아이들의 단순한 성에 대한 호기심에도 아무 설명도 하질 못한다. 그것은 성에 대해서는 어느 누구와도 대화를 할 수 없었던 경직된 환경에서 살아왔기 때문일 것이다. 어느 남편의 말이다. "십 년이나 함께 살아왔음에도 불구하고 제 아내는 아직도 어떻게 해야 저를 흥분시킬 수 있는지 전혀 모르고 있습니다"라고 볼멘소리를 했다. 그래서 내가 "아내에게 그 얘기를 해 보았습니까?"라고 묻자 그는 "아니요. 제가 말하지 않아도 아내가 당연히 알고 있어야 한다고 생각합니다"라고 대답해 왔다. 그래서 내가 "부인이 어떻게 그걸 알 수 있겠습니까? 당신은 부인과 아주 다른 사람입니다. 느끼는 것도 행동하는 것도 다르며 생식기관 자체도 서로 다른 데 부인이 어떻게 당신의 모든 것을 알 수 있겠습니까? 그리고 당신이 원하는 것을 당신 말고 또 누가 부인에게 알려줄 수 있겠습니까?"라고 말하자 그는 상당히 놀라는 표정을 지어 보였다.

수 년 간 부부의 성생활에 대해 상담해 오며, 우리는 남편과 아내 사이의 허심탄회한 대화야말로 가장 효과적이며 우수한 성교육이라는 것을 발견하게 되었다. 결론적으로, 여성이 남성의 성기능에 대해 완벽하게 알아야 할 필요는 없지만, 배우자가 보이는 성적 반응을 인식하는 법은 철저하게 배워야 한다고 말할 수 있다. 남편만큼 남성이 원하는 성적 자극이나 욕구에 대해 신부에게 잘 가르쳐 줄 사람이 이 세상에 또 어디 있겠는가?

11. 항상 인격체로 사랑하라. 배우자에 의해 물건처럼 취급당하고 싶은 사람은 아무도 없을 것이다. 아름다운 인격체로 인정받고

싶은 것이 인간의 본성이기 때문이다. 대부분의 신혼부부는 서로의 인격을 존중하고 애정과 관심을 주고받는 기회가 많지만, 자녀 양육과 생활 문제로 씨름하다보면 관계가 소원해 지는 경우도 많이 있다. 그러다 보면 부부 사이의 공감대가 줄어들게 되고 결국 아내는 남편이 자기에게 원하는 것은 성관계뿐이라는 비참한 느낌을 갖게 된다. 그리고 그것만큼 여성을 비참하고 슬프게 만드는 것도 드물다. 나는 "남편이 제게 관심을 보일 때는 오직 섹스를 하고 싶을 때뿐이에요." 혹은 "남편은 더 이상은 저를 인격체로 보지 않아요. 저는 단지 그의 성적 욕구를 만족시켜 주는 도구에 지나지 않아요." 또는 "남편과 성관계를 가질 때마다 저는 그것이 사랑을 표현하는 행위라는 생각이 조금도 들지 않아요. 대신 남편에게 이용당하고 있다는 느낌밖에 없어요"라고 말하며 울부짖는 여성을 많이 만났다.

그런데 참으로 흥미로운 것은 아내가 불만을 토로할 때마다 대부분의 남편은 그 불만의 합리성을 인정한다는 것이다. 그러면서도 그들은 아내의 불만이 어떻게 해서 그렇게 커지게 되었는지에 대해 전혀 감을 못 잡고 있으며 또 어떻게 해야 그 불만을 해결할 수 있는지에 대해서도 전혀 모르고 있다는 데 문제가 있다.

아내를 하나의 인격체로 사랑하고 있다는 것을 보여줄 수 있는 남편의 행동은 다양할수록 좋다. 무엇보다 아내를 인격적으로 사랑하려고 노력하라. 그러다 보면 아내는 물론, 자신까지도 심리적으로 치료되고 있음을 발견하게 될 것이다. 그리고 아내를 사랑하는 마음을 적극적으로 표현하도록 하라. 사랑을 표현하는 것은 배우자에게 자신의 사랑을 확신시키는 효과 외에, 자신에게도 배우자를 사랑하고 있다는 것을 더욱 강화해 주는 효과를 갖고 있다. 사소한 배려를 통해 아내가 자기로부터 인격체로 사랑받고 있음을 확신하는 것을 볼 때, 남편 또한 자기가 정말로 아내를 사랑하고 있다는 것을 확신하게 되기 때문이다.

예를 들어, 일주일에 한 번 정도 아이들 없이 아내하고만 단 둘이 외식을 즐긴다면, 더할 수 없이 좋을 것이다. 아내도 남편이 집에서 조용히 휴식을 취하고 싶음에도 불구하고 자기를 위해 외출했다는 것을 알기 때문에 남편에게 무척 감사해 할 것이다. 그리고 이따금씩 돌아오는 가족생일이나 결혼기념일 혹은 특별한 일이 있었던 날들을 잊지 않고 챙긴다면 아내는 자신이 하나의 인격체로 사랑받고 있음을 충분히 확신할 수 있을 것이다.

아내를 아주 특별한 사람으로 대해 본 경험이 있는 남편이라면 누구나, 아내가 자기에게 과분할 정도의 열정과 사랑을 돌려준다는 것을 알 것이다. 남편들이여, 부디 당신이 아내를 진정으로 사랑하고 있다는 것을 말과 행동으로 확신시켜 주라. 그러면 아내와의 성관계가 자연스럽게 서로의 사랑을 표현하는 아름다운 수단이 될 것이다.

하나님이 남자로 하여금 한 여자만 사랑하도록 하신 데에는 그분만의 지혜로운 계획이 숨어 있다. 한 남자와 한 여자 사이에 또 다른 여자가 개입되면, 그 남자가 자신의 아내를 인격체로 사랑하는 것이 불가능해지기 때문이다.

　하나님은 결혼이 한 사람의 연인과 평생토록 함께 나누는 아름다운 경험이 되도록 의도하셨다. 그러므로 남편이 아내에게 성행위는 그녀를 향한 진정한 사랑의 표현임을 끊임없이 확신시켜 준다면, 아내도 적극적이고도 협력적인 동반자가 되어 줄 것이다.

8_ 여성만을 위한 이야기

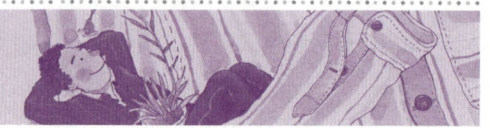

　오랜 상담경험을 통해 나는 남성과 여성의 차이점을 한 가지 발견한 것이 있다. 그것은 여성이 남성보다 상대방에 대한 신뢰와 성실함이 탁월하다는 것이다. 상대방에 대한 배려와 이해도 남성이 따라오질 못한다. 또한 남성과 달리 여성은 평범한 생활에도 기꺼이 만족하려고 한다.
　남편이 자기를 사랑하고 있다는 사실만큼 아내에게 힘이 되어 주는 것이 없다. 그런데 가사에는 만점이지만 잠자리에서 부족한 것이 있으면 상황이 달라질 수도 있다. 어느 부인은 "우리 남편은 요리나 청소, 세탁, 아이들 양육에는 그 실력을 인정하지만, 침실에서는 매력적이지 못하다면서 저를 냉대해요"라고 말하며 한숨을 지었다. 대부분의 남성은 아내에게 불만이 있어도 침실생활만 원만하면 모든 것을 기꺼이 용납하고 받아들일 마음의 준비가 되어 있다. 그러나 아내 역시 성공적인 성생활을 영위하고 싶어 한다. 그러나 대부분 그 방법을 모르기 때문에 부부간의 불만족을 키우고 있다. 이번 장은 그런 부인을 돕고자 하는 목적으로 기술하였다.

1. 항상 긍정적인 마음을 갖자. 세미나 차 하와이로 가는 비행기 안에서 나는 마라벨 여사의 「완전한 여성」이라는 책을 읽게 되었다. 여성이 사랑을 나눌 때 그 행동을 통제하는 것은 두뇌라는 대목에 갑자기 웃음이 나왔다. 비버리는 나의 갑작스런 나의 행동에 의아한 표정을 지었다.

그리고 "대저 그 마음의 생각이 어떠하면 그 위인도 그러한 즉"(잠 23:7)이라는 말씀이 생각났다. 진정으로 성공하기 원하는 사람이라면, 항상 그것에 대해 생각하며 자신이 정말로 성공할 수 있다는 확신과 기대감을 갖고 있어야 한다. 마찬가지로, 여성이 성공적인 성생활을 영위하느냐 그렇지 못하느냐는 재능이나 지능지수, 나이, 미모, 교양이 아니라 정신적인 상태가 훨씬 더 중요하게 작용한다.

상담가로 사역하면서 나는 성적 매력이 넘치는 아주 아름다운 여성이 침실에서는 완전히 실패한 인생이라고 고백하며 눈물짓는 것을 상당히 많이 만났다. 반대로 매력이라고는 일 원 반 푼어치도 없어 보이는, 새가슴에다 뚱한 몸매에도 환상적인 성생활을 영위하고 있다고 들뜬 목소리로 과시하는 여성도 많이 만났다. 이 사실은 여성의 성생활을 결정하는 것은 미모나 몸매가 아니라 정신작용이라는 것을 입증하는 예이다.

성에 대한 여성의 사고에서 가장 중요한 것은 여성이 성행위에 대해 그리고 자신과 남편에 대해 어떻게 생각하고 있느냐 하는 것이다. 여성이 이 세 가지 영역에 어떠한 태도로 임하는가에 따라 결혼생활의 성공과 실패가 결정된다고 해도 과언이 아닐 것이다.

(1) 여성은 성행위에 대해 어떻게 생각하는가? 나는 절대 성혁명 지지자가 아니지만, 그럼에도 불구하고 결혼 안에서 부부가 나누는 성관계를 '더럽다', '악하다', 심지어는 '남성들만이 즐길 수 있는 남성의 전유물이다'라는 개념은 잘못되었다는 것을 분명히 밝혀둔다. 이런 생각은 신구약 성경에서도 초대교회 문헌에서도 찾아볼 수 없는 상당히 왜곡된 생각이다. 이런 개념의 출처를 파헤쳐 들어가 보면, 로마의 신학자들이 금욕주의 철학을 그리스도교적 사상과 결합시키려고 시도했던 중세의 암흑시대로 거슬러 올라간다. 당시에 '쾌락을 추구하는 모든 것은 악이다'라는 사상을 발전시켰던 이교도 철학이 "모든 사람은 결혼을 귀히 여기고 침소를 더럽히지 않게 하라"(히 13:4)는 성경적 개념을 앞질렀던 것이다. 결혼 안에서 부부가 갖는 신성한 관계를 속박하는 믿기지 않으면서도 우스꽝스럽고 왜곡된 사상은 이루 다 열거할 수 없을 정도로 많다. 이에 대해 한 저자는 다음과 같이 썼다.

> 중세시대의 가톨릭 사제인 피터 롬바드와 작가 그라시안은 그리스도인 부부의 성관계에는 비록 그 목적이 아이를 갖기 위한 것이라 할지라도 성령이 그들 안에 거하지 않을 거라고 경고했다. 그 밖에 많은 교회지도자도 하나님

은 모든 성일과 절기 기간에는 부부가 금욕할 것을 원하신다고 가르쳤다. 어디 그뿐인가? 목요일에는 예수님이 로마 군대에 붙잡히신 것을 애도하는 의미에서 금욕하고, 금요일에는 예수님이 십자가에 못 박히신 것을 기억하는 의미에서 금욕하고, 토요일에는 동정녀 마리아를 경외하는 의미에서 금욕하고, 주일에는 예수님의 부활을 기뻐하는 의미에서 금욕하고, 월요일에는 그 영혼이 하늘로 돌아가신 것을 기념하는 의미에서 금욕하라고 가르쳤다. 이렇게 목요일부터 월요일까지 다 빼고 나면 부부가 성관계를 가질 수 있는 날은 겨우 화요일과 수요일 이틀밖에 되지 않았다. 교회는 개인이 스스로 하나님의 뜻을 헤아려 결정할 수 있는 권리를 행사하지 못하도록, 더 나아가 결혼생활에서 가장 비밀스러운 부분인 성관계조차 마음대로 결정하지 못하도록, 교인의 삶의 모든 국면을 통제하고 간섭하려고 했다.

다행히 종교개혁의 영향으로 그리스도인들은 교리를 맹목적으로 받아들이던 습관에서 벗어나 하나님의 말씀을 새롭게 조명하고 연구하려는 자세를 회복하게 되었다. 그리고 하나님과 구원과 죄와 신학을 새로운 시각으로 조명하게 되면서, 그리스도인은 성도 하나님이 창조하신 아름다운 것이라는 것과 인간은 배우자를 통해서만 성욕을 충족시켜야 한다는 것(고전 7:1-5 참고), 그리고 배우자와의 성관계를 통해 쾌락을 맛보는 것이 더럽기는커녕 존귀하고 순결한 것이라는 것을 발견하게 되었다. 그리하여 마침내 수세기 후에는 결혼 안에서 누리는 성관계야말로 자신의 삶에 가장 기쁘고 짜릿한 감동을 가져다주는 아름다운 경험이라는 인식이 하나님 말씀에 순종하는 그리스도인들 사이에서 자리를 잡게 되었다. **결혼 안에서의 성적 연합은 하나님이 부부에게 주신 축복이자 무한도로 즐길 수 있게 하신 기쁨이라는 것을 전혀 모르는 사람이 있다면, 그런 사람은 성경을 온전히 이해하지 못한 사람이라고 할 수 있다.**

결혼과 성이 얼마나 아름답고 의미가 되는지는 엄마가 딸에게 들려주는 것이 가장 좋다. 자녀에게 건강하고 행복한 부부관계를 보여주었다면, 엄마의 이야기는 가장 훌륭한 성교육이 될 것이다. 성이 주는 기쁨과 행복을 아는 여성이라면 성에 대해 왜곡되고 뒤틀리지는 않을 것이다. 오히려 만족하고 기쁨을 누리는 부부관계의 금실로 삼을 것이다.

다음의 이야기는 여성의 정신적 상태가 성생활에 얼마나 큰 영향을 미치는지를 명확하게 보여줄 것이다. 어느 부부가 함께 상담실을 찾아왔다. 그들은 비참한 성생활에 대해 하소연을 하였다. 나는 남편에게 자리를 비워달라고 부탁하고 부인의 이야기를 들었다. "우리는 한 달에 두어 번 정도 성생활을 힘들게 하고 있어요. 몸도 약하고 게다가 제 생식기는 너무 작은 것 같아요. 자신감이 사라져 버렸어요"라고 말했다(그러나 과학적인 조사에 의하면, 남성의 생식기와 마찬가지로 여성의 생식기도 그 사람의 전체적인 체구와 상관없이 거의 똑같은 크기를 하고 있다. 그러므로 이 부인의 주장은 전혀 근거가 없다고 할 수 있다). 그리고 그녀는 자신이 관절염으로 고생하고 있다는 이야기를 했다. 그래서 나는 신문에서 읽었던 내용을 들려주었다. 관절염 환자에게는 긴장이 곧바로 통증으로 연결이 된다고 말하고, 성관계는 정서적 긴장을 완화시켜 주기 위해 하나님이 고안하신 수단이므로 지금보다 자주 성관계를 가지면 관절염으로 인한 통증도 사라진다고 조언을 해주었다. 그리고 생식기의 크기는 아무런 관련이 없으므로 자주 관계를 가지면 자신감을 회복하게 될 것이라고 말했다. 그로부터 일주일 뒤 나는 남편으로부터 전화를 받았다. 그는 흥분을 감추지 못하며 "목사님, 제가 없는 사이에 집사람에게 어떤 말씀을 하셨어요. 집사람이 하루도 빠짐없이 성관계를 갖자고 요구해 오는데 그 이유가 정말 궁금합니다. 저야 뭐 감사할 따름이지만요. 계속 이런 식으로 잠자리를 하게 되면 과연 내 몸이 버틸 수 있을까 하는 걱정뿐입니다"라고 말했다.

　무엇이 그 부인을 그렇게 변화시켰을까? 나는 건강식품이나 영양보조제를 권한 적이 없다. 다만, 성관계를 가지면 긴장이 완화되어 관절염으로 인한 통증이 그만큼 줄어들 거라고 말한 것밖에 없다. 그러나 그 말을 통해 그녀의 사고방식은 부정적인 쪽에서 긍정적인 쪽으로 바뀌게 되었고 결국은 그녀의 정신적 태도 자체가 긍정적인 쪽으로 바뀌게 되었다. 그리고 그것이 그녀로 하여금 성적 기능장애를 극복하게 하는 강력한 도구로 작용했다.

(2) 자신에 대해 어떻게 생각하는가? 자기 열등감은 오늘날 우리 사회에서 볼 수 있는 가장 흔한 질병 가운데 하나이다. 남성들은 자기 페니스가 너무 작을까봐 혹은 너무 무를까봐 괜히 불안해 한다. 여성들은 가슴이 너무 작지는 않은지 혹은 성욕이 약한 것이 아닌지 하고 별 걱정을 다하고 있다. 실제로는 성적으로 전혀 아무 문제도 없는데 말이다. 그리고 검사결과조차도 가슴 크기가 작은 여성이 가슴 큰 여성 못지않게 성적으로 민감한 반응을 보이는 것으로 나타났다. 심지어 어떤 여성은 다른 사람들보다 훨씬 더 민감하게 반응하는 것으로 나타나기도 했다.

자신의 성적 능력을 신뢰하지 못하고 근심하는 것 자체가 성기능부전의 가장 큰 원인이라는 것을 알기만 한다면, 당장 그런 걱정을 그만둘 사람이 수도 없이 많을 것이다. 고환이나 전립선 같은 중요한 생식기관 절제술을 받은 남성조차도 성적 자극을 받으면 정상인과 동일하게 반응한다는 연구결과도 있다. 더 놀라운 것은 피치 못할 이유로 음핵 제거술을 받은 여성조차도 오르가즘에 달하는 데 아무 지장이 없는 것으로 보고되었으며 자궁절제술을 받은 후에 오히려 부부금실이 더 좋아졌다고 말하는 부인도 상당수에 달한다. 이러한 자료들을 토대로 하면, 생식기관 자체가 성관계에 일차적으로 중요한 것은 아니라는 결론을 도출할 수 있다. 다시 말해, 정말로 중요한 것은 생식기관의 크기가 아니라, 자신이 스스로를 어떻게 생각하고 있느냐는 것이다. 스스로가 자신은 성에 대한 표현력이 강하고 자극에 민감하게 반응하는 유쾌한 동반자라고 생각한다면, 실제로 그렇게 되는 것이다.

(3) 남편에 대해서는 어떻게 생각하는가? "저는 남편 손이 제 몸에 닿을 때마다 소름이 끼쳐요." 이것은 다섯 아이를 두었음에도 불구하고 다른 남자와 바람이 난 중년 여인이 내게 찾아와서 털어놓은 말이다. 그녀는 "네 시 오십 분이 다가오면 저는 말할 수 없이 비참한 기분에 빠지곤 해요. 왜냐하면 이제 곧 남편이 귀가해서는 싱크대에 서서 저녁 준비하고 있는 제 뒤로 슬그머니 다가와 목덜미에다 키스할 거라는 걸 알기 때문이죠"라고도 말했다.

그래서 나는 아무리 정신적인 사랑이라 해도, 가정이 있는 부인이 다른 남자와 바람을 피우는 것은 분명 죄가 된다는 사실을 진지하게 이야기했다. 그러자 그 부인은 무릎을 꿇고 엎드려서는 눈물로 자신의 죄를 회개했다. 그리고 나서 보름이 지난 후, 4시 55분경에 전화가 왔다. 그녀의 밝고 흥분된 목소리가 들려왔다. "하나님이 제 마음을 변화시켜 주셨어요. 아시겠어요? 목사님, 이제는 남편이 귀가할 시간만 기다려집니다. 몇 분 후면 남편이 집에 들어온다고 생각하니까 너무너무 즐겁고 좋아요. 옷도 예쁘게 입고 화장도 했어요. 지옥처럼 생각했던 시간이 이제는 가장 기다려지는 기쁜 시간으로 바뀌었어요"라고 말했다.

사랑은 연기처럼 왔다가 사라져 가는 것이 아니다. 그것은 생각에 따라 소멸하고 성장하는 생명력 있는 감정이다. 속으로 배우자를 욕하거나 쉴 새 없이 비난한다면, 그에 대한 사랑은 머지않아 사라져 버릴 것이다. 그러다가 하나님의 은혜로 배우자가 가진 장점들에 대해 감사하게 되면, 밤이 지나면 낮이 찾아오듯이 사랑도 다시 꽃피게 될 것이다. "우리는 낮에 속하였으니 정신을 차리고 믿음과 사랑의 호심경을 붙이고 구원의 소망의 투구를 쓰자"(살전 5:8). 사랑은 배우자에 대해 항상 감사하고 좋게 생각할 때에만 수확할 수 있는 열매이다. "끝으로 형제들아 무엇에든지 참되며 무엇에든지 경건하며 무엇에든지 옳으며 무엇에든지 정결하며 무엇에든지 사랑 받을 만하며 무엇에든지 칭찬 받을 만하며 무슨 덕이 있든지 무슨 기림이 있든지 이것들을 생각하라"(빌 4:8)는 말씀처럼 말이다. 우리는 부부 중 한 사람 혹은 두 사람 모두가 "범사에 감사하라 이것이 그리스도 예수 안에서 너희를 향하신 하나님의 뜻이니라"(살전 5:18)는 말씀에 순종할 때 그 가정 안에 사랑이 회복되는 것을 수차례 목격한 바 있다.

만약 당신의 사랑이 활력을 잃고 침체되기 시작했다면, 문제는 바로 당신 마음속에 있음을 명심하라. 마음속으로 항상 찬양하도록 노력하라. 그러면 당신의 애정생활에도 분명 일대 변혁이 일어날 것이다.

2. 긴장을 풀어라. 신부가 첫날밤에 대한 기대로 다소 긴장하는 것은 지극히 자연스러운 현상이다. 누구나 그럴 것이다. 무엇이든 새로운 것을 경험할 때에는 긴장과 흥분이 수반되기 마련이다. 그것은 지극히 자연스러운 현상이다. 그러나 다른 것들이 모두 그렇듯이 처음에는 긴장되던 것도 계속해서 반복하다 보면 점차 익숙해지면서 편하게 느껴지기 마련이다. 특히 남편과 성관계를 가질

때에는 긴장을 푸는 법을 배우는 것이 아내에게 무엇보다 중요하다. 인체의 모든 기관은 긴장을 푼 상태에서 더 잘 기능하기 때문이다.

긴장을 푸는 것이 필요한 이유는 그것에 의해 질에서 분비되는 점액의 양이 달라지기 때문이다. 모든 여성에게는 페니스가 삽입될 때 느끼는 고통을 경감시켜 주기 위해 윤활유가 나오는 선이 발달되어 있다. 그런데 이 선은 긴장하면 그 기능을 제대로 발휘하지 못한다. 그러면 분비물이 충분히 나오지 못하게 되고 따라서 페니스가 삽입될 때 마찰이 일어나 상당한 고통을 초래하게 된다. 그리고 한 번 그러한 고통을 경험하게 되면 다음부터는 고통에 대한 두려움 때문에 정상적인 분비가 더욱더 어렵게 된다.

이러한 이유로 대부분의 전문가는 고통을 최소화하고 긴장을 완화시켜 주기 위해 신혼 몇 주 간은 인공윤활제를 사용할 것을 권한다. 신부가 덜 긴장하면 할수록 오르가즘에 달할 수 있는 확률도 그만큼 높아지기 때문이다.

신부의 긴장완화는 남편에게도 큰 영향을 끼치는데, 이유는 남편이 아내가 긴장하고 있거나 두려워하고 있다는 것을 느끼게 되면 그것을 자신에 대한 두려움으로 잘못 해석할 수 있기 때문이다. 반대로, 아내가 전혀 긴장하고 있지 않음을 느끼게 되면 그만큼 더 자신감을 갖게 되기 때문이다.

3. 금기사항을 탈피하라. 겸손이 좋은 미덕이기는 하지만, 남편과 함께하는 침실에는 별로 달갑지 않은 미덕임을 유념하도록 하

라. 성경은 타락 이전에는 아담과 하와가 "벌거벗었으나 부끄러워하지 아니하였다"(창 2:25)고 말한다. 이 말은 그들이 벌거벗었음에도 불구하고 전혀 창피함을 느끼지 않았다는 것이다. 물론, 정숙하고 수줍음 많은 여성이 결혼하였다는 이유 하나만으로 남편 앞에서 자신을 완전히 열어 보인다는 것은 그렇게 쉬운 일이 아니다. 분명 그것은 시간을 필요로 하는 어려운 일이다. 그러나 그렇다고 해서 남편 앞에서 벌거벗는 것에 대해 언제까지나 부자연스럽게 생각하고 불편하게 생각해서도 안 된다.

한 번은 아내가 너무도 수줍음이 많아 남편 앞에서는 절대 벌거벗은 모습을 보이려 하지 않기 때문에 결국에는 서로가 '성적 좌절감'을 느끼게 되었다며 도움을 요청하는 부부와 상담한 적이 있었다. 그래서 내가 아내에게 남편 앞에서 벌거벗는 것을 꺼리는 특별한 이유라도 있냐고 묻자 그녀는 "친정엄마가 정숙한 여인은 아무에게도 벌거벗은 모습을 보이면 안 된다고 가르쳐 주셨어요"라고 대답했다.

그래서 나는 "친정어머니께서 자신의 있는 모습 그대로를 남편에게 보여주지 못하는 실수를 평생 범하며 살았다고 해서 부인까지 그런 실수를 범하며 살라는 법은 없지 않습니까?"라고 반문했다. 그리고는 남편이 옷 벗는 것을 도와주면 기쁜 마음으로 즐기도록 하고 혹 긴장되더라도 풀려고 노력하라고 충고해 주었다. 그녀는 남편이 옷 벗겨주는 것에 대해 강한 죄의식을 갖고 있었기 때문에, 그것을 온전히 즐기게 되기까지는 많은 시간이 걸렸다. 그러나 다행스럽게도 점차적으로 극복하는 모습을 보여 주었다.

4. 남성은 시각에 강하게 자극한다. 예수님은 "음욕을 품고 여자를 보는 자마다 마음에 이미 간음하였느니라"(마 5:28)고 말씀하셨다. 그런데 남성에게는 몇 번이고 한 이 말씀을 여성에게는 한 번도 한 적이 없으시다. 이유는 간단하다. 남성은 시각에 의해 쉽게 자극을 받지만, 여성은 그렇지 않기 때문이다. 그리고 남성에게 가장 큰 자극을 주는 피조물은 바로 여성이기 때문이다.

많은 여성 전문가는 아내에게 남편의 귀가시간을 하루 중에서 가장 중요하고도 의미 있는 시간으로 생각하라고 충고한다. 목욕을 한 뒤 머리를 손질하고 옷맵시도 단정히 하고 남편을 맞는다면, 남편도 귀가시간을 설레고 흥분되는 마음으로 기다리게 될 것이다. 저녁에 집에 돌아가면 아내가 아름다운 모습으로 반겨주겠지 하는 확신에 찬 기대감을 갖고 있는 남편은 이 세상에서 가장 행복한 사람이자 만족스러운 삶이 무엇인지를 아는 사람이라고 할 수 있다.

그러나 부인 가운데는 남편의 귀가시간을 달갑지 않게 생각하는 사람도 있다. 그래서 자기가 하루 종일 아이들과 씨름하며 힘겨운 시간을 보냈다는 것을 보여 주기 위해 피곤한 모습으로 단장하지도 않고 그대로 남편을 맞는다. 이러한 아내와 엉망인 집안을 보고 남편이 혹 동정을 할 수 있을지 모르겠지만, 사랑을 고무시키지는 못한다. 여성은 스스로가 생각하는 것보다 훨씬 더 많은 자산을 갖고 있다. 그러므로 그것을 십분 활용하도록 해야 한다. '씻고 단장하고 꾸미는'것은 아내가 사랑받을 수 있는 지름길이다. 남편을 위해 그러한 수고를 아끼지 않는 부인이라면 "우리 남편은 왜 좀 더 일찍 귀가해서 가족과 함께 시간을 보내지 않을까?"하는 문제로 불평하거나 고민하는 일이 절대로 없을 것이다. 집에 가면 기분 좋은 일이 기다리고 있다는 것을 아는 남편이라면, 일찍 들어오지 말라고 해도 일찍 귀가할 것이기 때문이다.

5. 잔소리를 하지 않는다. 절대로 비난하지 말고 절대로 비웃지 말라. 40대 이전의 젊은 남성들은 대부분 모든 것이 불안정한 상태에 있기 때문에, 아내가 해주는 따뜻한 칭찬과 격려의 말을 간절히 갈망한다. 그러므로 아내는 남편을 격려하고 위로하는 일을 절대로 소홀히 해서는 안 된다. 단, 주의할 점은 위로하고 격려한다는 것이 그만 지나쳐, 자기가 엄마라도 되는 양 잔소리를 늘어놓거나 트집을 잡거나 비웃거나 하는 정도로까지 발전해서는 안 된다는 것이다. 속으로는 그렇게 하고 싶은 마음이 굴뚝같아도 절대 행동으로 옮겨서는 안 된다. 그렇지 않으면 오랫동안 쌓아왔던 아름다운 관계가 위기에 처하는 좋지 않은 결과가 야기될 것이다.

아름답고 지적이고 교양있는 여인을 아내로 둔 의사가 교육수준도 형편없고 자기 아내만큼 매력적이지도 않은 여자와 바람난 적이 있었다. 그 여자는 의사 자신도 그다지 매력있는 여자가 아니라고 고백할 만큼 평범한 여성이었다. 그럼에도 불구하고 그가 그 여자를 좋아하게 된 것은 자기 아내보다 훨씬 더 마음을 편하게 해주기 때문이었다고 했다. 그 말을 들은 아내는 자기가 언제부턴가 남편의 행동 하나하나를 비평하고 비난하며 병원에서 보낸 하루 일과에 대해 꼬치꼬치 캐묻는 엄마 같은 모습으로 변해 갔음을 깨닫게 되었다. 결국, 자신의 감정을 말로 조리 있게 표현하는 능력이 부족했던 남편은 부인이 아닌 다른 여자를 통해 마음의 평화와 고요함을 얻으려고 했고 그것이 마침내는 바람이라는 형태로 표출되게 된 것이었다.

6. 아내는 남편의 사랑에 반응해야 하는 존재이다. 하나님은 남편의 사랑에 반응할 수 있는 놀라운 능력을 아내에게 주셨다. 남편의 작은 행동과 배려에서 다른 것에서 얻을 수 없는 행복을 느끼기 때문에, 자신을 위해주는 남편에게 더 잘해주게 된다. 이것 역시 성생활에도 그대로 적용될 것이다.

아내가 특별히 관능적이라거나 저돌적인 예외적인 경우를 제외하고는, 대부분 남편이 아내에게 다가가 성관계를 유도하는 것이 보통이다. 앞에서도 말했다시피, 남성은 시각에 의해 많이 자극받으므로, 때로는 아내의 의사와 상관없이 아내에게 치근덕거리며 관능적으로 애무하며 강하게 유혹하는 경우도 있다. 그럴 때 아내가 어떤 반응을 보이느냐에 따라 아주 상반되는 결과가 나오게 되는데, 투덜투덜 불평하거나 하품을 계속함으로써 관계를 나누고 싶지 않다는 반응을 보이면 남편의 시도는 거기서 끝나게 된다. 반대로, 아내가 남편의 포옹에 반응함으로써 그의 시도를 받아들이게 되면, 처음에는 썩 내키지 않았던 감정도 점차로 고조되면서 어느 새 자기도 남편 못지않게 성관계를 원하는 수준으로까지 발전하게 될 것이다.

많은 부인이 자기 속에 내재되어 있는, 남편의 사랑에 반응할 수 있는 능력을 제대로 발휘하지 못함으로써, 자신과 남편을 동시에 속이는 어리석음을 범해왔는데, 이는 실로 안타까운 일이 아닐 수 없다.

7. 청결을 생활화한다. 아내가 고등학생이었을 때, 그녀의 체육선생님은 남성의 후각이 여성보다 발달되어 있어 냄새에 민감하므로 여학생은 필히 몸을 청결히 해야 한다고 말씀하셨다고 한다. 당시의 그 말은 지금까지도 청결을 생활화하도록 아내에게 영향을 주고 있다.

그 말이 맞는 것인지는 잘 모르겠지만, 아무튼 여성은 다음의 두 가지 이유 때문에 청결에 세심한 주의를 기울여야 한다. 첫째, 여성의 질에서 분비되는 점액은 그 자체로도 비릿한 냄새를 풍기는데, 만약 팬티에 묻으면 시간이 갈수록 더 심한 냄새가 나기 때문이다. 둘째, 여성 자신은 자기 몸에서 나는 냄새를 못 맡을 수도 있기 때문이다. 다양한 종류의 비누와 로션 그리고 향수 등이 있기 때문에 몸 냄새를 제거하고 은은하고 향기롭게 자기 관리를 해야 한다.

8. 허심탄회하게 의사소통하도록 하라. 여성이 잘못된 생각 중에 하나는 남편이 성에 대해 모든 것을 알고 있으리라는 확신이다. 그러나 절대로 그렇지 않다. 남자들은 유치원을 졸업하면서부터 성에대해 관심을 갖는 것은 사실이지만, 성백과 사전을 보지 않는 한

자세한 성교육을 받을 수가 없다. 가정과 학교, 사회에서 배운 내용은 일반적인 상식수준에 머무르고 있다. 그럼에도 불구하고 약간의 지식과 추측으로 모든 것을 다 알고 있는 것처럼 남성들은 허풍을 떨고 있다.

성에 대한 양질의 책을 읽거나 품격 높은 세미나 등을 통해 올바른 지식을 전수받지 않는 한, 결혼 적령기에 다다른 남성이 여성에 대해 갖고 있는 생각은 대부분 엉터리다. 그러나 현실이 그렇다고 해서 아내가 남편에 대해 실망할 필요는 전혀 없다. 왜냐하면, 남편이 이 세상에서 자세히 알아야 할 필요가 있는 여성은 단 한 사람, 자기뿐이기 때문이다. 그러므로 남편이 성에 대해 무지한 것을 오히려 자기에 대해 알려 줄 수 있는 좋은 기회로 생각하고는 그에게 자신에 대해 가르쳐 주는 작업을 시작해야 한다. 이러한 맥락에서 본다면, 성에 대해 스스럼없이 대화하는 법을 배워야 하는 쪽은 오히려 여성이라고 할 수 있다. 아내는 남편에게 지금 어떤 기분인지 그리고 어디를 자극해 주면 좋겠는지를 거리낌 없이 이야기해야 하며, 필요하다면 원하는 곳으로 남편의 손을 직접 가져가기도 해야 한다. 어떻게 해야 흥분되는지를 자세히 가르쳐 주지 않는다면, 남편은 죽을 때까지 아내에 대해 제대로 알지 못할 것이다. 그리고 아내가 자신의 내밀한 부분에 대해 가르쳐 주는 남자는 평생토록 남편 한 사람뿐이라는 사실은 남편에게도 여간 기분 좋은 일이 아닐 수 없다. 남편과 함께 성에 대해 기탄없는 대화를 나눌 때 그것은 자신과 남편 모두에게 짜릿한 경험이 될 것이고 그만한 대가와 보상이 있는 경험이 될 것이다.

9. 하나님의 도우심을 구한다. 앞의 여덟 가지 방법을 모두 동원했는데도 별 효과가 없다면 기도하도록 하라. 하나님은 그리스도인 부부가 오르가즘을 전혀 느끼지 못하는 성적으로 황량한 상태에서 한평생을 사는 것은 절대로 바라지 않으신다. 그분은 모든 여성에게 성생활을 즐길 수 있는 능력을 부여해 주셨다. 다만 그분이 금하신 것이 있다면 그 능력을 혼외에서 사용하는 것뿐이다. 하나님이 주신 그 귀한 능력을 결혼이라는 신성한 제도 안에서만 사용한다면, 성관계는 분명 남편과 아내 모두에게 큰 기쁨이 될 것이다. 그러나 만에 하나라도 남편과의 잠자리가 즐겁지 않다면, 그것에 대해 하나님께 아뢰며 해결할 수 있는 방법을 가르쳐 달라고 간구하라. 그분은 분명 당신을 위하여 더 좋은 방법과 계획을 예비해 두고 계실 것이다. "지금까지는 너희가 내 이름으로 아무것도 구하지 아니하였으나 구하라 그리하면 받으리니 너희 기쁨이 충만하리라"(요 16:24).

9_ 충족되지 않은 여성

아이를 셋이나 낳았음에도 불구하고 여전히 아름답고 사랑스러운 카렌이라는 여자가 나에게 상담을 받으러 왔다. 한눈에 보아도 그녀는 괴로움과 근심이 가득 차 있다는 것을 알 수 있을 정도로 표정이 어두웠다.

그녀는 "목사님, 저는 이미 오래 전부터 남편을 사랑하고 있지 않아요. 그런데 최근 들어서는 그이에 대한 증오와 분노가 활화산처럼 끓고 있어요. 기적이 일어나지 않는 한, 저는 끝까지 그이를 증오하게 될 것 같아요"라고 말했다. 그러면서 그녀는 털어놓기 쉽지 않은, 그들의 부부관계에 대해 이야기하기 시작했다. "저희가 부부관계를 가질 때 만족하는 사람은 그이 혼자뿐이에요. 저는 제 자신이 항상 다정다감하고 애정이 넘치는 여자라고 생각하며 살아왔고 또 그이가 관계를 요구해 올 때 거절한 적은 한 번도 없을 정도로 그이에게 최선을 다했어요. 그런데 문제는 번번이 제가 막 흥분되기 시작했을 때 그이가 관계를 끝내 버린다는 거예요. 그이는 그렇게 제게 비참한 기분만 안겨주고는 옆으로 돌아누워 곯아 떨어져 버린답니다. 그러면 저는 그이가 잠들고 나서 한 시간 이상이나 뒤척이다가 겨우 눈을 붙이곤 해요. 요즈음은 그이도 제가 심상치 않음을 눈치를 챘는지 제가 냉담해졌다고 비난하곤 한답니다."

그러나 내가 볼 때 카렌은 절대 냉담한 여자가 아니었다. 문제가 있다면 그녀는 성에 대해 아는 바가 거의 없으며, 그나마 알고 있는 것도 대부분은 잘못되었다는 것이다. 그러나 안타까운 것은 그녀의 남편인 제프가 그녀보다도 성에 대해 더 무지하다는 것이었다. 몇 년간 부부관계는 임신과 출산 등으로 아무 문제가 없었지만, 오르가즘을 느낄 수 없는 카렌은 남편의 성충동 해소에 불과한 성생활을 이제 더 이상 할 수 없다는 것이었다. 다행히 그녀는 몇 차례의 상담을 통해 적절한 격려와 지침을 받고는 두 달이 지나기 전에 새로운 삶을 살 수 있게 되었지만 말이다.

나는 예비부부 및 기혼부부를 위한 학교를 운영하고 있는데, 이곳을 통해 수많은 부부를 배출하면서, 요즈음에도 많은 남녀가 카렌과 제프처럼 성적으로 무지한 상태로 결혼한다는 사실을 발견하게 되었다. 예비부부들과 대화 나눌 때마다 나는 그들이 부부관계에 대한 기본적인 원리와 예의조차 들어보지 못했음을 발견하고는 우려를 표한 적이 한두 번이 아니었다. 대부분의 예비신부는 약혼자가 성에 대해 충분한 지식을 갖고 있기 때문에, 자기는 조금도 염려할 필요가 없다는 생각을 하고 있다. 앞에서의 언급처럼, 남성들은 성에 대한 정보를 여성보다 많이 습득하고 또 관심도 많이 갖고 있지만, 불행하게도 그들이 갖고 있는 정보라는 게 실제로는 사실과 상반된 것들이 상당히 많다. 그리고 그들이 성에 대해 무지함으로 인해 일차적으로는 그들의 아내가 심한 좌절감을 맛보게 되며 나아가 결혼생활 자체가 삐걱거리는 불행한 사태가 벌어지기도 한다. 그러나 가정불화의 가장 큰 원인이 성에 대한 무지라면, 그래도 그것은 남편과 아내 두 사람이 성에 대한 올바른 정보를 공유하기만 한다면 언제든 해결될 수 있기 때문에 그나마 다행이라고 할 수 있다.

성에 대한 사람들의 잘못된 인식은 여성은 남성에 비해 오르가즘을 느낄 수 있는 능력이 떨어진다는 것이다. 하지만 오히려 사실과 반대된다. 이런 생각을 갖게 된 이유는 무엇일까? 여기에 대해서는 많은 해답을 찾을 수 있지만, 가장 설득력 있는 내용은 남자의 사정은 종족번식에 꼭 필요한 반면, 여성의 오르가즘은 아무런 관련이 없다는 주장이다. 그러나 원만한 부부관계를 위해서는 남편과 마찬가지로 아내도 오르가즘이 주는 심리적 만족을 맛보아야만 한다. 그럼에도 불구하고 오랜 세월 동안 그렇게 되지 못한 것에 대해 혹자는 종교를 비판하기도 하고 혹자는 문화를 비판하기도 한다. 아무튼, 한 가지 분명한 것은 부부관계를 통해 남성만이 쾌감을 맛보는 것이 지난 수십 세기 동안 당연하게 받아들여진 진정한 이유를 밝힐 수 있는 사람은 아무도 없다는 것이다.

성에 대한 조사가 자세하게 이루어지고 그로 인해 과학적인 결과물들이 발표되면서 성에 대한 정보가 일반에게도 유포됨에 따라, 여성의 오르가즘도 부부관계에 있어 새롭게 조명을 받게 되었다. 요즈음에는 여성의 성적 능력과 기능과 반응에 대한 연구가 그 어느 때보다 활발하게 이루어지고 있어 그에 대한 정보도 상대적으로 쉽게 접할 수 있게 되었다. 몇몇 사람은 그 결과를 악용하여 결혼 안에서의 성관계만이 신성하다는 하나님의 말씀을 비웃기도 하지만 계속해서 그렇게 한다면, 결과적으로는 자신의 파멸을 초래하게 될 것이다.

이번 장에서는 여성의 성이 갖고 있는 내밀한 부분에 대해 적나라하게 해부하려고 한다. 어쩌면 독자 가운데에는 우리가 앞으로 써 내려갈 내용에 대해 반론을 제기하고 싶은 사람도 있을 것이다. 그럼에도 불구하고 우리가 이 글을 쓰려고 하는 이유는 우리가 제공하는 정보가 성적 좌절감으로 고통 받고 있거나 메마른 성생활에 젖어 무미건조한 삶을 살고 있는 사람들에게 도움이 되었으면 하는 기대가 있기 때문이다. 성에 대해 알고 싶지만, 그래도 너무 적나라한 것은 부담스럽다고 생각하는 사람은 이번 장을 건너뛰어도 괜찮다. 그러나 사실을 외면하는 것은 아무에게도 도움이 되지 않는다는 것을 기억하기 바란다.

성에 대한 가장 큰 속임수

20세기가 되기 전까지는 수많은 여성은 남성들이 일상적으로 맛보는 성적 절정을 제대로 누리지 못하는 삶을 살아왔다. 운 좋게 가끔 그러한 기쁨을 맛보는 여성이 간혹 있었겠지만, 그들조차도 태초에 그들이 향유하도록 지음 받은 분량에는 턱없이 못 미치는 수준에서 만족해야 했다. 그리고 여성은 남성이 세워놓은 제도와 체계에 대항하여 싸우기보다는 침묵 속에서 말없이 인내하는 쪽을 택해왔다. 다행히 현대에 이르면서 이 분야에 대한 연구가 점증적으로 진행되어 여성의 성에 대한 지식도 증가하게 되었다. 그리고 그런 조사결과들은 수백 수천만의 기혼여성을 성에 대한 무지와 횡포로부터 해방시키는 데 크게 공헌할 수 있음이 입증되었다. 물론 지금까지는 아주 느린 속도로 진행되어 왔지만 말이다.

로널드 도이치 박사는 「부부관계에서 여성이 보이는 반응」(The Key to Feminine Response in Marriage)이라는 탁월한 저서에서 여성의 성적 만족에 대해 연구한 사람들의 글을 많이 인용하였는데, 인간의 성행동에 대한 통계적 조사로 유명한 킨제이 보고서〈Kinsey's report〉에 대해서는 다음과 같이 인용하였다.

> 평균적으로 볼 때, 결혼 2년째 접어들면서부터는 30퍼센트 정도의 여성이 오르가즘을 경험하고 있다. 하지만 그 수치는 10년이 지나도록 별로 증가하지 않는다. 결혼 11년차 여성 사이에서도 오르가즘을 느끼는 여성은 불과 40퍼센트 정도에 지나지 않는다.
>
> 최근에 실시한 조사에서 폴 왈린 박사와 알렉산더 클

라크 박사는 미국 여성 가운데 만족할 만한 성생활을 영위하는 여성은 불과 15퍼센트 정도밖에 안 되는 것 같다고 결론지었다. 여기에는 단 한 번도 오르가즘을 경험해 보지 못한 여성이 상당수 포함되어 있다는 사실도 발견했다.

따라서 대부분의 미국 여성은 불만족한 성생활을 하고 있다고 결론지어도 무방할 것이다. 1950년대에 크로거와 프리드는 산부인과 전문잡지에서 "부인과 의사와 정신과 의사라면, 미국 여성 가운데 75퍼센트에 달하는 여성이 성생활에서 아무런 기쁨도 맛보고 있지 못하다는 사실을 잘 알고 있을 것이다"라고 말했다.

왈린 박사와 클라크 박사는 결혼한 지 17년차에서 19년차 정도의 417명의 부인을 상대로 설문조사를 했다. 그들은 대부분 장성한 아이들이 있었고, 겉보기에도 원만한 부부생활을 하고 있는 것처럼 보였다. 이렇게 안정된 생활을 하는 부인을 조사대상으로 삼은 것은 여성이 비록 오르가즘은 경험하지 못해도 남편과의 성관계에서 그것을 상쇄할 만한 다른 무엇이 있는지, 굳이 오르가즘을 경험하지 못해도 남편과의 성관계를 만족스럽게 여기고 정상적으로 반응할 수 있는지 알아보기 위해서였다.

그런데 놀랍게도 한 번도 오르가즘을 경험해 보지 못했다고 대답한 여성 가운데 절반가량에 달하는 부인들이 남편과의 성관계를 '어느 정도' 혹은 '상당'부분 만족한다고 대답했다.

그리고 가끔씩은 오르가즘을 경험한다고 대답한 여성 가운데서도 60퍼센트 이상이 남편과의 성관계를 '어느 정도' 혹은 '상당히' 만족하고 있었다.

수 년간의 상담을 통해 나는 그리스도인 부부가 일반인들에 비해 오르가즘을 즐기는 횟수나 정도가 월등하게 뛰어나다는 것을 발견하게 되었다. 이것은 151명의 그리스도인 부부를 상대로 20년이 넘는 세월 동안 상세히 관찰하고 연구하며 상담해 온 허버트 마일즈 박사도 이미 확증한 바 있다. 마일즈 박사가 실시한 조사는 151명의 그리스도인 부인 가운데에서 오르가즘을 분명히 경험하는 여성은 무려 96.1퍼센트에 달한다는 실로 놀라운 것이었다. 이것은 일반인을 상대로 한 조사에서는 결코 나올 수 없는 결과로, 세상적인 기준과 상식을 뛰어넘는 괄목할 만한 진보라고 하지 않을 수 없다.

우리 부부가 주최하는 가정생활 세미나에 참석한 1천7백 명가량의 부부를 상대로 실시한 조사에서도 마일즈 박사의 결과와 비슷하게 나왔다. 그러므로 그리스도인이 아닌 여성은 상당수가 규칙적으로 오르가즘을 경험하지 못한다고 해도 무방할 것이다. 그리고 실제로도 대부분의 여성은 오르가즘이 무엇인지조차 모르고 있다.

그러나 모든 여성은 오르가즘이라는 환상적인 경험을 한 번 혹은 가끔이 아니라, 평생토록 경험할 수 있는 충분한 자격과 능력을 갖고 있다. 그 가운데서도 첫 번째 오르가즘이 제일 중요하고 큰 의미가 있는데, 그 이유는 한 번 오르가즘을 경험하고 나면 앞으로 계속해서 오르가즘을 경험할 수 있는 준비가 되기 때문이다. 그리고 한 번 오르가즘을 경험한 여성은 다음번에도 오르가즘을 경험할 수 있으리라는 기대를 갖게 되는데, 그것이 정신 상태를 긍정적인 것으로 변화시켜 앞으로 오르가즘을 경험하는 것을 반은 수월케 해준다.

오르가즘이란 무엇인가?

지금까지 나온 성관련 서적은 남성이 저술한 것이 대부분이었다. 따라서 여성의 오르가즘에 대한 기술이 별로 정확치 않은 경향이 있었다. 여성의 오르가즘에 대해 여성 자신이 책을 펴낸 대표적 인물로는 매리 로빈슨 박사를 들 수 있는데, 그녀는 한 남자의 아내이자 정신과 및 내과 전문의로 오랫동안 여성들과 성상담을 해온 전문가이다. 그러면 그런 그녀가 「성만족의 비결」(*The Power of Sexual Surrender*)에서 여성의 오르가즘에 대해 과연 무엇이라고 했는지 귀 기울여 보도록 하자.

오르가즘은 성관계를 본연의 자연스럽고도 아름다운 종결로 이끌어주는 생리적인 반응이다. 오르가즘 바로 앞

단계에서는 성적 본능이 없다면 일어나지 않는 근육이 긴장되는 현상이 일어난다. 이 같은 현상은 남성과 여성 모두 골반 움직임이 증가하기 때문에 나타나는 것으로, 특히 남성은 질 속으로 들어갔다 나왔다 하는 페니스의 움직임에 속도가 붙으면서 온몸이 격렬해지기 시작한다. 여성 또한 질 내부에서 맛보는 짜릿하고도 기분 좋은 느낌을 고조시키기 위해 자신이 취할 수 있는 모든 움직임을 취하게 된다. 내가 상담한 여성들에 의하면, 질 내부가 페니스로 인해 꽉 차 있다는 느낌이 들고 또 페니스가 질 벽 뒷부분에 압력과 마찰을 가하고 있다는 느낌이 들 때가 가장 기분 좋다고 한다.

근육이 최고조로 긴장하는 순간에는 온몸의 감각기관이 폭발 직전의 상태로까지 달아오르게 되는데, 특히 여성은 1분도 더 견딜 수 없을 정도로까지 긴장이 고조되게 된다. 그리고 실제로도 1분이 지나기 전에 몸 전체가 근육경련을 일으키게 되는데, 이러한 경련은 질 내부에서 일어나 온몸으로 퍼져가며 기쁨의 물결로 뒤흔들리게 된다. 흔히 이 경련과 기쁨은 동시에 일어나 몸통에서부터 시작해서 얼굴과 팔다리 그리고 발바닥 순으로 퍼져간다.

이렇게 온몸이 뒤흔들리고 나서 다시 질 내부로 집결되는 경련이야말로 진정한 오르가즘의 결정이라고 할 수 있다. 이 경련이 휩쓸고 지나갈 때 여성의 머리는 뒤로 젖

혀지며 골반은 페니스가 가능한 한 깊게 들어올 수 있도록 위쪽으로 들어 올리게 된다. 경련이 지속되는 시간은 개인에 따라 조금씩 다르지만 보통은 수 분 이내에 그치게 된다. 그러나 어떤 여성은 긴장이 풀리고 모든 근육이 제 위치로 돌아가는 중에도 1분에서 2~3분 정도 더 경련을 경험하기도 한다.

여성 가운데에는 남성이 오르가즘에 도달하기 전에 이 같은 경련성 오르가즘을 두세 차례 반복해서 경험하는 여성이 상당수 된다. 신경학적으로 그리고 심리학적으로 일단 오르가즘을 느낄 수 있게 해주는 통로가 열리고 나면 아내는 남편이 가해 주는 자극에 자연스럽게 반응하게 된다. 나는 맨 마지막에 느낀 오르가즘이 첫 번째 것보다 훨씬 강렬하고 만족스럽다고 말하는 여성을 많이 보아 왔다.

이렇게 해서 여성이 오르가즘에 달하여 깊은 만족을 맛보고 나면, 신경과 근육의 긴장이 서서히 해제되면서 격렬한 움직임도 사그라지게 되고 혈압과 맥박과 선분비와 근육긴장과 다른 모든 신체변화가 정상으로 돌아가게 된다. 심지어 이따금씩은 보통 이하로까지 떨어지게 된다.

성관계를 갖는 동안 남성과 여성이 보이는 신체적 반응에 대해서도 많은 연구가 진행되었다. 오르가즘은 물론 이거니와 다른 모든 제반사항에 있어서도 남녀가 보이는 신체적 반응은 유사한 것으로 나타났다. 차이점이 있다면 남성과 달리 여성은 처음에는 더디게 반응한다는 것과, 남성은 정자를 질 속에 사정해야지만 오르가즘이 완성된다는 것이다.

성적으로 완전히 만족하고 난 다음에는 육체와 마음 둘 다 절대적인 고요의 경지에 들어가게 되는데, 이로 인해 오르가즘에 도달한 사람은 심리학적으로 완전한 만족이 어떤 것인지 알게 되며 세상 모든 것과 온전한 평화를 이룰 수 있게 된다. 특히 여성은 자신에게 그렇게 큰 기쁨을 선사한 남편에 대해 극도로 고마워하고 사랑하는 마음을 갖게 된다. 동시에 이제는 사라져 가는 정열의 불꽃 속에 조금 더 머무르고자 하는 마음에서 남편을 가만히 품에 안고 싶은 충동을 느끼기도 한다.

이상에서 보는 바와 같이 오르가즘은 가공할 만한 경험이다. 그처럼 온몸을 휩쓸고 지나가는 강렬함과 고문에 가까운 기쁨을 가져다주는 생리적이고도 심리적인 경험은 아마 없을 것이다.

여기에서 로빈슨 박사가 오르가즘을 '고문에 가까운 기쁨'이라고 표현했다는 것을 눈여겨보기 바란다. 한 사람의 아내이자 의사인 여성의 입에서 나온 말인 만큼 이 말은 신뢰할 만한 충분한 근거를 갖고 있다고 할 수 있다. 앞 장에서도 누차 이야기했지만, 남편과 아내 모두에게 가장 흥분되는 경험은 두 사람이 동시에 오르가즘에 달하는 것인데, 이는 남편과 아내 두 사람이 서로 협조할 때에만 가능하다. 우리는 두 사람이 동시에 오르가즘에 달하는 것이야말로 서로를 아끼고 사랑하는 부부에게 고문에 가까운 즐거움을 주는 바로 그 경험이 될 수 있으리라고 확신한다. 장담하건대, 그것이 가능하지 않은 부부는 이 세상에 하나도 없다. 그러므로 우리는 이 세상 모든 부부에게 그러한 이상에 도달하기 위해 끊임없이 노력하고 아끼고 사랑하라고 격려해 주고 싶다. 그리고 그렇게 하기 위해서는, 지금 기분이 어떤지 그리고 어떻게 해주면 좋겠는지 또는 어떻게 해주면 흥분이 싸늘하게 식어버리는지에 대해 그때그때 솔직하게 털어놓는 것이 무엇보다 중요하다는 것을 상기시켜 주고 싶다.

성적 충동의 결여, 오르가즘의 손상

많은 여성이 자기는 성적 불감증에 걸려 있다는, 다시 말해 성적 충동이 결여되어 있다는 잘못된 결론을 내리고 있다. 다이안느라는 여성은 오르가즘에 도달하였을 때 그것을 표현하는 방법을 전혀 배우지 못했다. 그녀는 결혼생활을 15년 이상 했지만, "저도 남편과 성관계를 갖는 것은 좋아하지만, 제가 그것을 좋아하는 이유는 그 순간만큼은 남편과 가깝게 밀착될 수 있기 때문이지 그것 말고 다른 이유 때문은 아니에요"라고 나에게 말할 정도로 성관계의 기술에 대해 전혀 아는 바가 없었다.

성 불감증에 걸린 이유는 무엇일까? 증상을 알면 그 원인을 치료할 수 있다. 로빈슨 박사가 성 불감증에 대해 설명한 글은 여러모로 수긍이 간다.

> 성 불감증이란, 육체적인 사랑을 그 잠재된 깊이만큼 최대한도로 즐기지 못하는 상태를 말한다. 다시 말해, 성 불감증인 여성은 자신의 감각적 용량 속에 갇혀 분출구를 찾지 못하고, 여간해서는 오르가즘을 경험하지 못한다. 혹 오르가즘을 경험한다고 해도 아주 미약하거나 불만족한 상태로 끝나게 된다. 더 나아가 대부분 자신이 성적으로 흥분하기 시작했다는 것조차 느끼기 어려우며, 심한 경우에는 성행위 자체가 하나의 고통으로 다가오기도 한다.

이로써 우리는 성 불감증을 성관계를 갖고 싶다거나 그것을 즐기고 싶은 욕망이 결여된 상태라고 간단히 정의할 수 있다.

성에 관한 베스트셀러를 무려 세 권씩이나 저술한 데이비드 루벤 박사는 성 불감증이라는 용어의 사용 자체를 꺼려하여 그것을 오르가즘의 손상이라는 말로 표현하였다.

> 성 불감증은 대부분 충분한 성적 자극을 받지 못해 일어난다. 성관계 시 오르가즘은 당사자의 몫으로 생각하지만, 절대로 그렇지가 않다. 만일 어떤 여성이 오르가즘을

느낄 수 있도록 남편으로부터 충분한 자극을 받은 적이 없는데, 성 불감증이라는 진단이 나왔다면 그것은 올바른 진단이 아니다.

보통 정상적인 부부의 경우, 오르가즘에 달하는 데 필요한 자극은 실제적인 성교 시간만 8분 정도 걸린다. 그리고 페니스를 넣었다 뺐다 하는 횟수는 75회에서 80회 정도 반복하는 것이라고 한다. 물론 이것은 삽입하기 전에 질에서 윤활유인 점액이 흠뻑 분비될 정도로 충분한 전희 단계를 거쳤다는 것과 서로 피차 노력했다는 것을 전제로 한다. 이 같은 조건이 충족되고 게다가 시간도 충분히 주어진다면, 보통 정상적인 여성은 대부분 오르가즘에 달하게 되어 있다.

그럼에도 불구하고 오르가즘에 달하지 못하는 여성이 있다면, 언뜻 보아서는 알 수 없지만, 감정적 충돌에 의한 오르가즘 손상이라는 상처를 안고 있기 때문이다. 그러나 남편이 건성건성 관계를 시작하고 페니스를 성급하게 삽입한 뒤, 조루증이 의심될 정도로 사정을 빨리해서 여성이 오르가즘에 달하지 못했다면, 그것은 순전히 남편의 잘못이라고 할 수 있다. 그러므로 남편이 자기가 정상이라는 것을 입증하고 싶다면, 아내가 오르가즘을 느끼지 못하는 것을 아내 탓으로 돌릴 것이 아니라, 자신이 사정시기를 통제하지 못한다는 것을 하나의 질병으로 인식하고 그것을 치유하기 위해 노력하는 것이 훨씬 더 이성적일 것이다.

루벤은 "오르가즘을 느끼지 못하는 미국 여성 수백만에게 있어 오르가즘의 손상은 하나의 개인적인 질병이다"라고 결론지었다.

한때는 성 불감증에 걸린 여성은 평생을 성적 좌절이라는 절망 속에서, 혹은 감정적인 자기 방어 속에서 어둡고 우울하게 살아가도록 운명지어진 적이 있었다. 그 시절에는 자신이 인정하든 인정하지 않든, 오르가즘에 도달하지 못하는 아내는 감정적으로 상처 입기 쉽다는 이유 하나만으로, 남편이 보여주는 사랑에 냉담하고 무관심하게 반응하도록 길들여지곤 했다. 그러나 다행히도 이제 그런 시대는 막을 내렸다. 모든 여성은 오르가즘을 느낄 수 있다는 과학적인 보고서가 해마다 쏟아져 나오고 있는 현대사회에서는 여성이 더 이상은 성적 만족을 맛보지 못하는 불행한 상태에 머물러 있어야 할 하등의 이유가 없게 되었다.

오르가즘을 느끼지 못하는 원인과 치료법

오르가즘이 아무리 대단한 것이라고 해도 결국에는 인간활동의 복잡한 현상에 시나시 않는다. 따라서 인간의 활동 가운데 하나가 제 기능을 하지 못하거나 혹은 여러 가지 활동이 결합하여 총체적인 기능부전으로 연결되게 되면, 결과적으로 하나님이 여성에게 의도하신 기쁨을 경험하는 데 지장을 초래하게 된다. 그러므로 이제부터는 여성이 오르가즘을 느끼는 데 방해가 되는 가장 큰 원인 몇 가지와 그 치유방법을 알아보도록 하자.

1. **알면 느낀다.** 대부분의 여성은 자신의 생식기관에 대해 너무 모르고 있다. 그토록 무지함에도 불구하고 여성들은 성에 대한 서적을 한 권도 읽지 않은 경우가 대부분이다. 그리고 문제가 발생해도 쉽게 다른 사람에게 도움을 구하질 못한다. 성에 대한 무지는 남편들도 마찬가지이다. 그러나 문제는 여기에서 끝나지 않는다. 설상가상으로 그들이 어렵게 상담을 받기로 결정했다 해도 그들의 이야기를 듣는 전문가들이나 그들에게 건네받는 안내책자가 모두 비극적일 정도로 도움이 되지 않는 것이 오늘의 현실이기 때문이다.

지금은 그리스도인들이 저술한, 성에 대한 책들이 끊이지 않게 되었고, 마음만 먹는다면 부부가 그런 책을 사서 함께 읽고 토론하는 게 다른 사람 눈에 전혀 이상하게 비치지도 않게 되었다. 그러한 책을 참고한다면 성에 대한 무지에서 벗어나는 데도 도움이 될 뿐 아니라, 육체적인 즐거움에 대해 부부가 허심탄회하게 의사소통하는 데도 많은 도움이 될 것이다.

변명은 이제 그만

성에 대한 무지는 자랑이 아니다. 성생활의 목적은 오르가즘이다. 성이 주는 기쁨과 즐거움이 없다면 잠을 설쳐가며, 체력을 소모하면서 시간을 보낼 필요가 없다. 그런 면에서 아직도 오르가즘을 느끼지 못하는 아내가 있다면 남편으로서의 의무를 다했는지

겸허하게 둘러보아야 한다. 여성은 한 번의 관계에서도 여러 번의 오르가즘을 느낄 수 있지만, 남성은 일단 사정을 하면 짧게는 1시간에서 길게는 24시간까지 관계를 다시 갖기가 어렵다. 물론 그 시간은 연령과 체력, 기분에 따라 짧아지기도 하고 길어지기도 한다. 그러나 여성은 한 번 오르가즘을 느낀 후에도 계속해서 자극을 받으면 네다섯 번 오르가즘을 느낄 수 있다는 보고가 끊임없이 나오고 있다. 뿐만 아니라, 오르가즘이 계속됨에 따라 쾌감의 강도도 그만큼 더 높아진다는 여성도 상당수 되며, 심지어 한 번의 오르가즘만으로는 만족할 수 없다는 여성도 있다고 한다.

이러한 사실을 알고 있는 남편이라면, 아마 본격적인 성교에 들어가기에 앞서 손으로 음핵을 애무하여 아내로 하여금 한 번 또는 두 번 정도 오르가즘에 도달하게 하려는 노력을 좀 더 열심히 할 것이다(참고로, 사정이 끝난 후에도 남편이 계속해서 손으로 음핵을 애무해 주기를 바라는 아내도 있다고 한다). 그러나 이러한 사실을 모르는 남편은, 성교를 갖기도 전에 전희 과정을 통해 오르가즘을 느끼게 하면, 정작 자신은 오르가즘을 경험할 수 없을지도 모른다는 불필요한 걱정을 하게 된다. 이것은 기우에 불과하다. 충분히 전희 과정을 갖고 사정하기 전에 아내를 한두 번 정도 오르가즘에 달하게 하면 아내가 훨씬 더 성적으로 흥분되고 남편에게 적극적으로 협조하여 남편의 오르가즘은 더욱 폭발할 것이라고 나는 확신한다.

나는 여러분에게 성생활과 관련된 책을 필히 몇 권 읽어보기를 권한다. 그 이유는 그러한 책을 읽음으로써 어떻게 하면 남편과 아내가 모두 만족할 만한 오르가즘을 느낄 수 있는지에 대해 정상적이고도 건강한 대화를 나누는 것이 가능해지기 때문이다. 그리고 그러한 대화는 둘 다 동시에 오르가즘에 달하는 건강한 성생활로의 문을 열어 주기 때문이다.

언제나 처음처럼

2. **분노와 복수.** 한 번은 세미나를 끝내고 강의안을 정리하고 있는데, 세 명의 아이를 둔 스물여섯 살 된 애기엄마가 다가와서는 "선생님, 결혼한 지 육 년이 넘도록 남편의 애무에 아무 반응도 보일 수 없는데, 도대체 이유가 무엇일까요?"라고 질문했다. 그런데 알고 보니 그녀는 오르가즘만 느끼지 못하는 게 아니라 성관계 자체도 싫어하고 있었다. 더욱 놀라운 것은 남편이 무려 2년째 그녀와 성관계를 갖지 않았음에도 불구하고 여전히 자상하고 사려 깊게 대한다는 것이었다. 그 여인과 대화하며 나는 여성은 친절하고 사려 깊고 자기를 이해해 주는 남자에게는 성적으로 반응하기 마련이라는 오랜 동안의 확고부동한 확신이 흔들리는 것을 느꼈다. 정말로 그런 여인은 그 이전에도 이후에도 한 번도 만나 본 적이 없었다.

그때가 토요일이라 나는 주일예배를 인도하기 위해 샌디에이고 행 비행기를 예약해 놓았기 때문에 그 여인과 길게 이야기할 시간이 없어 단도직입적으로 그녀에게 아버지와의 관계가 어떠했는지 말해 달라고 했다. 그러자 그녀의 아름답고 우아하던 표정이 딱딱하게 굳어지며 자기 아버지는 인간도 아니라며 마구 욕을 퍼부었다. "아버지는 제가 이제껏 보아온 사람 중에 가장 위선적인 사람이에요. 교회 임원임에도 불구하고 아버지는 제 두 여동생에게 음란한 짓을 했으며 심지어는 저를 강간하려고까지도 했어요"라고 덧붙였다.

그녀의 분노에 찬 음성과 몸짓으로 미루어 아직도 아버지에 대해 할 말이 많이 남았다는 것을 짐작하면서도 나는 비행기 시간에 쫓겨, 미안하게도 그녀의 말을 자르고는 "자매님, 진정으로 남편을 사랑하기 원하십니까?"라고 물어보았다. 그러자 그녀는 "물론이죠"라고 대답했고 나는 "그러면 아버지를 용서하십시오. 하나님 앞에 무릎 꿇고 아버지에 대해 분노와 쓴 감정 품은 것에 대해 잘못했다고 고백하고 회개하도록 하십시오. 아버지에 대한 분노 때문에 남편과의 소중한 관계가 계속해서 망가뜨려지는 것을 자매님도 원하지는 않으시겠지요?"라고 말했다. 그러자 그녀는 발끈 화를 내며 "아버지는 용서가 과분한 사람이에요"라고 대답했다.

그래서 나는 그녀가 마음 돌리기를 간절히 바라며 "그래요, 자매님 말대로 당신 아버지는 용서가 과분한 사람일 수도 있어요. 하지만 자매님 남편을 생각해 보세요. 아버지를 용서하지 못함으로 인해 당장 피해를 보고 있는 사람은 자매님 남편이 아닌가요? 물론 자매님이 아버지가 자매님께 한 행동까지 책임질 수는 없겠지요. 그렇지만 아버님이 한 행동에 대해 자매님이 어떤 반응을 보이느냐는 전적으로 자매님 책임입니다. 하나님은 우리에게 다른 사람의 죄와 잘못과 허물을 용서하라고 말씀하셨습니다." 그러자 그녀는 울음을 터뜨리더니 이내 무릎을 꿇고 죄를 자백하기 시작했다.

나는 비행기 시간에 쫓겨 그녀에게 작별인사도 제대로 못하고 자리를 떴는데, 비행기가 이륙하는 동안 하나님께 그 젊은 부부를 선한 길로 인도해 달라는 기도를 잠시 드렸다. 그리고는 이내 깊은 잠에 빠지면서 그 자매에 대해 깡그리 잊어버리고 말았다. 그러나 1년 후 다시 한 번 그 도시에서 가정생활 세미나를 갖게 되었는데, 첫날 강의가 끝나자 한 젊은 부인이 남편과 함께 다가와서는 "목사님, 저를 기억하시겠어요?"라고 말하는 것이었다. 그 말을 듣고 내가 그녀를 기억해 내자 그녀는 환하게 미소 지으며 "하나님이 저를 용서해 주셨어요. 그리고 지난 일 년은 저희 부부의 결혼 생활 중에서 가장 아름답고 황홀한 시간들이었어요"라고 말했다. 그리고는 옆에 서 있는 남편을 소개해 주었다.

그녀의 남편이 내 손을 잡고 흔들며 "목사님, 정말 감사합니다. 작년 세미나 이후로 제 아내는 완전히 다른 사람이 되었습니다"라고 말할 때 나는 그 덩치 큰 사람이 묵직한 손으로 내 손을 다 으깨어 버리는 게 아닌가 싶어 내심 조마조마했던 기억이 지금도 난다.

분노는 삶을 황폐화시킨다

분노, 쓴 감정, 원한 등 다른 사람에 대한 적의는 그러한 감정을 품고 있는 사람의 영적 상태를 황폐화시킬 뿐 아니라, 성적 의욕을 저하시킨다. 그것은 분노의 대상이 멀리 떨어져 있는 다른 사람이든지, 함께 같은 침대를 쓰고 있는 배우자이든지 상관없이 동일하게 적용된다.

22년째 목회자 아내로서의 삶을 살아온 한 여인이 성가대 지휘자와 불륜관계에 있다고 나에게 털어놓았다. 나는 그 말을 들으며 도대체 무엇이 세 아이의 어머니이자 결혼하기까지 순결을 곱게 지켜온 이 부인으로 하여금 세 번씩이나 이혼한 전력이 있으며 게다가 그녀 말고도 다른 성가대원 두 명과도 복잡한 관계를 맺고 있는 바람둥이 지휘자와 잠자리를 함께하는 이유를 이해할 수 없었다. 그러나 원인은 그렇게 복잡하지 않았다. 짐작했던 대로 그녀는 2년이 넘도록 한 번도 오르가즘을 느껴보지 못했으며 언제나 규율만 강조하는 엄격한 남편에 대해 증오심이 커질 대로 커져 있었다. 그녀는 "남편이 아이들을 무자비하게 때리는 것을 보면 깊은 나락으로 떨어지는 것만 같아요. 급기야 이 년 전에는 열아홉 살 된 아들 녀석도 아버지로부터 독립하겠다며 집을 나가버렸어요. 아무리 노력해도 아버지를 기쁘게 할 수는 없다는 것을 느끼고 체념을 한 거죠"라고 말했다.

그러나 언제나 남편만을 원망하고 증오하던 그녀가 어느 순간부터는 자신의 모습을 보게 되었다. 그러자 그녀 가슴에 분명하게 새겨져 있는 주홍빛 죄가 시야를 가득 메우는 것이었다. 그래서 그녀는 하나님 앞에 회개하고 울부짖으며 남편에 대한 사랑을 회복하게 해 달라고 간구했다. 다행히 하나님께서는 그 기도에 속히 응답해 주셨으며 남편 또한 회개하게 해주셨다. 결국 그들 사이를 가로막고 있던 쓴 뿌리가 하나님의 도우심으로 제거됨에 따라 그들은 어느 때보다 행복한 결혼생활을 영위하게 되었다.

성경은 "너희는 모든 악독과 노함과 분냄과 떠드는 것과 비방하는 것을 모든 악의와 함께 버리고 서로 친절하게 하며 불쌍히 여기며 서로 용서하기를 하나님이 그리스도 안에서 너희를 용서하심과 같이 하라"(엡 4:31-32)고 말씀하신다.

죄의식

3. 죄의식. 모든 사람에게는 태어나면서부터 직관적으로 죄의식을 느낄 수 있는 능력이 내재되어 있다. 성경에 보면 "그 생각들이 서로 혹은 고발하며 혹은 변명하여"(롬 2:15)라는 구절이 있는데, 이는 모든 사람에게는 양심이 있음을 의미한다. 오늘날 자유연애를 주장하는 사람들은 십대와 이십대의 젊은이들에게 양심 따위는 지워버리라고 가르치는데, 내가 조사한 바에 의하면 죽어 없어졌다고 생각했던 양심이 결혼하고 아이를 낳아 기르는 동안 되살아나 말할 수 없는 고통을 안겨주는 것으로 나타났다. 그리고 이것은 특히 여성의 경우에 더 심했다. 어쩌다 한 번 실수로 그랬든 혹은 습관적으로 반복했든 결혼 전에 음란한 행동을 한 사람은 그것에 대한 죄의식과 양심의 가책이 결혼 후에 되살아나 배우자와의 관계에서 성적 즐거움을 추구하지 못하도록 하는 장애물로 작용하는 것이다.

죄의식은 오르가즘을 느끼지 못하게 하는 가장 큰 요인 가운데 하나이다. 본의 아니게 성추행을 당했든, 결혼 전에 나쁜 친구의 꾐에 빠져 음행에 가담하게 되었든, 혹은 혼전에 무분별한 성생활을 영위했거나 결혼 후에 바람을 피웠든, 어떤 형태로든 정당하지 못한 성관계를 맺게 되면 죄의식을 느끼게 되는데, 이러한 죄의식은 영적으로 맞서야 할 수밖에 없는 잔인하고도 엄한 선생 같은 것이다. 목회자 겸 상담가로 일하면서 우리를 깨끗하게 하시는 성경의 원리를 자신의 삶에 적용함으로써, 하나님의 용서하시는 은혜를 맛보는 그리스도인 여성을 무수히 많이 보아왔다. 그들에 의하면, 하나님과의 관계를 바르게 정립하는 것이 죄의식으로부터 놓여나는 데 큰 도움이 되었고, 더불어 오르가즘을 느끼지 못하는 성기능부전을 해결하는 데에도 큰 도움이 되었다고 한다.

우리 교회 성도 가운데 삽화가인 젊은 부부가 있다. 그들이 우리 교회를 처음 나왔을 때는 성경에 대해 그리고 예수 그리스도와 하나님에 대해 아는 바가 하나도 없었고 게다가 언제 이혼할지 모르는 상태였다. 다행히 그들은 그리스도를 구주로 영접하게 되었고 나에게 상담을 요청해 왔다. "목사님, 저희가 그리스도를 영접하였을 때 그분이 저희의 성생활에까지 간섭하시리라고는 꿈에도 생각지 못했습니다. 그런데 저희가 그리스도를 영접하고 난 후부터는 아내가 거의 매번 오르가즘에 달하는 놀라운 일이 일어났습니다. 그리고 지금은 그야말로 꿈같은 나날을 보내게 되었습니다"라고 간증했다. 아마 예수 그리스도를 믿음으로 말미암아 구원받는 경험을 해보지 못한 사람들은 이 부부의 말을 이해하기가 어려울 것이다. 그러나 나는 그러한 경우를 너무도 자주 보아왔기 때문에, 이제는 이런 놀라운 기적을 체험하는 부부가 어디 또 없나 하고 은근히 기대할 정도까지 되었다. 그렇다면 그리스도를 영접했을 뿐인데, 어떻게 해서 불만족스러운 성생활까지 해결될 수 있었을까? 이유는 간단하다. **죄의 용서를 받을 때 양심이 자유를 얻게 되는데, 그와 동시에 성 불감증을 일으키게 했던 원인까지도 제거되기 때문이다.**

성적 욕망을 꺾는 가장 큰 요인

4. 두려움. 두려움이야말로 성에 대한 욕망을 무자비하게 꺾고 또 감정적으로도 무력하게 만드는 가장 큰 요인이라고 할 수 있다. 두려움에 사로잡혀 있는 시간이 길어지면 그 사람의 건강뿐만 아니라 하나님과의 영적인 관계와 애정생활까지 파멸로 치닫게 된다.

첫날밤을 맞는 신부는 대개 불안한 마음으로 침대에 눕게 되는데, 이는 당연한 것이다. 그중에는 흥분과 설렘으로 첫날밤을 맞는 신부도 있겠지만, 그보다는 새로운 경험에 대한 두려움과 떨림으로 첫날밤을 맞는 신부가 훨씬 더 많을 것이다. 첫날밤에는 오르가즘을 경험하는 것이 거의 불가능한 것도 이 때문이다.

앞에서도 말했지만, 신부가 첫날밤에 통증을 경험하게 되면, 앞으로도 계속해서 성관계는 고통스러운 것이라고 생각하기 쉽다. 그리고 그렇게 되면 질에서 윤활유가 분비되는 게 원활하지 않아 성관계 갖는 것이 한층 더 어렵게 된다. 그리고 그렇게 해서 고통이 가중되면 가중될수록, 성관계는 그만큼 더 힘들고 어렵고 두려운 것이 되고 만다. 그러므로 신혼부부는 성관계가 한결 편안해져 질에서 점액이 원활하게 분비될 때까지 인공윤활제를 지속적으로 사용하는 것이 좋다. 특히 신혼 몇 달 간은 빈번한 성관계로 인해 질 입구에 상처가 날 수도 있는데, 이를 방지하기 위해서라도 인공윤활유제는 거르지 않고 사용하는 것이 좋다.

무엇이든 처음 접하는 일은 두려움을 수반한다는 사실을 잊지 않도록 하라. 처음 운전연수 받던 날을 기억하는가? 운전대를 잡고 있는 두 손은 손가락 마디마다 하얗게 변할 정도로 힘이 들어가 있고 손바닥에는 땀이 흥건하게 고여 있었을 것이다. 그런 현상이 일어나는 이유는 운전이 처음이라 마냥 두렵고 떨렸기 때문이다. 그러나 연수를 마치고 주행시간이 늘어나 어느덧 숙련된 운전사가 되게 되면 모든 동작을 거의 무의식적으로 할 수 있게 된다. 다시 말해, 긴장을 풀고 운전할 수 있게 되는 것이다. 운전과 마찬가지로 성관계 역시 축적된 경험을 통해 긴장을 푸는 법을 배워야 한다.

기쁨에 집중하라

이번에도 오르가즘을 느끼지 못하면 어쩌나 하는 두려움 자체가 오르가즘을 경험하지 못하게 하는 악재로 작용할 수 있다. 한 두려움 많은 부인이 성 불감증으로 인한 고민을 해결하기 위해 우리를 찾아왔다. 그런데 그녀는 성행위를 하고 있는 순간에도 "이번에도 성공할 수 없을 거야. 난 아마 영원히 오르가즘을 느낄 수 없을 거야"라고 생각한다고 말했다. 그래서 나는 그런 생각을 하고 있는 이상 영원히 오르가즘을 느낄 수 없을 거라고 대답해 주었다. 왜냐하면 그런 부정적인 생각을 하게 되면, 감정 동력기가 작동을 중단하고 싸늘하게 식어가기 때문에 아무리 강한 자극을 가해도 느낄 수 없는 상태가 되기 때문이다. 그래서 나는 그녀에게 그녀의 문제를 해결하려면, 생각의 틀 자체를 바꾸는 수밖에 없다고 말한 뒤, 일단 오르가즘을 느껴야겠다는 생각을 버리고 오직 자기가 남편을 사랑하며 성교를 통해 남편과 가까이 밀착될 수 있고 또 부드러운 애무를 나눌 수 있어서 좋다는 데에만 집중하라고 충고해 주었다. 그리고 성관계를 갖는 동안만큼은 다른 모든 것을 잊어버리고 남편과 가까이 있을 수 있고 또 남편을 기쁘게 할 수 있다는 즐거운 생각만 하도록 하라는 충고도 잊지 않고 덧붙였다. 끝으로 이따금씩은 좀 더 적극적인 자세로 남편을 두 팔과 다리로 힘껏 껴안고 엉덩이도 좀 활발하게 움직여 보도록 하라고 제안했다. 그러자 채 3주도 못 되 그녀는 나에게 전화해서 들 뜬 목소리로 "됐어요. 됐어요. 목사님, 제가 오르가즘을 경험했어요"라고 말했다. 정말이지 이제는 거의 매번 오르가즘을 느낀다는 것이었다. 무엇이 그것을 가능케 했을까? 바로 자신의 머릿속에서 울려오던 '두렵다'는 생각을 깨끗이 지우는 데 성공했기 때문이었다.

특히 여성에게 있어서는 오르가즘이야말로 사랑의 궁극적인 표현이라고 할 수 있는데, 두려움을 갖게 되면 그 두려움이 사랑을 파괴시켜 버려 오르가즘까지 느끼지 못하게 하고 만다. 그러나 성경은 "온전한 사랑이 두려움을 내쫓는다"(요일 4:18)고 말한다. 그러므로 아내가 진정 남편을 사랑하는 마음으로 성관계에 임한다면, 더 이상은 두려움 때문에 오르가즘을 느끼지 못하는 일이 일어나지 않을 것이다.

5. 수동적인 자세. 자기 전문분야에서는 적극적인 여성조차도 성행위에서만큼은 수동적인 자세로 일관하기 일쑤다. 특히 숙녀는 잠자리에서도 정숙해야 한다는 잘못된 가르침과 억압으로 인해, 여성들은 얌전히 누워서 정욕에 불타는 남편이 자기를 만족시켜 줄 때까지 기다려야 한다는 그릇된 생각을 갖게 되었다. 그렇게 가만히 누워서 '언젠가는 되겠지'라고 생각하며 스스로를 위안한다면, 임신은 될지 몰라도 오르가즘은 절대로 느낄 수 없을 것이다. 성행위는 남녀 모두에게 적극적인 자세를 요하기 때문이다. 그러므로 여성이 적극적이면 적극적일수록, 어떤 자세를 취하고 어떻게 움직여야 오르가즘을 느낄 수 있는지를 배울 수 있는 가능성도 커지게 된다. 장담하건대, 매번 오르가즘을 느낀다고 말한 여성 가운데 성관계에 수동적으로 임한다고 말하는 여성은 한 명도 본 적이 없다.

남성이 여성에 비해 오르가즘을 더 잘 느끼는 것은 성행위에 그만큼 더 적극적으로 임하기 때문이다. 선천적으로 남성은 어떻게 해야 쾌감을 극대화할 수 있는지 알고 있고 또 그렇게 하는 데 아무런 부끄러움도 느끼지 않는다. 그러므로 여성도 부끄러움을 버리고 남성처럼 적극적인 자세로 임한다면, 오르가즘을 느낄 수 있는 확률이 현재보다 현저하게 높아질 것이다.

결론적으로 말해, 아내는 자신과 남편 모두를 위해 적극적인 자세로 성교에 임해야 한다. **혈기 왕성한 남편 치고 자신의 애무에 정열적으로 반응해 오는 적극적인 아내를 마다할 남편은 없다.** 실제로, 남성에게 있어 사정에 버금가는 쾌감을 안겨주는 것은 아내가 자신을 통해 성적 만족을 얻고 있다는 확신과, 아내 또한 자신을 만족시켜 주기 위해 최선을 다하고 있다는 데서 맛보는 만족감이다.

6. 성행위는 시간을 요한다. 성관계를 갖는 데 소요되는 시간과 아내가 오르가즘을 느끼는 것 사이에는 강한 인과관계가 있다. 즉 남편이 서둘러 사정해 버릴수록, 아내가 오르가즘에 달할 확률은 그만큼 낮아진다는 소리다. 다른 것들도 다 그렇겠지만, 사랑의 행위 또한 시간을 들인 만큼 만족스러운 결과가 나오기 마련이다.

여성이 성기능을 갖고 있는 이유는 오직 아이를 출산하기 위해서라는 잘못된 생각이 지배적이던 암흑시대의 문헌을 살펴보면, 성관계에 걸리는 시간이 고작해야 30초에서 3분 정도밖에 되지 않았음을 발견할 수 있다. 다행히 오늘날에는 여성도 남성 못지않게 성적인 기쁨을 느끼고 표현할 수 있는 능력을 갖고 있지만 그것이 발현되는 데는 시간이 다소 걸린다는 인식이 확산되고 있어, 많은 남편이 그런 무지한 생각에서 해방되고 있는 추세이다.

어느 심리학과 교수는 남성들을 상대로 한 세미나에서 "이 세상에서 성 불감증인 여성은 한 명도 없습니다. 다만 성 테크닉이라고는 조금도 없는 서투른 남편만 있을 뿐입니다"라고 말했다. 나는 그의 말에 전적으로 동의하지는 않지만, 그래도 어느 정도는 수긍한다. 남자들은 대부분 빨리 달구어졌다가 빨리 만족되기 때문에 여자도 당연히 그럴 거라고 생각하는 경향이 있는데, 이것은 천만의 말씀이다. 많은 연구조사자는 최상의 조건하에서 그리고 성관계에 대한 동기유발이 최대한도로 되었을 때조차도 대부분의 여성은 오르가즘에 달하는 데 10분에서 15분가량 시간이 걸린다고 말한다. 물론 예외도 있겠지만, 그래도 만족할 만한 성관계를 갖는 데는 어느 정도 시간이 걸린다. 그러므로 아내는 남편에게 자신이 오르가즘에 달하기 위해서는 얼마만큼의 시간이 필요하다는 것을 이야기해야 한다. 설령 남편에게는 그 정도의 시간이 필요치 않을지 몰라도 아내에게는 꼭 필요하기 때문이다.

조루증

이번에는 남성의 조루에 대해 알아보도록 하자. 남성 중 약 20퍼센트는 너무 빨리 사정하는 문제로 골머리를 앓고 있다. 이것은 페니스가 발기되어 있어야지만 오르기즘에 달할 수 있는 아내 입장에서는 여간 절망스러운 일이 아니다. 일단 사정이 끝난 다음에는 페니스가 힘없이 축 늘어져 질 벽이나 음핵에 적절한 압력을 가할 수 없게 되기 때문이다.

신혼여행에서 돌아온 한 신부가 나를 찾아와서는 볼멘 목소리로 "목사님! 글쎄, 남편은요… 첫날밤인데도 애무도 하나도 하지 않고 곧바로 페니스를 삽입하더니 순식간에 끝내는 것이 아니겠어요?"라고 불만을 토로했다. 물론 그녀의 좌절 못지않게 그녀의 남편도 당황하고 난처했을 것이다. 그래서 1시간 후에 다시 한 번 시도를 했지만, 워낙 경험이 없는 남편은 아까보다 좀 나은가 싶더니 아니나 다를까 이번에도 그녀가 오르가즘에 달하기 전에 사정해 버리고 말았다고 한다. 결국 그녀는 9개월 뒤에도 "결혼해서 지금까지 백 번도 넘게 성관계를 가졌지만, 저는 한 번도 오르가즘을 느끼지 못했답니다"라고 말하는 비운의 여인이 되고 말았다.

조루에 대한 두려움은 노력을 해도 사정을 늦추질 못하게 한다. 조루를 두려워하면 할수록 그만큼 더 빨리 사정해 버리는 악순환이 계속되기 때문이다. 이들 부부처럼 남편이 계속해서 사정을 빨리할 경우, 그것이 그냥 해결되지 않는 심각한 문제로 인식하고 그것을 개선하기 위한 노력과 훈련에 돌입해야 한다. 그리고 훈련효과는 시간에 비례하기 때문에 많은 시간을 들여 최선을 다하는 것이 중요하다. 다소 냉담한 아내는 남편의 빠른 사정에 차갑게 대하거나 남편을 무능력하게 생각하는데, 그러면 부부의 인간적인 관계가 손상될 뿐 아니라 남편에게도 남성 기능에 대한 의구심과 불안함을 심어주게 된다. 그러므로 현명한 아내라면, 남편도 그 고통을 알고 수치심을 갖고 있다는 사실을 이해하고 그 문제를 해결하기 위해 최선을 다해 남편을 도와야 한다.

이 문제를 극복하기 위한 방법에 대해서는 다음 장에서 상세히 다루도록 하고 여기에서는 매스터즈와 존슨이 권장하는 방법 한 가지만 간략하게 짚고 넘어가도록 하겠다. 그들은 조루증 때문에 고민하는 부부에게 소위 '압착연습'이라는 것을 권하고 있다. 방법은 다음과 같다. 먼저 아내가 남편의 페니스가 발기할 때까지 남편의 외음부를 손으로 애무한다. 그 다음에는 페니스 자루를 쥐고 위아래로 올라갔다 내려갔다 하면서 페니스의 귀두 부분을 가볍게 어루만져 준다. 그러면 남편은 사정하고 싶은 충동을 느끼게 되는데, 그래도 절대로 사정하지 말고 대신 아내에게 사정할 것 같다는 것을 알리기만 한다. 그러면 아내는 양쪽 엄지손가락으로는 페니스의 귀두를 누르고 집게손가락으로는 귀두와 페니스 자루가 갈리는 융기의 양쪽을 각각 잡고 있다가 남편이 사정할 것 같다는 신호를 보내는 즉시 양쪽 엄지손가락과 집게손가락 모두에 힘을 실어 3~4분 정도 세게 조여 준다. 그렇게 시간이 지나면 남편의 긴장이 잦아들기 시작하는데, 그러면 15초에서 30초 정도 쉬었다가 페니스 자루를 위아래로 훑어 내리는 과정을 한 번 더 반복한다. 그러다가 남편이 또다시 사정할 것 같다는 신호를 보내오면 아까 했던 것처럼 3~4초 정도 페니스 귀두부분과 옆 부분을 내리누르며 조이는 과정을 반복한다. 이 전체적인 과정을 15분에서 20분 정도 계속하면 되는데, 그 중간에 남편이 자기도 모르게 사정해 버리면 45분에서 60분 정도 쉬었다가 다시 한 번 똑같은 동작을 되풀이하도록 한다.

그러다가 남편이 사정을 조절할 수 있을 정도로까지 상태가 호전되면 남편은 아래에 눕고 아내는 그 위에 올라가는 여성상위 체위를 취하여 아내가 직접 페니스를 자신의 질 속에 삽입하도록 한다. 이때 유의할 점은 남편이 새로운 감각에 익숙해질 때까지 페니스를 자극하지 말고 가만히 있어야 한다는 것이다. 때로는 2~3분 정도까지 가만히 있어야 한다. 그래야만 남편이 한결 수월하게 사정을 통제할 수 있기 때문이다. 그렇게 가만히 있은 다음에는 엉덩이를 아래위로 천천히 움직이며 페니스를 자극하도록 한다. 그러다가 남편이 사정할 것 같다는 신호를 보내오면 질에서 페니스를 빼 조금 전에 했던 것처럼 손가락으로 페니스를 3~4초 정도 세게 조이는 동작을 취한다. 그래서 남편의 흥분이 가라앉으면 다시 페니스를 질 속으로 삽입하여 아래위로 움직이는 동작을 반복한다. 아내가 어느 정도 인내심만 발휘할 수 있다면, 남편이 사정을 조절할 수 있도록 도와주어 자신과 남편 둘 다 더 큰 만족을 맛보게 할 수 있을 것이다. 남편에게는 남성으로서의 역할을 제대로 하지 못한다는 위축된 생각을 떨칠 수 있게 해주고 아내에게는 남편이 사정시기를 조절할 수 있게 됨으로 인해 오르가즘을 맛볼 확률이 그만큼 더 높아진다는 점에서 이 운동은 부부 모두에게 긍정적인 효과를 끼칠 수 있을 것이다.

물론 이 방법이 역겹게 느껴지는 아내도 없잖아 있을 것이다. 그러나 조루증이 남편과 아내 모두에게 좌절감을 가져다준다는 사실과 가만두면 절로 해결되기는커녕 더 심해지기만 할 뿐이라는 사실을 직시한다면, 역겹고 힘들다는 이유로 수수방관하고 있을 수만은 없을 것이다. 남편을 진정으로 아끼고 사랑하는 아내라면 일주일 정도 휴가를 내거나 한 달 정도 주말마다 모텔 같은 데 가서 남편의 조루증을 고치기 위해 시간 투자하는 것을 아까워하지 않을 것이다. 적게는 3번에서 많게는 15번 정도까지만 그 방법을 쓰고 나면 남편이 사정시기를 조절하는 데 훨씬 능숙해질 것이다. 장담하건대, **조루증을 고치기 위해 노력한 부부는 앞으로 남아 있는 수십 년의 세월 동안 더욱더 풍성하고 친밀한 관계를 누릴 수 있을 것이다.**

배움이란 무엇이든 시간이 걸리기 마련이다. 그러나 서로를 아끼고 사랑하는 부부라면 조루증을 치유하는 법을 배우는 것이 시간을 투자할 만한 가치가 있는 즐겁고 유익한 경험이라는 것을 발견하게 될 것이다.

7. 피로. 피로가 누적되면 모든 정상적인 신체기능도 약해지기 마련이다. 피로에 지친 아내는 남편의 애무에 사랑스럽게 반응할 수 없으며 따라서 오르가즘을 느낄 수 있는 확률도 그만큼 줄어들게 된다. 그러한 이유로 성관계는 남편과 아내 모두 충분한 휴식을 취한 다음에 하는 것이 좋으며 한 사람의 일방적인 요구에 의해서보다는 두 사람 모두 원할 때 하는 것이 좋다.

아내가 관계를 원할 때는 남편이 귀가할 때 현관에서부터 따스하게 입을 맞춤으로써 오늘 저녁에는 관계를 가졌으면 좋겠다는 의사표시를 넌지시 비추는 것이 좋다. 그리고 식사를 마치고 잠자리에 들 때까지 시종일관 부드러운 말과 가벼운 애무로 화기애애한 분위기를 유지한다면 즐거운 마음으로 성관계에 임할 수 있고 쾌감이나 짜릿함의 강도도 그만큼 더 높아질 것이다.

사람들이 보통 자기와 상반되는 사람에게 이끌리기 마련이어서 그런지 몰라도, 내 주변에는 생체리듬이 서로 정반대되는 부부가 상당수 된다. 다시 말해, 아침 6시에서 8시 사이에 기상하는 종달새형의 사람과 저녁 10시에서 자정 사이에 두뇌회전이 가장 잘 되고 정력도 왕성하게 솟구치는 올빼미형의 사람이 만나 결혼한 예가 많다는 말이다. 결국, 올빼미형의 남자와 종달새형의 여자가 결혼하여 한 가정을 이루게 되면, 남편이 가장 정력이 왕성해지는 저녁 10시 반경에 퇴근해서 침실 문을 열어보면 아내는 분주한 하루 일과로 지쳐 벌써 곤하게 잠들어 있거나 반쯤 잠들어 있어 같이 자자고 해도 도무지 정신을 차리지 못하는 경우가 비일비재하다.

이러한 생체리듬의 부조화로 생기는 갈등을 해결하는 방법은 두 가지가 있는데, 그 중 하나는 종달새형의 사람이 일과 중간에 잠시 낮잠을 자 두어 피로가 쌓이지 않게 하는 것이다. 예를 들어, 남편이 종달새형인 경우에는 퇴근하자마자 한 시간 정도 눈을 붙이고 반대로 아내가 종달새형인 경우에는 아이들이 모두 학교에 가고 없는 사이에 한 시간 정도 낮잠을 자는 것이다. 그러면 밤에 둘만의 시간을 가질 때 크게 지장을 초래하는 일이 없을 것이다. 잔뜩 기대하고 있는데 피로인 인해 그냥 잠자리에 떨어진 배우자를 보면서 느끼는 상심은 오히려 잠을 설치게 만든다. 잠깐 피로를 푼 뒤 맺는 관계는 성적 만족도 커지고, 덤으로 포근한 잠을 선사한다.

자발적인 행위가 가져다주는 보상

부부생활은 서로가 원할 때 성관계를 갖는 것이 가장 바람직하다. 남편이 귀가할 때는 식탁에 따스한 음식을 마련해 놓고 기다리는 게 좋겠지만, 그날 밤에 있을 둘만의 시간을 위해 목욕재개하고 방안을 정리했다면, 그걸 가지고 불평하거나 트집 잡을 남편은 없을 것이다. 부부가 정해진 시간에 침실에서 만나기로 약속하는 것도 좋을 것이다. 그런다고 해서 설렘이나 쾌감이 반감되는 일은 없을 테니까 말이다. 익히 알고 있겠지만, 성관계가 유쾌하고 즐거운 경험이 될 수 있는 것은 자발적으로 임할 때이다. 성관계를 갖지 못하도록 방해하는 요인이 정확히 무엇인지 분석해 본다면, 대부분 별로 중요하지 않거나 하찮은 것임을 발견하게 될 것이다.

8. **질병**. 피로뿐 아니라 질병도 성관계와 오르가즘을 방해하는 주역으로 기능한다. 내가 의학공부를 정식으로 한 적은 없지만, 그래도 호르몬 불균형이나 질의 감염 같은 신체적 문제가 여성으로 하여금 오르가즘에 달하지 못하게 한다는 것 정도는 경험으로 미루어 알고 있다. 그러므로 이와 유사한 문제를 안고 있는 여성은 가능한 한 빨리 산부인과에 가서 진찰받도록 해야 한다.

9. **비만**. 한 번은 기독여성모임에서 "어떻게 하면 남편으로부터 여왕대접을 받을 수 있을까?"라는 제목으로 강연한 적이 있다. 당시 그 모임의 회장이 상담을 요청해왔다. 그의 미모는 뛰어났지만, 체형은 너무 육중하여 불균형한 몸매를 갖고 있었다. 그녀는 결혼생활 10년 끝에 남은 건 섹스에 대한 혐오뿐인 것 같다고 말했다.

그런데 한 가지 흥미로운 사실은 그녀가 그리스도인이 되기 전인 5년 전까지만 해도 성관계를 가질 때마다 매번 오르가즘을 경험하곤 했다는 것이었다. 그녀는 아주 단호하게 "이제 저는 하나님께 제 모든 정열을 바치기로 하였기 때문에 침실에서 태울 만한 정열은 하나도 남아 있지 않아요"라고 말했다. 그러나 내가 성령충만한 그리스도인이 되었다고 해서 하나님이 우리에게 주신 성적 욕망이 소멸되는 것은 아니라고, 실은 오히려 그 반대라고 말하자 그녀는 움찔하고 놀라는 표정을 지었다.

그녀에게 몇 가지 질문을 더하는 동안 나는 그녀가 처음부터 뚱뚱했던 몸매가 아니라는 사실을 알았다. 막내를 임신했을 때 살이 찌기 시작하여 출산 후에도 빠지지 않아 결국은 육중한 몸을 소유하게 되었다는 것이다. 살이 찌면서 그녀는 성관계에 흥미를 잃게 되었고 급기야는 성 불감증에까지 걸리게 되었다고 했다. 내가 "바깥분은 당신이 비만인 것에 대해 어떻게 생각하십니까? 혹 싫은 내색을 표하지는 않습니까?"라고 묻자 그녀는 "아뇨, 그런 것 같지는 않아요. 하지만 제가 이렇게 뚱뚱하다는 것을 견딜 수가 없어요"라고 대답했다. 그녀의 문제는 바로 비만이었다. 체중이 증가할수록 자존심이 상하여 남편 앞에 자신의 몸을 드러내는 것이 싫었다. 그래서 내가 살을 좀 빼면 성생활에도 변화가 오고 다시 오르가즘도 느낄 수 있다고 설득하자(더불어 건강과 높은 자존감을 회복하게 됨은 물론이다), 곧바로 체중전문가와 약속을 잡았다. 그로부터 9개월 후, 나는 체중을 무려 30킬로그램이나 감량했다는 소식과 함께 성생활을 비롯하여 모든 것이 정상으로 돌아왔다는 낭보를 그녀로부터 전해 듣게 되었다.

  체중을 감량한다는 것은 여간 고통스러운 일이 아닐 수 없다. 성인이 된 후부터 끊임없이 살과의 전쟁을 벌여오고 있는 나로서는 이 사실을 누구보다 잘 알고 있다. 그렇지만 살을 빼기 위해 노력하는 것은 영적으로도 정신적으로도 육체적으로도 감정적으로도 충분히 가치있는 일이라고 생각한다. 비만으로 고민하는 사람들에게 한 가지 해주고 싶은 말이 있는데, 그것의 문제는 과도한 몸무게가 아니라, 지나치게 먹는 식생활에 있다는 것을 인식해야 한다는 것이다. 성경은 이를 가리켜 탐욕이라고 말한다. 그런데 대부분의 사람은 지나치게 먹는다는 죄 자체보다 체중이 지나치게 나간다는 죄의 결과에 더 많은 관심을 갖고 있다. 그러므로 **비만인 사람은 몸이 원하는 만큼 먹을 수는 없다는 사실을 인식하고 먹는 기쁨보다는 하나님께 순종함으로써 얻는 기쁨을 맛보도록 해야 한다.** 다시 말해, 하나님이 자신을 더욱더 매력적인 사람으로 만들어 주시도록 그분께 자신의 모든 것을 내어드리는 것이다.

지배욕 강한 담즙질 여성들

  10. 남편에게 자신의 몸을 전적으로 맡겨야 한다. 결혼 초의 어색하고 낯선 분위기에 서서히 적응하다보면 성생활도 다양하고 풍성해 진다. 아내는 더욱 남편을 의지하게 된다. 게다가 오르가즘을 알고 나면 자발적으로 남편에게 협조하면서 기술까지 발휘하게 된

다. 그러나 자기 의지가 강한 담즙질의 여성에게는 남편에게 몸을 맡긴다는 것이 보통 어려운 일이 아닐 수 없다. 결국 그런 여성들은 남편에게 몸을 맡기는 것을 피하기 위해 자신의 성충동과 남편의 애무에 대한 반응마저도 종종 왜곡시켜 버리곤 한다. 게다가 그런 여성은 자신의 결혼생활과 가정이 붕괴위기에 처하기 직전까지는 외부인에게 도움을 청하지도 않는다.

매사에 수동적이고 뭐든 대충대충 처리하는 태평한 남자와 결혼하여 네 딸을 둔, 한 담즙질의 여성이 어느 날 내 사무실에 찾아와서는 "목사님, 더 이상은 남편이 제 가슴 만지는 것을 참을 수가 없어요"라고 토로했다. 그러면서 "남편이 제 가슴 만지는 것을 워낙 좋아해, 지금까지는 그냥 있었는데 이제는 더 이상 못 참겠어요. 남편이 가슴을 만질 때마다 흥분되기커녕 몸에 소름이 끼치는 기분입니다"라고 덧붙였다. 그래서 내가 오르가즘은 느끼느냐고 묻자, 예상했던 대로 그녀는 그때까지 한 번도 오르가즘을 느낀 적이 없으며 성관계도 조금도 즐겁지 않다고 실토했다. 그런데 문제는 그녀가 남편의 손길을 거부하면 할수록, 남편은 성관계를 요구하는 대신 침묵으로 일관하였다. 그녀는 남편의 침묵을 성관계를 하지 않아도 된다는 동의로 받아들였다. 그런데 어느 날 남편이 "이제 그만 우리 관계를 청산하고 헤어집시다"라고 폭탄선언을 하는 것이었다. 그녀가 이유를 묻자 남편은 "당신은 더 이상 날 사랑하지 않지 않소? 어쨌든 나는 섹스 없는 생활은 더 이상 계속할 수 없소"라고 대답했다.

대부분의 담즙질 여성이 그렇듯이 그녀도 자신이 여성으로 태어난 것에 대해 분노 같은 것을 품고 있었다. 그리고 하나님이 자신을 왜 남자가 아니라 여자로 만드셨는지 정말 이해할 수 없다고 생각한 적이 한두 번이 아니었다. 그녀는 다른 사람들 앞에서 리더가 되길 원했고, 모든 일을 자기 뜻대로 하길 좋아했다. 그러나 내가 계속해서 자기를 거부하고 자신을 인정하지 않으면 결국에는 하나님께 죄를 짓게 된다고 말하자 그제야 눈물을 흘리며 하나님께 용서를 구했다. 나는 그녀에게 자신이 여자라는 사실을 받아들여야 하는 이유와 필요에 대해 이야기해 주었다. 다행히 그녀는 그것을 인정하고 받아들였으며, 여자의 가슴이 부부의 성생활을 영위하는 데 중요한 부분이라는 사실을 받아들이게 되었다. 그녀는 점차적으로 오르가즘을 경험하는 법을 배웠고, 남편의 사랑도 다시 회복하게 되었다. 그런데 그녀는 자기가 변하는 것 이상으로 수동적이었던 남편이 공격적으로 변하는 것을 발견하게 되었다. 그렇게 되자 그녀는 남편을 더욱 존중할 수 있게 되었다. 한마디로, 그녀가 여성미를 회복하게 되자 남편과의 성관계가 즐거워졌고, 부부관계가 좋아졌으며, 더불어 남편의 면모도 더욱 남성미를 찾게 되었다.

매리 로빈슨 박사는 이에 대해 다음과 같이 설명한다.

> 정상적으로 오르가즘에 도달할 수 있게 하는 능력은 한마디로, 심리적 복종을 신체적으로 구체화시켜 주는 능력이라고 할 수 있다. 성 불감증에 걸린 여성은 자신의 본

성에 거스르는 감정적, 육체적 피해의식이 작용하고 있기 때문이다.

여성이 오르가즘에 도달하기 위해서는 무엇보다 배우자를 신뢰하는 자세가 전적으로 요구된다. 주지하다시피, 특히 성관계에 있어서는 남자는 행위자이고 여자는 남자의 행위를 수동적으로 받는 수용자이다. 이렇듯 수동적인 방식으로 자신을 또 다른 인간에게 온전히 내어맡기고 그 지진과도 같은 육체적 경험에 깊이 빠져든다는 것은 그가 상대방을 전적으로 믿고 의지하고 있음을 의미한다.

그러나 정신적인 측면에서 본다면, 배우자에 대한 믿음과 그에게 자신을 기꺼이 내어맡기고자 하는 신뢰 외에도 절대적으로 필요한 것이 있다. 그것은 배우자에게 자신을 내어맡기고자 하는 감각적인 열망이 있어야 한다는 것이다. 여성의 경우 오르가즘에 달했을 때 느끼는 쾌감과 흥분은 대개 자신을 배우자에게 맡기는 행위 자체에서 말미암는 경우가 대부분이기 때문이다. 다시 말해, 맡기고 의탁하는 행위 자체에만도 엄청난 육체적 환희와 기쁨이 있는 것이다.

어느 사람이 "이 세상에 있는 피조물 가운데 굴복함으로써 오히려 정복할 수 있는 피조물이 있다면 그것은 바로 여자다"라고 말했는데, 나는 이 말에 개인적으로 깊이 공감한다.

11. **질근육 무력증.** 여성이 오르가즘을 느끼지 못하는 요인으로 질근육 무력증이 지목되고 있다. 여기에 대해서는 다음 장에서 상세히 살펴보도록 하겠다. 정확한 수치는 아니지만, 오르가즘을 느낄 수 없는 여성 가운데 60~70퍼센트 가량이 이러한 증상을 갖고 있는 것으로 추정된다. 그러나 그 치료방법은 아주 간단하고 비용과 시간이 얼마 들지 않는다. 소위 케겔운동이라고 불리는 이 치료방법은 지금까지 내가 이것을 권장한 모든 여성에게서 100퍼센트 만족할 만한 효과를 보았다. 다시 말해, 이 운동을 한 모든 여성이 오르가즘을 경험하는 놀라운 결과를 보였다는 것이다.

미국 가족관계협회의 파피노우 박사는 지금까지 수년째 이 운동을 전파하고 있다. 그는 성적 만족을 경험하지 못하던 여성 가운데 약 65퍼센트 가량이 이 운동을 하고 나서 오르가즘을 경험했으며, 나머지 35퍼센트도 만족할 만한 도움을 받은 것으로 나타났다고 보고했다. 그는 더 나아가 "이 운동을 하고 나서도 자신의 성적 능력을 만족할 만한 수준으로까지 향상시키지 못했다고 말하는 여성은 거의 만나보지 못했다. 그러므로 이제 우리는 앞으로 만나는 모든 여성에게 이 운동을 소개할 것이다. 우리는 이것이야말로 훌륭한 성생활로의 문을 열어주는 관건이 될 것이라고 믿어 의심치 않는다"라고 말했다.

여성질환에 관한 한 세계적인 권위자인 그린힐 박사는 "케겔근육운동에 관한 만족도를 조사해 본 결과 거의 대부분의 여성이 만족스럽다는 대답을 한 것으로 나타났다. 그리고 엄청난 수에 달하는 여성들이 케겔운동은 성적으로도 의학적으로도 탁월한 효과가 있다고 대답했다"라고 말했다.

기혼여성 가운데 제대로 된 오르가즘을 한 번도 경험하지 못한 여성이 있다면, 다음 장에서 소개하는 케겔운동을 필히 숙독하라고 말하고 싶다. 장담하건대, 다른 어떤 경로로도 발견할 수 없는 만족스러운 효과를 체험할 수 있을 것이다.

10 _ 여성이 보이는 반응의 관건

　많은 사람이 안고 있는 보편적인 문제를 시원하게 해결해 주는 방법은 그리 흔치 않다. 이런 면에서 본다면, 케겔운동은 오르가즘 문제로 고민하는 부부에게 혁명적인 방법이 될 것이다. 케겔운동을 통해 오르가즘을 경험한 여성은 이 운동이야말로 섹스와 관련된 모든 문제를 한 번에 해결하는 확실한 비방이라고 입을 모은다. 그런데 놀라운 사실은 이렇게 대단한 위력을 가진 케겔운동이 오랜 세월 집적된 연구결과물이 아니라, 우연의 산물이라는 것이다. 의학서적 저술의 선두주자라고 할 수 있는 로널드 도이치 박사는 「부부 관계에서 여성이 보이는 반응의 관건」이라는 책에서 케겔운동이 발견된 경위에 대해 다음과 같이 이야기한다.

　1940년 어느 날, 산부인과 의사인 아놀드 케겔 박사는 도리스 윌슨이라는 여성과 상담을 하게 되었다. 그녀는 비교적 건강했지만, 셋째아이를 출산하고 나서부터는 '요실금'이라는 후유증을 앓고 있고 있었다. 그런데도 그녀의 주치의는 여자 방광에 소변이 꽉 차 있으면, 웃거나 재채기를 하거나 갑자기 움직이면 무의식중에 소변이 새어나오는 일반적인 현상이고, 많은 여성도 겪고 있으니 염려할 것이 못된다고 하면서 패드 착용을 권했다고 한다.

그래서 다른 의사를 찾았고, 결국 케겔 박사를 만나게 되었다. 케겔 박사는 그녀의 요실금은 출산으로 인해 근육이 약해졌기 때문이라는 진단을 내렸다. 그래서 외과적인 수술을 받는 것도 좋지만, 그보다는 먼저 무력해진 근육을 강화시키는 게 좋겠다고 제안을 했다. 이에 대해 도이치는 다음과 같이 부연 설명한다.

다리 사이에 있으면서 앞쪽에서 뒤로 나 있는 이 근육은 고무줄새총과 같은 모양을 하고 있으며 좌우 폭도 넓고 힘도 상당히 강하다. 실제로 이 근육은 골반의 기저 부분을 형성하고 있으며 방광과 직장의 일부분과 출산통로와 자궁까지 지탱시켜 주는 주춧돌 역할을 하고 있다.
여성의 경우에는 직장과 출산통로 그리고 요도, 이 세 개의 통로가 이 근육을 관통해 들어가 몸 밖으로 나가게 되는데, 케겔 박사는 출산통로가 이 근육을 통과해 지나간다는 사실에 근거하여 출산을 반복하다 보면 이 근육이 손상될 수밖에 없다고 믿었다. 그런데 출산통로뿐 아니라 요도도 이 근육에 의해 지탱되고 있다는 사실은 잦은 출산으로 인해 이 근육이 약화되면 결국에는 소변조절기능도 저하될 수밖에 없다는 것을 암시한다. 물론, 이 근육이 약해졌다고 해서 소변을 전혀 참을 수 없는 것은 아니지만, 평소보다 좀 더 심한 압력이 가해지면 방광에 고여 있던 소변 중 일부가 밖으로 밀려나오는 현상이 일어나게 되는 것이다. 그러나 케겔은 이 근육이 출산으로 인해 약해졌다면 다시 강화될 수 있는 방법 또한 분명히 있을 거라고 믿었다.

당시 요실금으로 남모를 고민을 안고 있던 윌슨 부인에게 케겔 박사는 이 근육을 강화시키기 위한 특수운동을 제안하게 되었고 윌슨 부인은 치료를 위해 그 운동을 하게 되었다. 그런데 놀랍게도 채 2개월이 못 되어 요실금으로 인한 고민과 불편함에서 해방되게 되었다.

케겔운동으로 알려진 이 운동은 오늘날 요실금을 고치는 기본 치유법으로 자리를 굳히게 되었다. 요실금으로 고생하던 환자 중 외과적인 수술을 받지 않고 이 운동만으로도 요실금을 고쳤다고 증언하는 사람이 아주 많다. 아마 99퍼센트라고 해도 지나치지 않을 것이다.

윌슨 부인은 이 운동을 통해 요실금 증상을 고쳤을 뿐만 아니라 또 다른 변화를 체험하였다. 결혼 15년 만에 처음으로 오르가즘을 경험하게 된 것이다. 그래서 그녀는 자기가 오르가즘을 경험하게 된 것이 운동과 상관있는 것 같다고 케겔 박사에게 말했다.

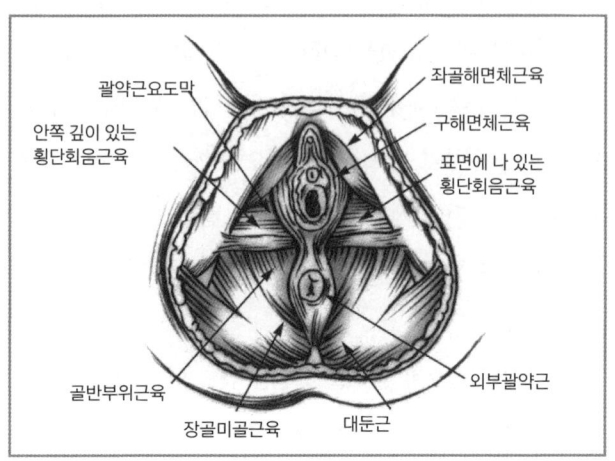

그림 5 골반하부의 기본근육을 나타낸 그림으로, 고무줄새총처럼 생긴 외부괄약근을 꿰뚫어 지나가는 세 도관요도와 질과 직장의 바깥쪽으로 난 입구 부분과 서로 맞물려 있는 세 개의 하부근육격막을 볼 수 있다.

그러나 케겔 박사는 그녀의 말에 회의적인 반응을 보였다. 그런데 운동을 시도한 부인들로부터 오르가즘을 경험하게 되었다는 이야기를 계속해서 듣게 되자 마침내는 그도 이 운동과 오르가즘 사이에 무슨 연관성이 있을지 모른다고 생각하게 되었다.

케겔 박사의 추론을 이해하기 위해서는 무엇보다 골반하부근육에 대해 이해하는 작업이 선행되어야 한다. 골반하부근육은 여러 층으로 이루어져 있다. 그 가운데서도 가장 바깥쪽에 있는 층은 주로 반지 모양으로 생긴 괄약근이라는 근육으로 구성되어 있다. 이 괄약근은 바깥으로 향해 있는 요도입구와 직장과 출산통로를 막는 역할을 하고 있는데, 문제는 이 괄약근이 다른 근육에 비해 힘이 상대적으로 약하다는 데 있다. 여성의 경우에는 조금 더 바깥쪽에 위치하고 있는 요도괄약근이 요도를 막고 있는 데, 이 근육이 출산으로 인해 더 약해져 요도를 제대로 막지 못하면, 결국 요실금이라는 달갑지 않은 증상을 유발하게 된다.

그러나 이 바깥쪽 근육층에는 조이는 힘이 엄청나게 세고 두께가 손가락 두 개 정도 되는 골반부위근육(pubococcygeus)이 놓여 있다. 이 근육은 골반 앞쪽에 돌출된 뼈인 치골(pubis)에서부터 척추 맨 아랫부분의 뼈인 미골(coccyx)에까지 연결되어 있기 때문에 이러한 명칭이 사용되고 있다(이 근육은 남자와 여자 모두에게 존재하는데, 꼭 골반부위근육으로만 불리는 것은 아니다. 일례로, 과거에는 주로 항문거근이라 했는데 항문을 들어올릴 수 있다고 하여 이렇게 이름이 붙여졌다. 실제로는 어떤 이름으로 불리느냐가 크게 중요한 것은 아니기 때문에, 편의상 여기에서는 PC근육이라는 이름으로 부르도록 하겠다).

이 근육의 기저부분을 관통하여 지나고 있는 세 개의 관을 머릿속으로 그려보라. 세 개의 관은 PC근육으로부터 나온 얽히고설킨 근육섬유망에 의해 각각 5센티미터 정도씩 둘러싸여 있다. 그러다가 5센티미터가 끝나는 지점에서부터는 섬유망이 각 도관을 따라 세로로 길게 뻗쳐 있으며 또한 괄약근과 마찬가지로 세 개의 관을 각각 감싸고 있다. 그리하여 각 관을 감싸고 있는 반지모양의 근육은 의지에 따라 관을 세게 조일 수도 있고 아예 닫아 버릴 수도 있게 되는 것이다.

그러므로 요실금이 생기게 되는 원인은 요도를 둘러싸고 있는 PC근육의 바로 그 부분에서 괄약근이 제대로 작동하지 않기 때문이다. 다시 말해, PC근육이 요도를 꽉 조이지 못하기 때문에 소변이 새어나오는 것이다. 그러나 이 근육이 아무리 늘어져 있어도 다시 수축시키는 운동을 계속하면 원래대로의 정상적인 기능, 다시 말해, 필요할 때 꽉 조이는 기능을 제대로 수행할 수 있게 된다.

그렇다면 이 근육이 제대로 수축하는 것이 성적 만족과는 어떤 관계가 있는 것일까? 케겔은 PC근육이 요도를 둘러싸고 있는 것과 똑같은 방식으로 질 또한 둘러싸고 있다는 것을 알고 있었다. 뿐만 아니라, 그는 놀랄 만큼 많은 여성이 PC근육이 무력해진 것으로 인해 말 못할 고민을 안고 있다는 것도 알게 되었다.

이 근육이 정상적으로 기능하고 있는 여성은 셋에 한 명 될까 싶을 정도로 희박했는데, 그 가운데서 요실금으로 고생하는 여성은 극히 드물었다(물론 요실금이 생기게 된 데에는 이 근육이 무력해졌다는 것 말고도 다른 많은 이유가 있을 것이다). 그리고 그러한 여성들은 아이를 낳을 때도 순산했으며 분만하는 과정에서도 출산통로가 거의 손상되지 않았다. 뿐만 아니라, 성관계 시에 보이는 반응도 나머지 70퍼센트의 여성보다 월등하게 좋았다.

이들과 달리 나머지 70퍼센트의 여성은 PC근육이 그물침대처럼 아래로 무력하게 축 늘어져있다. 아울러 PC근육과 마찬가지로 단단하게 떠받드는 역할을 하고 있어야 하는 다른 기관들도 늘어져있었다. 이 가운데는 난산으로 고생한 여성이 상당수 되었으며,

순산했다 하더라도 대부분 출산통로가 심하게 손상되어 있었다. 또한 거의 대부분 출산 후 요실금 증상을 경험하게 되었으며 오르가즘도 간헐적으로 느끼거나 아니면 아예 느끼지 못하게 되었다.

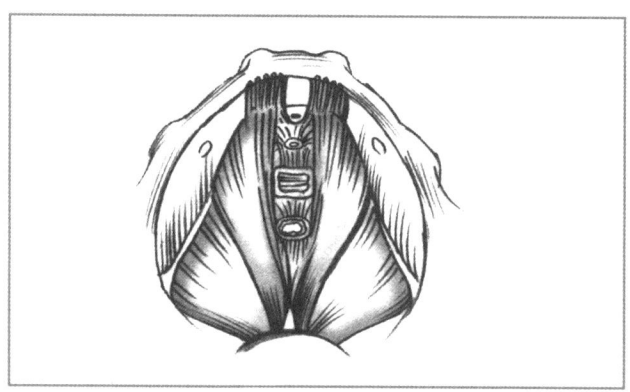

그림 6 외피근육을 일부 제거한 후 위에서 내려다 본 PC근육 그림으로, 요도·질·직장의 세 입구가 섬유조직에 의해 이 기관들에 있는 다른 근육섬유조직과 맞물려 있는 모습을 볼 수 있다. 만일 PC근육이 단단하다면 이 기관들을 지탱하는 데 아무런 문제가 없겠지만, 느슨하게 늘어져 있다면 별 도움이 되지 못할 것이다. 그러나 PC근육은 적절한 운동만 지속적으로 해주면 충분히 다시 강화될 수 있다.

그런데 이상하게도 PC근육의 힘과 다른 근육의 힘 사이에는 아무 상관관계도 없는 것 같았다. 다시 말해, 몸 전체적으로 근육이 고르게 발달한 운동선수 가운데에도 PC근육조직은 아주 빈약하고 느슨한 여성이 있는가 하면, 반대로 부서질 것처럼 허약해 보이고 늘 앉아서만 일하는 여성 가운데에도 PC근육이 놀랄 만큼 발달되어 있는 여성이 있는 것이다. 그래서 이유를 조사해 본 결과,

케겔은 PC근육은 두 개의 단단한 뼈 사이에 끼어 있어 다른 근육을 얼마나 많이 사용했는가에는 전혀 영향을 받지 않는다는 사실을 발견하게 되었다. 다시 말해, 그것은 독립된 근육조직이었던 것이다.

이러한 사실을 발견함에 따라 케겔은 PC근육을 강화시키는 운동법을 적극적으로 홍보하기 시작했다. 그리하여 1947년에는 남가주 의과대학에 케겔운동 전문 클리닉을 발족시켰으며, 1948년에는 로스앤젤레스 시의 산부인과협회에서 주는 '올해의 공로상'을 수상하기도 했다.

처음에는 성문제와 아무런 관련도 없었지만, 자신이 개발한 운동을 통해 요실금도 사라지고 오르가즘도 느끼게 되었다고 증언하는 여성이 증가함에 따라, 그는 이 운동과 성적 만족 사이의 상관관계에 대해 연구하는 것 또한 자신의 몫이라고 생각하게 되었다. 그리하여 성적 좌절감으로 고민하고 있는 여성을 환자로 받기 시작하였다.

상담환자 가운데 전희 단계에서는 상당한 만족을 느끼지만, 일단 남편의 페니스가 질 속에 삽입되고 나면 아무런 육체적 자극도 만족도 느끼지 못하는 부인이 한 명 있었는데, 그때까지 한 번도 오르가즘을 경험하지 못했음에도 불구하고 그녀의 심리상태는 아주 정상적이고 양호했다.

그녀를 검사하고 난 뒤, 케겔 박사는 그녀의 상태를 좀 더 이해하기 쉽게 설명하기 위해 두 개의 모형을 꺼냈다. 그것은 부드러운 플라스틱 재료를 여성의 질 속에 집어넣었다가 그것이 질 모양으로 굳어지기 시작했을 때 꺼낸, 실제의 질과 아주 흡사하게 생긴 것이었다. 그러나 두 개 모두 한 여성의 질에 넣어 만든 것이 아니라, 하나는 PC근육 상태가 아주 양호한 여성의 질에, 다른 하나는 오르가즘을 한 번도 경험하지 못한 여성의 질에 넣어 서로를 잘 비교해 볼 수 있도록 만든 것이었다.

케겔 박사는 우선 PC근육 상태가 양호한 여성의 질에서 만든 모형을 들어보였다. 그것은 언뜻 보면 원기둥을 비틀어 놓은 듯한, 위아래 부분은 넓은 반면 가운데는 좁고 찌그러진 모양을 하고 있었는데, 케겔 박사는 이 좁고 찌그러진 가운데 부분을 가리키며 이곳이 바로 PC근육이 조이는 운동을 하는 부분이라고 설명해 주었다. 그런데 이 좁게 찌그러진 가운데 부분에는 팽팽한 근육 띠가 가하는 압력에 의해 생긴, 잔물결 모양의 주름이 전체적으로 고르게 나 있었는데, 이 근육 띠가 바로 PC근육 전체에 고르게 퍼져 있는 섬유조직이자 질을 강한 근육기관으로 만들어주는 역할을 하는 띠였다. 그 다음 케겔 박사는 오르가즘을 한 번도 경험하지 못한 여성의 질에서 만들어진 모형을 들어보였는데, 그것은 아래에서부터 꼭대기까지 점차적으로 넓어지는 모양을 하고 있는 깔때기처럼 생긴 것이었다. 그런데 그 벽에서는 근육의 조이는 압력에 의해 생긴 무늬를 하나도 찾아볼 수 없었다. 한눈에 보아도 PC근육의 힘이 약하다는 것을 알 수 있었으며, 따라서 떠받치는 힘도 조이는 힘도 약하다는 것을 쉽게 유추할 수 있었다.

그런데 케겔 박사는 이 두 번째 모형을 들고 그녀에게 "부인의 상태는 이와 유사하다고 할 수 있습니다. 보시는 바와 같이, 이러한 질은 훌륭한 성관계에 필수적인 적절한 압력을 조금도 행사할 수 없습니다"라고 말했다.

그렇다면 압력을 행사하는 능력이 중요한 이유는 무엇인가? 이 질문에 대한 답을 알고 나면, 전문가들도 많이 의아해하고 궁금해 한다. 신경말단의 조직이 전혀 없는 것처럼 보이는 질이 성적 만족을 가져다 줄 수 있다는 사실에 대한 의문도 해결될 것이다.

이 이유를 가장 잘 설명한 사람은 세계 최대급 병원인 메이요 클리닉의 테렌스 맥과이어 박사와 리처드 스테인힐버 박사인데, 그들의 말을 인용하면 다음과 같다. "최근의 연구에 따르면, 질 안의 벽 밑에 자리하고 있는 근육은 압력과 움직임 그리고 늘어남에 아주 민감한 신경말단인 자기 감수체로 가득 차 있는 것으로 나타났다. 그런데 이 부분이 성교 중에 자극받게 되면 최초의 감각장치로 기능하게 되는데… 이것으로 미루어 볼 때, 질에서도 오르가즘을 느낄 수 있다는 것이 사실인 것 같다."

다시 말해, 질을 둘러싸고 있는 근육에는 감각신경이 아주 풍부하게 깔려있는 것이다. 비록 질 안쪽밖에 연구할 수 없다는 현실적인 제약으로 이 신경말단을 찾아내는 데는 실패했지만 말이다.

그런데 이 신경말단은 질 내벽 바로 밑에 자리하고 있기 때문에 질 안쪽에 자극이 가해지면 당연히 그 자극을 공유할 수밖에 없게 된다. 그러나 질이 넓고 느슨하여 남성의 페니스가 질 벽을 제대로 자극하지 못하면 질을 둘러싸고 있는 근육조직과 거기에 있는 신경말단을 자극하는 일도 아주 어렵게 되고 만다.

반대로 질을 둘러싸고 있는 근육이 질을 강한 힘으로 수축하여 질을 좁고 단단하게 조이면 페니스가 질 속에서 밀고 당기는 움직임을 계속할 때 그 자극이 질 벽을 통해 이 근육들에까지 고스란히 미치게 된다. 그러면 이 근육들은 질 벽으로부터 자극을 전달받음과 동시에 자동적으로 수축되면서 질 내부를 한층 더 좁게 하여 페니스와 질 벽이 더 강하게 마찰되게 한다. 그리고 이러한 과정이 반복되다 보면 질 내부는 물론이거니와 질 바깥쪽 근육에까지 강한 긴장이 형성되어 결과적으로는 여성으로 하여금 오르가즘에 도달할 수 있게 한다.

20세기 초에 로버트 디킨슨이라는 박사는 여성을 검진해 보는 것만으로도 성적 만족을 얻을 수 있는 여성인지 그렇지 못한 여성인지를 가려낼 수 있다고 보고했다. 그는 "골반하부근육의 크기와 힘 그리고 그것이 수축될 때 보이는 반응과 리듬을 살펴보면 오르가즘을 느낄 때 질이 어떤 유형으로 변하는지 유추할 수 있다"고 말했다.

그의 초창기 시절의 진료일지에는 "올림근 상태가 상낭히 좋시 못하다. 그래서 그녀에게 그 근육을 사용하는 법을 가르쳐 주었다"라는 기록이 나온다. 또한 "나에게 교육받고 난 다음부터는 오르가즘 느끼기가 한결 수월해졌다고 말하는 부인이 상당수 되는데, 내게는 이것이 아주 놀랍고도 중요한 사실이 아닐 수 없다"는 글도 찾아볼 수 있다.

지금은 이러한 결론을 사실로 확증을 해주는 연구결과가 전세계적으로 폭넓게 들어오고 있다. 미네소타 대학교의 도널드 해스팅스 박사는 "골반하부를 형성하고 있으며 동시에 질을 둘러싸고 있는 수의근(의지에 따라 움직일 수 있는 근육)의 운동과 수축은 성적 기쁨을 고양시키는 데 아주 중요한 요소로 작용한다"고 말했다.

존 올리븐 박사는 "성관계를 가져도 아무것도 느끼지 못하는 이유는 질이 지나치게 이완되어 있어 페니스가 질 벽에 충분한 마찰을 가하지 못하기 때문이다. 따라서 질이 이완되어 있는 여성은 언제나 불만감만 가진 채 성관계를 끝내게 된다. 즉 이완된 질 벽은 감각을 느끼는 본연의 기능을 상실한 죽은 벽인 것이다. 그렇다면 질 벽이 이완되면 왜 아무 감각도 느끼지 못하는 것일까? 그것은 PC근육으로 대변되는 감각전달 매체가 발육불량이나 변질 등의 이유로 충분한 영양공급을 받지 못하면, 질의 감각을 담당하고 있으면서 깊이 접촉되는 느낌을 느낄 수 있게 하는 신경말단이 그 역할을 제대로 수행할 수 없기 때문이다."

올리븐 박사는 "따라서 남성의 페니스가 아무리 커도 질 벽이 이완될 대로 이완되어 버린 여성의 소멸되어 버린 감각을 온전히 '만족시키는 것은' 거의 불가능하다"는 말로 끝을 맺는다. 곧 질 벽이 수축능력을 상실하여 아무런 압력도 저항도 제공할 수 없다면, 남성의 페니스가 얼마나 크냐와 상관없이 여성이 느낄 수 있는 감각은 한정될 수밖에 없는 것이다.

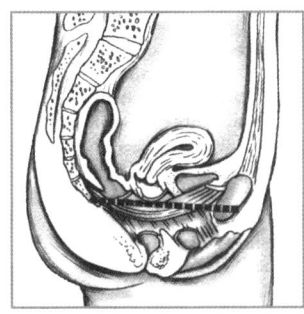 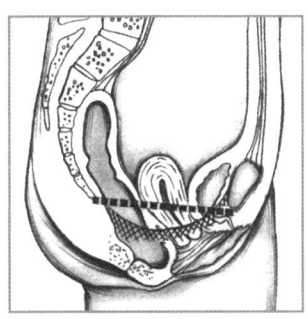

그림 7 왼쪽 그림은 적절히 단련되어 있는 PC근육을 측면에서 관찰한 것으로, 질이 제 위치에 안정감 있게 자리 잡고 있는 것을 볼 수 있다. 반면, 오른쪽 그림은 PC근육이 무력해져 생식기관을 제대로 지탱하지 못함으로 인해 생식기 전체가 아래로 늘어진 모양을 하고 있다. 이러한 여성은 난산할 확률이 높으며 등 쪽에도 심한 통증을 느끼기 쉽다. 또한 생리주기도 일정치 않으며 성관계를 가져도 본인이나 남편 모두 별다른 자극을 느끼지 못한다.

그렇다면 PC근육운동을 하면 어떤 유익이 있으며 어떤 증상이 개선될까? 우선, 여성의 몸이 출산하기 쉬운 구조로 변화된다. 그리고 소변조절이 용이해져 요실금을 예방할 수 있게 된다. 또한 요통이나 등의 통증으로 고생하던 여성은 거기서 해방될 수 있으며 끝으로, 성적 만족이 극대화되게 된다. 게다가 오르가즘에 달하는 데 어려움을 겪는 여성은 이 운동을 50회 이상 반복해서 실시하면 골반에 맺혀 있던 울혈이 상당부분 제거되는 효과까지 누릴 수 있게 된다.

도이치는 이 운동의 효과에 대해 다음과 같이 말한다.

PC근육을 강화시키는 운동은 아주 쉽고 안전하며 아무리 오래해도 피로감을 주지 않는다. 또한 성적 만족도를 높일 수 있는 것은 물론이거니와 골반의 여러 기관을 지탱하는 힘도 발달시킬 수 있게 된다. 전문가들은 이 지탱하는 힘이 출산으로 인한 질근육 손상을 최소화시키고 분만에 소요되는 시간을 단축시켜 주어, 결과적으로는 태아가 산도를 통과하는 것을 한결 안전하게 해준다고 주장한다.

자연분만 지지자들은 PC근육운동이야말로 분만에 필수적인 운동이라고 입을 모은다. 심지어는 자연분만을 선호하지 않는 의사 가운데에도 이 운동만큼 최소의 수고와 노력으로 최대의 가치와 효과를 창출할 수 있는 운동은 없다고 믿는 사람이 상당수 된다. YWCA에서 분만교실을 운영하고 있는 관계자들은 수업에 참여하는 모든 임산부에게 이 운동을 권장한다. 또한 국제 분만교육협회에서도 이 운동을 필수 프로그램으로 편성하였다.

나는 PC근육이 존재한다는 것을 배우기만 했을 뿐인데도 그것을 수축시키는 운동을 의식적으로 할 수 있었다고 말하는 여성을 상당수 보아왔다. 케겔 박사도 PC근육이 성관계에서 어떤 역할을 담당하는지 배우기만 했을 뿐

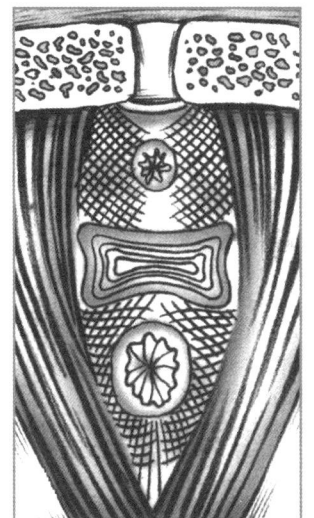 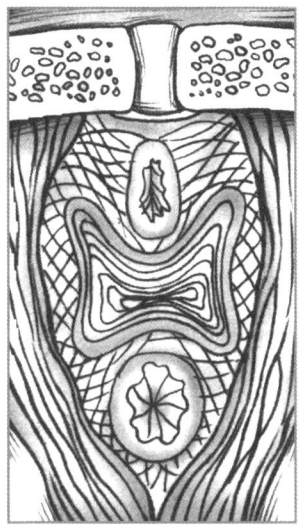

그림 8 왼쪽 그림은 근육조직이 잘 발달된 질을 위에서 내려다 본 모습이다. PC근육이 두터워 강한 저항성을 갖고 있다는 것을 보여주기 위해 다소 과장되게 표현하기는 했지만, 아무튼 세로로 나 있는 두터운 줄들은 근육섬유 조직이 아주 강함을 암시한다. 이는 곧 질의 민감도와 직결되는 것으로 PC근육이 강할수록 페니스와의 마찰을 감지할 수 있는 능력도 그만큼 더 높아진다. 반면, 오른쪽 그림은 근육발달 상태가 빈약한 질을 위에서 내려다 본 모습으로, 여기에 있는 선들은 왼쪽 그림에 비해 상당히 성기고 얇은 모양을 하고 있다. 이는 곧 PC근육이 얇고 저항성이 약해 질의 민감도 또한 상당히 떨어짐을 암시한다. PC근육의 조이는 힘을 덜 받고 있는 질과 요도가 얼마나 넓은지 눈여겨보도록 하라.

인데도 오르가즘에 달하게 되었다고 증언하는 여성을 간간이 보아왔다고 한다. 물론 그런 여성은 극소수에 달할 것이다.

그러나 이 근육이 정말로 약한 여성이라면, 이 근육이 존재한다는 것을 아는 것만으로는 충분치 않다. 즉, 이 근

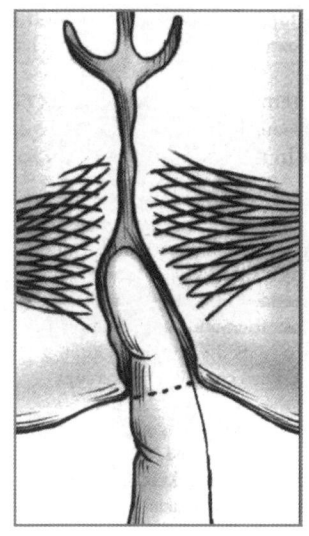 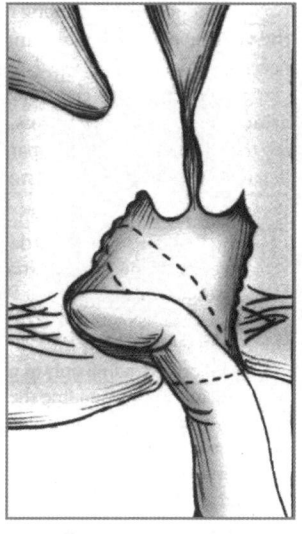

그림 9 의사들이 PC근육을 검진하는 방법을 보여주는 그림으로, 왼쪽 그림과 같이 근육상태가 양호한 여성은 손가락을 집어넣으면 사방에서 그 저항을 느낄 수 있다. 반면 오른쪽 그림과 같이 근육이 힘없이 늘어져 있는 여성은 질이 넓고 벽이 얇아 주변에 있는 다른 조직과 하나도 연결되어 있지 않다는 느낌을 받게 된다.

육은 의식적으로 조절할 수 있는 근육이라는 것을 배우는 데서 그칠 게 아니라, 운동을 통해 그것을 강화시키는 데까지 나아가야 하는 것이다. 케겔 박사는 "이 근육을 강화시키는 운동을 했음에도 불구하고 별 효과를 보지 못했다고 말하는 여성은 극히 드물었다"고 말했다.

그러나 이 근육을 조절하는 법을 배우는 것은 일정한 지침과 안내 없이는 상당히 어렵다. 대부분의 여성은 질근육 수축운동을 하라는 처방을 받으면, 질근육은 수축시키지 않고 질 바깥쪽에 있는 근육들만 수축시키느라 진땀을 빼는데, 그런 식으로는 아무리 오래 운동해 봐야 별 효과를 거둘 수 없다.

또 다른 여성들은 PC근육이 질 안쪽 깊숙이 자리 잡고 있다는 사실에 너무 신경 쓴 나머지, 복부근육과 등 아래쪽에 있는 근육 그리고 엉덩이와 허벅지근육을 수축시키느라 정말이지 엄청난 노력을 한다. 그런데 우습게도 이런 근육들은 PC근육과 아무 상관이 없다. 사실상, PC근육 운동을 하는 중에 근육이 피로해지는 것을 느끼게 되었다면, 그것은 지금까지의 운동이 잘못되었음을 입증하는 것이라 할 수 있다.

케겔운동법

PC근육이 최대한의 근육조절능력과 힘을 갖추게 하는 데 가장 좋은 방법은 케겔 박사가 고안한 운동이다. 케겔 박사는 6주 프로그램과 8주 프로그램 두 개로 나누어 이 운동을 가르쳤다. 두 프로그램에 참가한 여성 모두 요실금 증상이 사라진 것은 물론, 성생활까지 개선되었다고 말한다. 따라서 전세계 의사들이 앞다투어 자신의 환자들에게 이 운동을 권장하게 되었다. 케겔운동이 정신집중과 꾸준한 노력을 요하는 것은 사실이지만, 그럼에도 불구하고 아주 간단하기 때문에 누구든 마음만 먹으면 쉽게 할 수 있다. 이 운동이 전세계로 퍼지는 데는 그리 오랜 시간이 걸리지 않았다. 심지어 "여성 가운데 이 운동을 배우지 못할 정도로 우둔한 여성은 하나도 없을 것이다"라고 말한 의사도 있을 정도다.

후에 케겔 박사는 환자 혼자서도 이 운동을 하고 또 자신이 정확하게 운동했는지 점검해 볼 수 있는 방법을 마련하였는데, 집에서 혼자 운동하기에는 이 방법이 가장 간단하고 편할 것이다.

이 운동을 실시하기 전에 한 가지, PC근육은 소변방출을 조절하는 근육이라는 사실을 기억하도록 하라. 왜냐하면, 방뇨하다가 중간에 멈추면 그것이 곧 PC근육을 1회 수축하였음을 의미하기 때문이다.

그러나 무력해진 외부 근육도 소변의 흐름을 차단할 수는 있으므로, 의식적으로 수축하고자 하는 운동을 하지 않았음에도 불구하고 방뇨가 중단된 경우는 PC근육이 수축된 결과라고 보기 힘들다. 그러므로 방뇨하는 중에 PC근육운동을 하고자 한다면, 우선 양 무릎을 넓게 벌리고 변기에 앉아 소변을 배출하는 중간마다 의식적으로 흐름을 멈추려는 노력을 해야 한다.

소변을 배출하는 중간에 멈추면 자동적으로 PC근육이 수축되는 효과를 가져올 수 있다. 게다가 대부분의 여성은 별다른 어려움 없이 소변의 흐름을 멈출 수 있으므로 이 행위를 반복하는 데에는 아무 힘도 들지 않는다. 그리고 그것을 반복하는 중에 이 운동이 어떤 건지 감을 잡을 수 있게 된다. 이렇게 소변을 중간마다 멈추는 행위를 반복하다 보면 어떻게 해야 PC근육을 수축시킬 수 있는지 그 감각을 익힐 수 있게 되고 따라서 원할 때 언제든지 할 수 있게 된다.

물론 처음에는 정신집중을 해야 할 수 있지만, 자꾸 반복하다 보면 별다른 노력 없이도 자연스럽게 할 수 있게 된다. 출산교육 전문가인 메리 헝거포드 박사는 "일단 정신 집중하는 법만 배우고 나면, 이 운동은 눈을 떴다 감는 것만큼이나 쉬워지게 된다. 그리고 실제로도 이 운동을 하는 데에는 눈을 한 번 감았다 뜨는 정도의 시간밖에 걸리지 않는다. 물론, 2초 정도는 수축상태를 유지하고 있어야 운동효과를 볼 수 있다는 점에서는 눈을 좀 오래 감고 있어야 한다는 의미가 되지만 말이다"라고 말했다.

일단 PC근육을 조절하는 법을 터득하고 나면 아침에 잠자리에서 일어나기 전에 5번에서 10번 정도 수축운동을 하는 것이 좋은데, 연구결과에 의하면 이 시간이 하루 중에서 수축운동이 가장 잘 되는 것으로 나타났기 때문이다.

그리고 처음에는 소변을 보면서 이 운동을 실시해야 하는데, 힝거포드 박사에 따르면 "잘만 조절하면 소변 방출량이 한 번에 한 티스푼 정도 되게 할 수도 있다"고 한다.

그렇다면 이 운동은 하루에 몇 번 정도 하는 게 가장 좋을까? 횟수는 개인에 따라 다르겠지만, 대개는 한 번 소변볼 때 10회 정도 수축하는 것을 기본으로 하여 하루에

6주 PC운동 도표							
	일요일	월요일	화요일	첫째 주 수요일	목요일	금요일	토요일
한 회당 10번 수축운동하기							
				둘째 주			
한 회당 15번 수축운동하기							
				셋째 주			
한 회당 20번 수축운동하기							
				넷째 주			
한 회당 30번 수축운동하기							
				다섯째 주			
한 회당 40번 수축운동하기							
				여섯째 주			
한 회당 50번 수축운동하기							

이 6주 도표의 요일에는 모두 여섯 개의 칸이 있는데, 각 칸은 PC근육운동을 1회 실시한 것을 의미하므로, 결과적으로는 하루에 6회 운동해야 함을 의미한다. 그리고 도표 왼쪽에 있는 숫자는 한 회 운동에서 몇 번 수축해야 하는지를 일러주는 것이다. 그러므로 빈칸에다 한 회당 몇 번 수축운동 했는지 정확하게 기록하도록 하라.

여섯 번 정도 실시할 것을 권장한다. 그러면 다 합해서 하루에 60회 수축운동 하는 게 되는데, 언뜻 듣기에는 상당히 많은 시간이 걸릴 것 같지만, 한 번 수축운동 하는 데 걸리는 시간이 1~2초 정도밖에 되지 않는다는 사실을 감안하면 그리 많은 시간이 걸리는 것도, 많은 노력을 요하는 것도 아님을 알 수 있다. 한 번 수축하는 데 1초 걸린다고 하면, 열 번 수축하는 데는 10초, 이것을 여섯 번 반복하는 데는 60초 즉 1분밖에 안 걸린다는 계산이 나오기 때문이다.

그러다가 점차적으로 수축 횟수를 늘려나가 한 번 소변 눌 때 20회 수축하는 것을 기본으로, 이것을 하루에 여섯 번 정도 실시하여 전체적으로는 120회가 되도록 한다. 케겔 박사는 소변볼 때마다 이 운동을 하라고 말하지만, 번거로우면 세 번 정도만 소변 눌 때 하고, 나머지 세 번은 아침에 일어나서 한 번, 잠자리 들기 전에 한 번 그리고 일과 중에 한 번 하여 총 여섯 번이 되도록 한다(그러나 케겔 박사는 일과 중에 하는 운동을 한 번으로 그치지 말고 20분 간격으로 세 번까지 늘려가라고 제안한다).

하루에 120회 수축운동 하는 데 익숙해지고 나면 수축운동 하는 게 전혀 힘들지 않게 되는데, 그러면 한 번에 30회로 횟수를 늘인다. 이 운동을 해본 여성 대부분은 한 번에 30회 정도 수축운동 하는 게 가장 이상적이라고 한다. 일단 숙련되고 나면 전 과정을 1분 이내에 할 수 있게 된다. 시간과 장소만 허락되면 하루에 200회에서 300회 정도 수축운동 하는 것은 누워서 떡 먹기라고 말하는 여성도 많지만, 그렇다고 해서 운동 횟수를 급격하게 늘릴 필요는 없다. 케겔 박사 말대로 운동 시작한 지 6주 정도만 지나면 누구나 다 하루에 300회 정도는 힘들지 않게 할 수 있기 때문이다. 그리고 이때쯤 되면 근육조직이 아주 약한 몇몇 여성 빼고는 - 이런 여성은 10주 정도가 지나야 가시적인 효과를 볼 수 있다 - 소변을 참고 조절하는 게 아주 쉬워졌음을 발견할 수 있게 된다. 그러나 대부분은 6주까지 가지 않아도(빠른 사람은 3주 정도만 되도) 성적 변화와 다른 신체적 변화를 감지할 수 있게 되는데, 그렇다고 해서 운동을 멈추거나 해서는 절대로 안 된다.

그렇다면 이 운동은 얼마나 해야 할까? 결론적으로 말해, 6주에서 8주 정도 경과하여 아무 불편 없이 하루에 300회 정도 할 수 있게 되면, 더 이상은 할 필요가 없다. PC근육이 마냥 느슨하게 풀어져 있는 것은 아니기 때문이다. 다시 말해, PC근육에는 골반을 지탱하기 위해 최대한 많이 수축하고 또 그 힘을 지속시키고자 하는 능력이 내재되어 있는 것이다. 만일 PC근육에 그 정도 힘도 없다면, 소변은 방광에 한 방울도 고여 있지 못하고 다 흘러내려 버리고 말 것이다. PC근육이 전혀 아무 힘도 발하지 못하고 완전히 이완되는 것은 전신마취로 의식을 잃었을 때뿐이다.

그런데 수축운동을 하게 되면 PC근육의 힘이 강화되

어 항상 수축상태를 유시할 수 있세 된다. 그래서 운동시작한 지 몇 주 후에 질의 주형을 떠보면 질 형태가 이전과는 확연하게 달라진 것을 확인할 수 있다. 그리고 그 정도가 되면 성행위 자체도 여러 가지 면에서 질근육이 긴장상태를 유지하는 데 도움이 될 수 있다. 그러면 성행위가 질근육의 수축에 어떤 영향을 끼치는지 차례대로 살펴보도록 하자.

첫 번째로, 일단 PC근육이 강화되고 나면, 꾸준하게 수축상태를 유지할 수 있는 능력은 성교를 통해 월등히 향상되게 된다. 두 번째로, 성적 자극이 질근육에 가해지면 미미하기는 하지만 그래도 질근육이 즉각적으로 반사수축을 하게 된다. 성전문가 가운데에는 성교 중에 이따금씩 의식적으로 질을 조이라고 권유하는 사람도 있는데, 이에 대해서는 나중에 자세히 살펴보도록 하겠다. 끝으로, 오르가즘에 달하게 되면 PC근육이 무의식적이면서도 아주 강하고 리드미컬하게 4번에서 10번 정도, 4초에서 15초 정도의 간격으로 강하게 수축된다(이렇게 폭발적인 힘으로 수축하고 난 다음에는 모든 긴장이 한꺼번에 풀리면서 축 늘어지게 된다).

PC근육 수축운동을 처음 시작하는 여성은 초기에는 가벼운 마음으로 소변볼 때만 수축운동을 하면 된다. 그래도 근육의 위치나 존재방식에 대해 전혀 아무런 감도 못

잡겠으면 의사의 지도아래 체계적으로 운동방법을 배우는 것이 좋을 것이다.

전문가들은 성교를 가질 때, 처음에는 천천히 그리고 단단하게 질 내부를 조이는 수축운동을 의식적으로라도 하라고 권유한다. 실제로는 페니스가 삽입되기 전부터 수축운동을 하라고 권장하는 데, 이유는 그렇게 함으로써 근육이 자동반사기능을 원활히 수행할 수 있다고 믿기 때문이다. 또한 의식적으로 수축운동을 하게 되면 성적 긴장이 높아져 오르가즘을 느끼기가 한결 수월해진다.

현대에는 여성의 적극적인 참여가 만족스러운 성관계에 이르는 관건으로 여겨지고 있다. 성의학의 권위자로 여겨지는 찰스 로이드 박사는 이 문제에 대해 언급하며 "우리 사회에서는 여성이 적극적으로 성관계에 임하기가 참으로 어렵다. 그래서 대부분 남편에게 주도권을 맡기고 피동적으로 따라가기만 하는데, 그런 식으로는 백 날 성관계를 가져봐야 '아, 이게 오르가즘이구나'하는 느낌을 경험하기 어렵다. 그래서 성관계 시에 아내가 어떻게 해야 하는지를 가르치고 훈련시키는 협회에서는 여성들에게 지나칠 정도로 적극적으로 성관계에 임하라고 가르친다. 또한 매번 완벽하고 만족스러운 오르가즘에 도달하기 위해 본인이 노력해야 하는 것은 물론이거니와 남편에게도 협조를 구해야 한다고 가르친다"고 말했다.

그런데 PC근육을 제대로 사용하는 법을 알게 되면 공격적인 자세로 성관계에 임한다는 게 어떤 건지 알 수 있게 된다. 또한 질이 페니스의 움직임을 받아들이기만 하는 수동적이고 무력한 기관이 아니라, 자신이 하고 싶은 대로 행동할 수 있는 능동적인 기관이라는 개념도 가질 수 있게 된다.

반세기 전에, 반데빌드는 이 개념에 대해 다음과 같이 설명했다. "질이라는 기관은, 사용하면 할수록 그만큼 더 강화되는 근육구조로 되어 있으며, 페니스가 삽입되어 들어왔다 나갔다 할 때 그것을 세게 조이기도 하고 마찰을 가하기도 하는 일종의 장치 같은 것으로 기능한다. 그리하여 종국에는 남편으로 하여금 정액과 정자를 방출하는 흥분을 맛보게 하며 동시에 페니스에 가한 바로 그 압력과 마찰을 통해 여성 자신도 오르가즘이라는 환희를 경험하게 한다."

몇몇 연구가는 질근육 조직에 대해 제대로 알고 있고 또 그것을 강화시키고자 하는 노력을 조금만 한다면, 남편과 아내 둘 다 동시에 오르가즘에 달할 수 있다고 보고한다.

헝거포드 박사에 따르면,

"분만교육을 실시할 때 우리는 산모에게 질수축운동을 반드시 가르치는데, 이 운동을 하게 되면 출산통로가 튼

튼해질 뿐 아니라 분만 시에 쉽게 확장되어 산모의 고통과 상처를 최소화할 수 있기 때문이다. 따라서 처음 이 운동을 가르칠 때에는 오직 그것이 분만에 따르는 고통을 경감시켜 준다는 점에 대해서만 이야기하지, 성적 쾌감을 증대시켜 준다는 사실에 대해서는 절대로 언급하지 않는다."

"그러나 이 운동을 가르치고 나서 서너 주가 지나면, 수업 시작하기 전에 나를 한쪽으로 불러 결혼 후 처음으로 오르가즘을 경험하게 되었다고 말하는 임산부가 한둘 생겨나게 된다. 결국, 오래지 않아 수업에 참석하는 모든 임산부가 동일한 경험담을 나누게 되고, 그를 통해 이 운동이 자신이 수강하고 있는 분만교육에서 가장 중요한 부분이라고 확신하게 된 그들은 다른 사람에게도 이 운동을 가르쳐 주게 되는데, 그러면 그들 역시 몇 주 지나지 않아 오르가즘에 달하는 경험을 하게 되었다고 알려온다."

"몇 년 전, 환갑을 바라보고 있는, 결혼상담가로 사역하고 계신 한 부인이 내 강의에 참석해서는 내가 이 운동에 대해 열변을 토하는 것을 듣게 되었다. 그때 나는 이 운동을 하면 성감대가 좋아진다고 이야기하고 있었는데, 그 부인이 갑자기 손을 들고 그 이유를 물었던 것이었다. 그래서 나는 내가 알고 있는 의학적 지식을 총동원해 그 이유를 설명해 주었다. 그러고 나서 한 달쯤 후, 우연히 다시 그녀를 만나게 되었는데, 그녀는 다짜고짜 나를 안더니 결혼 40

년 만에 처음으로 오르가즘을 경험하게 되었다고 말했다."

경험으로 미루어 보건대, 이 운동은 분만 과정에서 지나치게 늘어난 PC근육을 원상태로 회복시켜주고 소멸되어 버렸던 성적 적응력을 되살려 주는 듯하다. 존 올리븐 박사의 설명대로 "만일 PC근육이 체질적으로 무력해지기 쉬운 성향을 갖고 있다면, 정상적인 분만과정을 거쳤을지라도 다시는 정상적인 긴장상태를 회복하기 어려울지 모른다. 하물며 계속해서 여러 명의 아이를 출산한 경우에야 더 말할 필요가 있겠는가?"

산부인과 의사 가운데에는 임산부에게 이 운동을 꾸준히 하라고 지시하였더니 질 벽의 힘이나 긴장도가 놀랄 만큼 강화되었다고 보고하는 의사가 상당수에 달한다. 다른 근육들과 마찬가지로, PC근육도 규칙적으로 운동하기만 하면 충분히 두꺼워지고 강화될 수 있는 것이다. 그래서 산부인과 의사들은 산모들에게 분만 후 가능한 한 빨리 이 운동을 실시하라고 권유하기도 한다.

케겔 박사의 말대로 만일 미국 여성의 70퍼센트가 성기능 장애를 초래할 정도로 무력해진 PC근육을 갖고 있다면, 출산으로 인해 그렇게 되었을 가능성이 높다고 추정할 수 있다. 그리고 실제로 그것이 사실임을 입증하는 증거도 상당수 된다.

많은 전문가는 PC근육운동을 통해 PC근육이 무력해

지는 것을 막을 수 있고 또 이미 무력해진 PC근육도 원상태로 회복시킬 수 있다고 역설한다. 특히 갓 아이를 출산하여 몸과 마음이 모두 탈진되어 있는 산모에게는 이 운동이 더할 나위 없이 유익하다고 한다.

순전히 성적인 관점에서만 보았을 때, PC근육이 어떻게 기능하는지 이해하고 또 그것을 강화시킴으로써 성의 부적응에서 놓여난 여성은 상당수에 달한다. 이제 PC근육 운동과 그에 대한 개념은 새로운 과학적 지식과 더불어 육체적 사랑의 기술에 대한 새 지평을 열어가고 있다.

가끔씩은 이 운동을 달가워하지 않는 그리스도인 여성도 만나게 되는데, 한 번은 다섯 아이의 엄마이자 결혼한 지 25년 된 중년 여성으로부터 "목사님, 제게는 PC근육을 강화해야 한다는 말 자체가 아주 거북하게 들려요. 만일 남편과 성행위를 할 때 질근육이 강해야지만 더 많은 쾌감을 느낄 수 있고 또 하나님이 그걸 원하셨다면, 그분은 처음부터 그렇게 만드셨을 거에요"라는 말을 듣게 되었다. 그래서 나는 그 부인에게 분명 하나님께서는 처음부터 여성의 질근육을 아주 강하게 만드셨지만, 아이를 출산하고 나이를 먹어감에 따라 원래 갖고 있던 힘을 서서히 잃어 버려 나중에는 남편이나 자신 모두에게 쓸모없는 기관으로 퇴화하게 되었다는 것과 그것은 하나님이 원하시는 바가 아니라는 것, 따라서 그것을 강화시키기 위해 적절한 운동을 반드시 해주어야만 한다는 것에 대해 이야기해 주었다.

그러자 그녀는 집에 가서 한 번 시도해 보겠노라고 말했지만, 그래도 크게 기대는 하지 않는다는 여운을 남겼다. 어쨌든 그녀는 나와의 약속을 지키기 위해 열심히 케겔운동을 하였고 마침내는 "목사님, 운동 시작한 지 한 달도 안 되어 전에는 느껴보지 못했던 기분 좋은 느낌을 경험하게 되었어요. 그리고 다섯 주가 지나면서 발기 상태를 유지하는 데 어려움을 겪고 있던 남편에게도 변화가 일어나기 시작했어요. 이제 우리 부부는 앞으로 함께하게 될 이십오 년이 이제까지 헛되이 보낸 지난 이십오 년에 비해 말할 수 없이 흥미롭고 전율이 넘치리라는 기대감에 젖어 하루하루 행복한 나날을 보내고 있답니다"라고 말할 정도로 상태가 호전되었다.

나는 그렇게까지 해서 오르가즘을 느껴야 할 필요가 있을까 하고 반문하는 부인을 많이 만났는데, 그럴 때는 본인은 그렇게 느낄지 몰라도 남편은 다를 수 있으니 남편에게 선심으로 봉사하는 셈치고 한 번 해 보라고 권유하곤 했다. 게다가 이 운동이 많은 노력과 시간을 요할 정도로 힘든 것은 아니니 말이다. 그러면 2개월이 지나기 전에 대부분 오르가즘을 경험하게 된다. 그런 전화를 받을 때마다 나는 평생에 기쁨을 안겨 줄 가치있는 실험을 하는데 8주 정도 시간을 투자하는 것은 정말이지 길지도 아깝지도 않다는 생각을 하곤 한다. 그러니 지금 당장 시도해 보라. 결코 실망하지 않을 것이다.

*답: 많은 내과 의사와 부인과 의사, 성전문가와 결혼상담가들

은 케겔운동의 효과도 높이고 운동도 쉽게 할 수 있도록 고안된 기구를 사용하라고 권장한다. 이 기구는 가격도 저렴한데다 운동시간을 단축시켜 주는 이점까지도 갖고 있으며, 사용해 본 여성들에 의해 이미 그 효과가 입증되기도 했다. 결과가 만족스러우리라는 것은 내가 장담할 수 있다.

최신판 케겔운동

그동안 나는 케겔운동에 대해 더 자세히 알고 싶다는 요청과 이 운동을 통해 놀라운 효과를 보았다는 말을 수도 없이 들어왔다. 그래서 본서에서는 한 단계 더 개선된 케겔운동에 대해 소개할까 한다. 예나 지금이나 변함없이 나는 이 운동이 여성의 근육 긴장도를 개선해 주고 외음부의 감각을 민감하게 해줌으로써 부부사이의 성생활을 풍성하게 해준다고 굳게 믿고 있다. 특히 이 운동은 출산을 여러 번 반복한 여성에게 더 큰 효과가 있다. 앞에서도 언급했지만, 여성의 생식기는 임산과 출산을 반복하는 과정에서 원래의 형태를 잃어버리게 된다. 그래도 대부분의 기관은 출산 후 6개월만 지나면 자연스레 원상태대로 회복되지만, 유독 질근육만은 특별한 운동을 해주지 않으면 영원히 늘어지고 약해진 상태 그대로 있게 된다. 따라서 질근육을 원상태대로 회복시키기 위해서는 반드시 특별한 운동을 해주어야 한다(이것은 복부근육도 마찬가지다). 물론 별다른 운동을 해주지 않아도 만족할 만한 성관계를 갖는 데 지장이 없을 정도로 회복될 수도 있겠지만, 예전처럼 그렇게 탄탄하지는 못할 것이다. 그러다가 아이를 서너 명 정도 출산하고 나면 문제가 본격적으로 가시화되기 시작한다. 그러다가 좀 더 나이가 들어 다른 근육들도 이완되기 시작하는 갱년기에 접어들면 질근육이 형편없이 늘어져 자신에게나 남편에게나 아무런 성적 자극도 주지 못하게 되고 만다.

우리 부부 앞으로는 케겔운동을 통해 많은 효과를 보았다는 편지가 지금도 계속해서 배달되고 있는데, 최근에 받은 편지 가운데 가장 기억에 남는 것은 5년 동안 세 자녀를 출산하느라 성적 감각을 거의 다 잃어버렸다는 스물일곱 살 된 여성으로부터 온 편지이다. 그녀는 한 달 동안 착실하게 케겔운동을 했음에도 불구하고 여전히 오르가즘을 느끼지 못하고 있다며 화가 난 어투로 글을 써 내려갔다. 그래서 나는 그녀에게 상세하게 답장을 적어 보냈다. 다행히 두 번째 편지에는 마침내 오르가즘을 경험하게 되었으며 자기가 완전히 딴 사람이 된 것 같다는 반가운 글이 적혀 있었다. 이것은 특별한 사람에게 일어나는 특별한 경험이 절대로 아니다. 조금만 노력한다면 누구에게나 일어날 수 있는 일이므로, 만족스러운 성생활을 영위하고 싶다면 지금 당장 시도해 보도록 하라.

끝으로, 오르가즘에 도달했다고 해서 운동을 그만두는 것은 바람직하지 않다는 것을 한 번 더 강조하고 싶다. 케겔운동을 통해 오르가즘에 도달했다 하더라도 최소한 일주일에 세 번 정도는 이 운동을 해주어야 한다. 그렇게만 한다면, 자신이 기울인 노력에 상응하는 풍성한 성생활을 평생토록 영위할 수 있을 것이다. 최고의 컨디션을 자랑하는 선수도 갑자기 운동을 그만두면 그동안 힘든 훈련을 통해 만든 근육구조가 순식간에 엉망이 되어 버린다고 스포츠 전문가들은 말하지 않는가? 일주일에 서너 번 정도 케겔운동을 해서 자신과 자신이 사랑하는 남자가 평생토록 기쁨을 맛볼 수 있다면, 그것이야말로 최소비용으로 최대효과를 창출하는 경제적 투자가 아니겠는가?

케겔운동은 남성에게도 유익하다

케겔운동과 관련하여 우리 부부가 알게 된 한 가지 사실은 케겔운동이 특히 50세가 넘은 중년남성에게도 유익하다는 것이다. 나이를 먹어갈수록 남성도 근육구조가 전반적으로 이완되기 시작하는데, 그러다 보면 어느 때부턴가 발기 상태를 유지하는 게 어렵게 되고 혹 유지한다 하더라도 젊었을 때만큼은 쉽지 않게 된다. 게다가 소변을 가두어 두는 힘도 약해져 요실금 증상이 생기게 되는데, 연구가들은 이 장에 나와 있는 대로 괄약근 운동을 하면 발기 상태를 유지하는 데나 요실금 증상을 예방하는 데 있어서 탁월한 효과를 보게 된다고 주장한다. 그러므로 남성들도 주저하지 말고 이 운동을 꾸준히 하기 바란다. 그럴만한 가치가 충분히 있기 때문이다.

11 _ 성무력증에 시달리는 남성

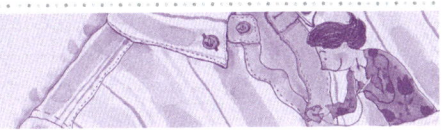

오늘날 성무력증에 시달리는 남성이 하루가 다르게 늘고 있다. 40세를 기점으로 남자의 가장 중요한 성기관은 머리로 옮겨가게 된다. 다시 말해, 이 시기는 생식기 문제보다는 자신이 스스로를 어떻게 생각하고 있느냐에 의해 그 사람의 성기능이 결정되는 것이다. 즉 스스로가 자신을 남성답고 매력적인 사람이라고 생각하면 그런 사람이 되고, 반대로 자신이 무능하고 형편없다고 생각하면 그렇게 되고 만다. "자신을 어떻게 생각하느냐가 진정한 자기모습이다"라는 격언은 남녀 모두에게 해당되는 말이지만, 특별히 남성의 성기능과 관련하여서는 특히 더 그렇다고 할 수 있다.

내가 성무력증으로 고민하는 남성을 처음 만난 것은 '결혼 안에서의 육체적 적응'에 대해 강의를 했던 가족생활 세미나에서였다. 강연이 끝나자 한 중년 남성이 찾아와서는 무려 8년 동안이나 성무력증으로 시달리고 있는데 자신에게 희망이 있느냐는 것이었다. 나는 속으로 그의 처지를 동정하면서, 아내는 이러한 상황을 어떻게 받아들이고 있느냐고 물어보았다. 그러자 그는 "다행히 아내도 이해하고 나와 함께 사는 법을 조금씩 터득해 가고 있습니다"라고 대답했다. 이 얼마나 서글픈 대답인가? 그들은 조금만 신경 쓰면 행복한 경험으로 붙잡을 수 있는 상황을 무지로 인해 무력감에 빠져있었던 것이다.

남자가 성무력증에 걸리는 이유는 무엇인가?

요즈음 남성무력증이 유례없이 급증하고 있는 것으로 나타났다. 그리고 이러한 추세는 남성이 자신에 대해 배우고 알려고 하지 않는 이상, 더 악화될 것이다. 물론 상황을 개선하기 위해서는 남편을 도와주고자 하는 아내의 적극적인 노력도 필요하다.

남성의 성충동은 열여덟 살에서 스물두 살 사이에 최절정에 달했다가, 서서히 감퇴하기 시작한다. 실제로는 너무도 천천히 감소하기 때문에 대부분은 40대 중반이나 후반까지도 그 사실을 잘 인식하지 못한다. 심한 경우에는 예순 살이 되어서도 자신의 성충동이 감퇴하고 있다는 것을 깨닫지 못하는 남성도 있다. 그러나 발기를 유지하는 게 어려워진다든가 사정이 잘 안 된다든가 하면, 스물두 살부터 서서히 진행되어 오고 있던 성충동의 감퇴가 걷잡을 수 없이 빠른 속도로 진행되기 시작한다. 그래서 눈 깜짝할 사이에 자신이 남성을 상실했다는 것을 확신하게 되고, 더욱 깊어지면 그만큼 불행한 경험을 많이 하게 된다.

만족스러운 성생활을 영위하고 있던 마흔다섯 살 된 남성이 정관절제술을 받았다. 의사와 오랜 상담을 통해 성충동을 조금도 감소시키지 않고, 성생활에도 아무런 불편을 받지 않는다는 확신을 하고 수술을 받았던 것이다. 수술을 받은 뒤 의사의 지시대로 그는 6주 동안 성관계를 갖지 않았다. 그리고 6주 후에 의사로부터 정액 정자 검사를 위해 샘플을 가져오라는 부탁을 받았다. 그리하여 수술 후 처음으로 아내와 성관계를 가졌는데, 결과는 참담 그 자체였다. 어이없게도 그는 태어나서 처음으로 페니스가 발기되지 않는 참담한 경험을 하게 되었다.

실망스러운 눈치를 보이는 아내에게 "별 일 아닐 거야"라고 말하기는 했지만, 자신의 페니스가 발기하지 못했다는 생각을 떨칠 수 없었고, 결국 자기가 성무력증 환자가 되었다는 확신까지 갖게 되었다. 다행히 그는 아내에게도 도움을 청하고 자신의 생식기에 대해서도 자세하게 배울 만큼 용기있는 사람이었기 때문에, 노력 여하에 따라 회복은 얼마든지 가능하다는 것을 알게 되었다. 결국 그는 아내도 만족시키고 자신도 만족하는 데 성공하게 되었고, 자신감을 회복하여 지금은 언제 그랬냐는 듯 행복한 성생활을 영위하고 있다.

장담하건대, 성무력증 환자 가운데 90퍼센트는 분명히 치유될 수 있다. 성경도 "대저 그 마음의 생각이 어떠하면 그 위인도 그러한즉"(잠 23:7)이라 말하고 있다. 마음은 두뇌 중에서도 감정을 담당하는 부분으로 종종 묘사되고 있다. 실제로도 우리 몸의 모든 기관을 움직이는 원초적 동인이라고 할 수 있다. 그래서 자기가 성기능이 무력해졌다고 생각을 하게 되면 이내 그 무능력을 느끼게 되고 그런 생각이 길어지면 결국에는 성무력증에서 빠져나올 수가 없게 되는 것이다. 그러나 연구결과에 의하면 성무력증은 대부분 치유가 가능하기 때문에 노력 여하에 따라 성생활의 기쁨을 회복할 수가 있다.

무력해진 **성기능으로 인해 나타나는 첫 번 증상은 성교불능이다.** 십수 년 동안 아무 탈 없이 성생활을 영위해 온 남성이 이런저런 이유로 어느 날 문득 사정에 실패하게 된다. 그렇게 한 번 실패를 경험하게 되면 계속 두려움을 갖게 된다. "이제 정력이 약해지고 있어. 나도 늙는 거야. 더 이상 어쩔 수가 없겠구먼"이라는 체념을 하게 된다. 아니나 다를까? 연속적으로 실패가 이어진다면, 그 두려움을 극복하지 않는다면, 문제는 더욱 심각해지게 된다.

성무력증 가운데 **가장 흔한 증상은 페니스가 제대로 발기되지 못하는 것이다.** 이것은 중년 남성에게서나 찾아볼 수 있는 것이었다. 그러나 오늘날에는 감정적 고압상태에 이른 우리 사회가 성을 지나치게 강조함으로 인해, 이제는 젊은 남성들까지 이러한 증상으로 고생하는 어이없는 일이 일어나게 되었다. 그런데 발기부전은 한 가지 요인에 의해서라기보다 여러 문제가 복합되어 생긴 경우가 대부분이다.

성행위의 만족, 불만족을 떠나서 일단 관계를 가지려면 무엇보다 페니스가 꼿꼿하게 발기되어 있어야 한다. 그러나 별다른 원인도 없이 페니스가 축 늘어지면 아내나 남편 모두 당황하게 된다. 마음 같아서야 아내도 만족시키고 자신도 만족하고 싶지만, 페니스가 삽입할 수 없을 정도로 흐물흐물한 상황을 한 번 상상해 보라. 혹은 처음 삽입할 때만 해도 아무 문제가 없었고 섹스를 하는 중에도 멀쩡해서 신나게 관계에 열중하고 있는데, 별안간 페니스가 죽어 버리는 상황을 상상해 보라. 생물학적으로 볼 때 성교 중에 사정하기 위해서는 페니스가 반드시 발기 상태를 유지하고 있어야 한다. 따라서 성교 도중에 페니스가 힘이 빠져버렸다면, 아내는 정성스레 마사지를 해서 인위적으로라도 남편을 오르가즘에 달하게 해야 한다. 그러면 일시적이기는 해도 성적 긴장이 한결 완화되는 효과를 거둘 수 있을 것이다.

성무력증을 유발하는 요인은 무엇인가?

성무력증은 보통 복합적인 요인에 의해 일어나므로 그 원인을 한 가지로 단정해서 말하기가 어렵다. 그러나 이유가 무엇이든 성무력증은 남성에게 정신적으로 엄청난 고통을 준다. 다행히 노력 여하에 따라 증상이 개선되기도 하고 완전히 치유되기도 한다. 그러므로 이 문제에 대해 신중하게 탐구하려는 자세만 있다면 문제의 반은 해결된 것이다. 그러므로 이 질환을 치유하는 첫 번째 단계는 증상이 일어나는 이유를 제대로 이해하는 것이다. 그러면 성무력증을 유발할 수 있는 여러 원인을 차례대로 살펴보도록 하자.

1. **활력 상실**. 프로 축구선수 가운데 불혹의 나이를 넘기고도

활발히 활동하는 선수는 얼마 되지 않는다. 사실상 대부분의 선수는 삼십 대 초반이나 중반에 은퇴하게 된다. 이것은 뼈가 약해져 골절상을 자주 입게 되고 근육도 한 번 손상되면 많은 회복 시간이 필요하기에 운동에 대한 열정이 식기 때문이다. 그러나 그들이 운동을 그만둔다고 해서 남자이기를 멈추는 것은 절대로 아니다. 상당수가 직업을 옮겨 변함없이 활기차고 생산적인 삶을 살기 때문이다.

마찬가지로, 성무력증에 시달리고 있는 남성도 단지 그 이유 하나 때문에 자신이 더 이상은 남성으로 구실할 수 없게 되었다고 생각해서는 절대로 안 된다. 20대에 뿜어냈던 강렬한 성충동이 40대 후반이나 50대 초반에 접어들면서 상당 부분 풀이 꺾였어도 성생활 자체를 영원히 못하게 되는 것은 아니기 때문이다. 물론, 40대 중반이나 50대 중반 무렵은 성에 대한 욕구가 20대만큼은 빈번하게 생기지 않을 수 있다. 또한 페니스도 예전처럼 발기 상태를 오래 유지할 수 없게 될 수도 있다. 그리고 이따금씩은 성기능부전으로 속을 끓일 수도 있다. 그러나 이 모든 증상을 인생이 완전히 끝났음을 알리는 신호로 받아들일 필요는 전혀 없다. 왜냐하면 아내의 적절한 도움과 이해만 있다면, 만족스러운 성행위는 다시 경험할 수 있기 때문이다.

2. **노여움, 쓴 감정, 분노.** 나는 성무력증으로 고민하는 남성들을 만날 때마다 항상 똑같은 질문을 던진다. 그것은 주위에 특별히 싫어하는 사람이 있느냐는 것이다. 한 번은 아직 서른 살이 안 된 남

자가 "저는 이제 남성이 아닙니다"라고 말한 적이 있었다. 그러나 나는 매력적이고 건강미가 넘치는 그를 보면서 그 말을 도저히 믿을 수가 없었다.

그래서 내가 "부인과는 아무 문제없나요?"라고 묻자, 그는 "집사람에 대해 꼭 얘기를 해야 합니까?"라고 되물었다. 그래서 내가 "억지로 말을 할 필요는 없지만, 그래도 말을 해준다면 상담에 많은 도움을 드릴 수가 있습니다"라고 말하자, 그는 '순악질 여사'에 대해 이야기하기 시작했다. 그런데 가만히 이야기를 듣고 있자니 그가 그렇게 느끼는 게 어쩌면 당연하다는 생각이 들었다. 그가 과장해서 말을 했겠지만 내용을 종합해 볼 때 부인에게 나쁜 감정을 갖는 것은 당연하다고 판단되었다.

문제는 그에게는 아내에 대한 나쁜 감정뿐만 아니라, 엄마에 대해서도 증오의 감정이 있었다. 내가 볼 때에는 아내에 대한 감정보다 엄마에 대한 감정을 먼저 해소하는 것이 우선이었다. 그래서 나는, 자기를 낳고 길러준 어머니에 대해 분노의 감정을 품는 것은 하나님 앞에 분명한 죄가 되므로 용서와 회개를 권고했다. 그는 한참을 주저하다가 무릎을 꿇고 어머니에 대해 품었던 나쁜 감정에 대해 용서를 구하기 시작했다. 그리고 몇 주 뒤 그는 엄마에 대한 나쁜 감정이 해소되자 놀랍게도 아내와의 관계도 조금씩 풀리기 시작했다는 소식을 전해왔다. 한마디로, 그는 어머니에 대한 증오가 무의식중에 아내에게로 옮겨져 정상적인 성충동을 완전히 억압하고 방해하였던 것이다. 나는 그를 보면서 쓴 감정에 대한 대가치고는 성무력증은 너무 잔혹한 것이 아닌가 하는 생각을 해 보았다.

한 사람의 마음에 증오심을 불러일으켜 그로 인해 성무력증에 걸리게 하는 사람이 전제군주 같은 어머니뿐만이 아니다. 직장동료나 이웃, 아버지와 아내도 그 같은 결과를 낳게 할 수 있다. 증오심이라는 죄 된 생각과 감정이 마음속에서 자라게 되면, 그 증오심 때문에 자연적인 성충동이 위축되고 억눌려 성행위를 통한 사랑을 제대로 표현할 수 없게 될 뿐 아니라, 영적인 면에서도 성장이 멈춘 난쟁이 같은 삶을 살게 한다. 분명 예수님은 "너희가 사람의 잘못을 용서하면 너희 하늘 아버지께서도 너희 잘못을 용서하시려니와"(마 6:14)라고 말씀하셨다. 마음의 쓴 뿌리를 제거하는 가장 효과적이고도 유일한 치료법은 그것을 영적으로 다루는 것뿐이다. 누군가 "사랑하든지 멸망하든지" 둘 중 하나를 택하라고 말한 적이 있는데, 개인적으로 나는 그 말에 진리가 담겨 있다고 생각한다.

3. 두려움. 남자는 겉으로 보이는 모습과 다른 경우가 참 많다. 겉으로는 자신만만하고 남성다워 보이지만, 속으로는 정력에 대한 관심이 크다. 무엇보다 정력이 쇠퇴하여 성무력증에 걸리면 어쩌나 하는 두려움을 누구나 갖고 있다. 앞에서도 말했지만, 남성의 자아는 성충동과 밀접하게 연결되어 있다. 그래서 남성 가운데에는 아내를 만족시키지 못하고 있다는 두려움만으로도 성무력증에 걸리는 경우가 상당수에 이른다. 그렇기 때문에 아내는 남편이 자기를 얼마나 만족시키고 있는지 그리고 남편과의 성관계가 얼마나 즐거

운지 말로든 행동으로든 자주 표현해야 한다.

이 분야에 대한 연구결과를 보면, 많은 남성이 정력 감퇴에 대한 두려움을 안고 있음을 발견할 수 있다. 물론 대부분의 남성은 잠깐 스쳐가는 정도로만 생각하지만, 그 중에는 병적이다 싶을 정도로 심각하게 공포로 떠는 남성도 이따금씩 볼 수 있다. 특히 중년기에 접어들면 잠재의식 속에 숨어 있던 그러한 두려움이 표면적으로 가시화된다. 심한 경우에는 성기능부전 증상을 일으키게 되고, 그것이 정신적 불균형상태로 이어지게 되고, 결국에는 성무력증이라는 심각한 문제로까지 발전하기도 한다. 그리고 한 번 실패를 경험한 사람은 앞으로도 계속 실패하면 어쩌나 하는 두려움에 사로잡히게 된다. 그러나 기도와 적절한 교육과 아내의 부드러운 사랑만 있다면 성무력증에서 해방되는 것은 절대로 불가능한 일이 아니다.

꼿꼿이 서 있던 페니스가 별 다른 이유 없이 성교 중에 갑자기 힘이 빠져버렸다면, 그 이유는 페니스 자체에 있는 것이 아니라 뇌에 있다고 의심해야 한다. 두려움이라는 감정이 뇌로부터 페니스에 전달되어 그러한 현상이 일어나는 것이다.

겉으로는 남자인 양 허세를 떨고 속으로도 성적 매력을 물씬 풍기는 남자가 되겠노라고 벼르고 있지만, 그럼에도 불구하고 다음에 열거하는 다섯 가지 성적 두려움의 노예가 되어 고통을 당하는 남성이 상당수 된다.

(a) **거부당하면 어쩌나 하는 두려움.** 기질에 따라 다소 차이가

있지만, 그래도 한 번 실패를 경험한 남성은 그때 아내가 보인 반응을 잊지 못한다. 따라서 또 다시 실패하고 거절당하면 어쩌나 하는 두려운 마음을 품게 된다. 자연히 아내 입장에서는 정말로 피곤하거나 몸이 불편하여 관계를 갖고 싶지 않은 날도 있기 마련인데, 그런 때에는 자신의 기분을 남편에게 정확하게 이해시켜야 한다. 게다가 남편이 예민한 성격의 소유자일 경우에는 관계를 가질 수 없는 이유가 자신에게 있다는 사실을 충분히 납득시켜 주어야 한다. 그래야만 남편이 아내가 성관계를 거절하는 이유를 자기가 성적으로 충분한 자극을 주지 못하기 때문이라고 잘못 해석하는 일이 생기지 않기 때문이다. 남자로서는 자기가 아내에게 아무 매력이 없다는 사실만큼 받아들이기 어려운 것도 없다. 아내에게 거부를 당하는 만큼, 남편의 남성적 자아가 치명타를 받는 것은 없다. 그러므로 아내는 자기가 남편을 거부했을 때, 남편이 받는 정신적 충격을 늘 염두에 두고 있어야 한다.

(b) 아내를 만족시킬 수 없을지 모른다는 두려움. 최근의 조사결과에 의하면, 성관계가 끝났는데도 아내에게서 만족하는 표정이 조금이라도 나타나지 않으면, 남편은 좌절감을 느끼는 것으로 나타났다. 그리고 이것으로 인해 아내에게 주눅 당하는 것이 아닌가 하는 두려움이 남편의 원기를 위협하는 것으로 알려졌다. 현명한 아내라면 남편과의 관계가 얼마나 행복하고 즐거운지 행동뿐 아니라, 말로도 분명하게 표현할 것이다.

(c) 다른 남자와 비교 당하면 어쩌나 하는 두려움. 이런 두려움

은 누구나 다 갖고 있다. 성경은 결혼 전에 반드시 순결과 정조를 지키라고 가르친다. 그러나 만일 혼전에 순결을 잃었거나 한 번 결혼한 경험이 있다면, 지금의 남편을 이전의 남자와 비교하는 어리석음은 절대 범하지 말아야 할 것이다. 그러나 불행하게도 성숙한 그리스도인조차 이러한 사실을 간과하는 경향이 있다. 내가 알고 있는 어떤 사람은 남편과 사별한 여성과 재혼하였다. 어느 날, 무슨 의도로 그랬는지 몰라도 아내에게서 이전 남편이 자신보다 성적으로 훨씬 더 매력적이었다는 고백을 받아내고야 말았다. 그런데 시간이 흐를수록 그 고백이 그에게 말할 수 없는 아픔과 분노를 가져왔고, 마침내 가까운 나에게 상담을 요청할 지경에까지 이르렀다.

(d) 발기 상태를 유지하지 못할지도 모른다는 두려움. 남편과 아내 모두 만족할 만한 성관계를 갖기 위해서는 무엇보다 남편이 발기 상태를 오래 유지할 수 있어야 한다. 페니스가 힘을 잃게 되면 남편과 아내 둘 다 불만족스럽게 되고 특히 남편은 말할 수 없는 굴욕감을 느끼게 된다.

(e) 사정할 수 없을지도 모른다는 두려움. 사정하는 데 한 번 실패를 경험해 보기 전까지는 이 세상 어떤 남자도 자기에게 그런 일이 일어나리라고는 꿈에도 생각지 않는다. 그러다가 한 번 사정에 실패하게 되면, 그 경험이 너무도 끔찍하여 앞으로 이런 일이 또 일어나면 어쩌나 하는 두려움에 사로잡히게 되고 그것이 반복되다 보면 신경증으로까지 이어져 얼마 전까지만 해도 멀쩡하던 사람이

순식간에 성무력증자가 되어 버릴 수 있다.

4. 비웃음. 아내로부터 조롱당하고도 참을 수 있는 남자는 아마 하나도 없을 것이다. 그러므로 현명한 아내라면 비웃음이나 조롱 섞인 말로 남편을 괴롭히는 일 따위는 절대로 하지 않을 것이다. 특히 남편의 남성다움이나 성적 능력과 관련해서는 절대로 그런 말을 해서는 안 된다. 참 이상하게도 발기된 페니스는 한국 남자의 경우에 외형적 체구와 상관없이 평균 13센티미터 전후이며, 발기되지 않은 상태의 페니스는 보통 7~8센티미터이다. 연구가들은 발기된 상태에서는 페니스 크기가 비슷하면서 발기되지 않은 상태에서는 왜 그렇게 큰 차이가 나는지 아직까지는 그 이유를 정확하게 규명하지 못하고 있다. 발기하지 않은 상태에서 크기가 작은 사람은 자기가 성적으로 무력한 사람이 아닐까 하는 두려움에 시달린다고 한다. 그러나 발기한 페니스의 길이가 4~5센티미터만 되어도 만족스러운 성관계를 갖는 데 아무 지장이 없다는 점을 생각하면 이는 근거 없는 두려움이라고 하지 않을 수 없다. 왜냐하면, 여성의 질 가운데 페니스의 접촉이나 압력에 민감하게 반응하는 곳은 바깥으로 나 있는 대음순에서부터 5센티미터 정도 안으로 들어간 부분까지 자극을 받는다. 결국 페니스의 크기로 인한 고민은 기우에 불과하다.

따라서 성관계를 가질 수 없을 만큼 작은 페니스를 갖고 있는 남자란 이 세상에 존재하지 않는다고 해도 과언이 아니다. 그런데도 수백만의 남성은 자기 페니스가 성관계를 갖기에는 너무 작다는 두려움을 갖고 있다. 만일 그런 남성에게 아내가 페니스와 관련하여 조금이라도 농담 섞인 말을 하게 되면, 그 결과는 아주 치명적일 수 있다. 심한 경우에는 남편으로 하여금 정상적인 기능조차 하지 못하게 해 버릴 수 있다. 어느 남자는 아내가 농담조로 던진 "당신 오늘밤 나를 뿅가게 할 능력은 있는 거야?"라고 한 말에 얼마나 큰 굴욕감을 느꼈던지, 아내에게 아무런 대꾸도 못하고 그저 수치심에 떨고만 있었다고 한다. 물론, 섹스에 대해 단도직입적으로 언급하는 게 어색해 그런 식으로 농담 섞인 말을 했을 것이며, 그것이 남편을 그렇게 기분 나쁘게 할 줄은 꿈에도 생각지 못했을 것이다. 그런데 남편이 생전 처음 성기능부전을 경험하고 있는데, 그것을 눈치 채지 못한 아내가 "무슨 문제라도 생겼어요? 당신, 정말 예전에 내가 알고 있던 그 남자 맞아요?"라고 놀렸다면, 그 말은 남편에게 악영향을 끼치게 된다. 비웃음과 조롱은 아이들이나 사용하는 유치한 무기지만, 아내가 남편을 겨냥해 사용했을 때에는 살인만큼이나 치명적인 결과를 초래한다.

5. 죄의식. 모든 문제를 인간적인 방법으로 풀려고 하는 심리학자들이 간과하고 있는 사실이 하나 있다. 그것은 바로 양심이 실재한다는 것이다. 그들은 인간의 양심을 인식하지 못하고 있다. 그래서 그들은 혼전이나 결혼 중에 자유로운 성생활을 영위하면 나중에 심각한 죄의식에 사로잡혀 결국에는 성무력증에 걸리고 만다는 사실을 분명히 밝히지 못한다. 그러나 혼전순결을 지키지 못하고 자유로운 성생활을 즐긴 여성들은 그에 대한 죄책감 때문에 남

편과의 성관계를 제대로 즐기지 못한다는 결과가 이미 많은 연구로 입증되었다. 그리고 그와 똑같은 현상은 남성에게도 일어날 수 있다. 결혼한 이듬해에 성무력증에 걸린 남성이 있었다. 그는 자기가 왜 그런 병에 걸리게 되었는지 곰곰이 생각해 보았다. 그것은 아내와 연애하던 시절에 성충동을 억제하지 못해 그녀와 빈번하게 잠자리를 가졌기 때문인 것 같다고 대답했다. 또 어떤 사람은 "친하게 지내던 여자 친구와 잠자리를 같이 한 후로는 아내와 관계를 가질 때마다 발기가 되지 않았습니다"라고 말하기도 했다. 방문판매를 하던 한 영업사원은 어떤 부인이 노골적으로 유혹하는 바람에 성관계를 갖다가 현장에서 그녀의 남편에게 붙잡혀 심한 치욕을 당했는데, 그날 이후부터 성무력증에 시달리게 되었다고 고백했다. 이 세 사람이 성무력증에 걸리게 된 공통적인 이유는 바로 죄의식이었다.

정조와 순결을 지킴으로써 얻을 수 있는 유익은 참 많은데, 가장 큰 것이 깨끗한 양심이다. 우리 부부가 오랜 상담을 하며 접한 사연 가운데 가장 슬펐던 것은 한 여인을 너무도 사랑한 나머지 아내와 아이와 목사직까지 버리고 그 여인을 택한 젊은 목회자에 관한 이야기였다. 그러나 그는 아내와 아이를 저버린 것으로 인해 무려 10년 동안이나 죄의식에 시달리게 되었고 결국에는 서른일곱이라는 젊은 나이에 성무력증에 걸리고 말았다. 그는 "퇴근해 집에 들어가 아내 얼굴을 볼 때마다 제가 버린 첫 번째 아내가 생각났어요. 침실에 들어가 관계를 가질 때에는 내가 참 신실하지 못한 사람이구나 하는 생각을 하게 되었구요. 그리고 교회 앞을 지나칠 때마다 뜨거운 열정과 흥분으로 목회하던 시절이 떠올라 미칠 것 같았어요. 결국 저는 온갖 종류의 죄의식에 짓눌려 마침내 성무력증 환자가 되고 말았어요. 그리고 제가 집안일에 소홀히 하자 아내도 불안한지, 자꾸만 제게 부부관계에 대한 압박감을 안겨줘요. 정말이지 모든 게 다 뒤죽박죽되어 버렸답니다"라고 털어놓았다.

성경은 "사악한 자의 길은 험하다"(잠 13:15)고 분명히 경고한다. 또한 "사람이 무엇으로 심든지 그대로 거두리라"(갈 6:7)고도 경고한다. 죄책감을 없애는 방법이 있다면, 그것은 예수 그리스도를 자신의 주님이자 구세주로 영접하고 그분의 이름으로 죄를 고백하는 것밖에 없다. "만일 우리가 우리 죄를 자백하면 저는 미쁘시고 의로우사 우리 죄를 사하시며 우리를 모든 불의에서 깨끗하게 하실 것이요"(요일 1:9). 그러나 주님께서는 우리가 죄를 고백하는 즉시 우리 죄를 사해 주시지만, 내가 발견한 바에 의하면 스스로가 자신의 죄를 사하는 데는 상당한 시간이 걸리는 것으로 나타났다. 그러므로 죄의식으로 인해 생겨난 성무력증은 하룻밤에 없어지는 것이 절대로 아니라고 장담할 수 있다.

6. 터무니없는 기대. 모든 남성은 무엇보다 하나님이 자신을 열여덟 살에서 스물두 살 사이에 성충동이 절정에 달하도록 지으셨다는 사실을 이해해야 한다. 그 기간 동안에는 남성의 생식기에서 엄청난 양의 테스토스테론(고환에서 만들어지는 남성 호르몬의 일종)과 정액과 정자가 생산되는데, 하나님이 남성을 그렇게 지으신 이

유는 분명하다. 바로 젊었을 때 결혼하여 아이들을 낳고 양육하기를 바라셨기 때문이다. 이 기간 동안에는 하루에 한 차례에서 다섯 차례까지도 사정할 수 있는데, 앞에서도 말했다시피, 섹스에 대한 갈망과 섹스를 할 수 있는 능력은 스물두 살을 기점으로 조금씩 쇠퇴하기 시작한다. 그러다가 어느 순간 자신의 성충동과 정열이 줄어들고 있다는 사실을 깨닫게 되면, 남자들은 지금 상태를 한창 나이였을 때와 비교함으로써 문제를 침소봉대하게 된다. 그러나 하나님은 오십 줄에 들어선 남성이 지금의 모습을 스물두 살 때의 모습과 자꾸 비교하는 것은 원치 않으신다. 왜냐하면 쉰 살을 넘긴 남성은 사랑을 나누고 감정을 표현하는 데 있어 아직 솜털 보송보송한 20대의 젊은이보다 나름대로 탁월한 능력을 소유하고 있기 때문이다. 그런데도 대부분의 남성은 폭발하는 정열이나 열정만으로는 성행위가 이루어지지 않는다는 것을 알면서도 가끔씩 일어나는 성기능부전을 너무 심각하게 생각한 나머지 수 년 동안 성관계를 즐기지 못하기도 한다. 그러나 성숙한 남편이라면 분명 양보다 질로 승부하려고 할 것이다.

분명, 나이를 먹어가다 보면 어떤 시기에는(물론 그 시기는 개인마다 차이가 있겠지만), 주변상황과 자신의 업무와 아내와의 조화된 관계와 그 외 다른 많은 요인에 의해 어떤 때는 일주일에 1번, 또 어떤 때는 더 많이 의미 있는 성관계를 가질 수 있다. 그리고 그것을 받아들이는 남편은 인생의 후반기에 경험하게 될 수많은 성관계를 정신적으로 잘 준비하는 여유를 갖게 된다. 반면 젊은 시절에 갖고 있던 혈기와 성적 능력을 나이에 상관없이 지속해야 한다고 생각하는 남성은 비현실적인 사람이며, 스스로를 기만하게 되고, 자신의 의지와는 상관없이 성무력증에 걸릴 확률이 아주 높다.

조사결과에 의하면 대부분의 남성은 늙어 죽을 때까지 성관계를 하는 것으로 나타났다. 물론, 일흔 살이나 여든 살을 넘기면 횟수가 현저하게 줄어들지만, 그래도 성관계를 갖는다는 사실 자체는 변하지 않는다. 심지어 백 살의 노인인데도 아들을 낳아 신문지상을 떠들썩하게 한 남성이 있을 정도로 말이다. 한 번은 가족생활 세미나를 마치고 강의안을 정리하고 있는데, 일흔일곱 살 되신 할머니 한 분이 다가오셔서는 "남자는 도대체 몇 살이 되어야 성욕이 사라집니까? 제 남편은 지금 여든한 살인데도 제 꽁무니만 따라다니며 같이 자자고 조른답니다"라고 물어왔다.

평생토록 성관계를 나눈 부부에겐 서로 한 가지 공통점을 갖고 있는데, 그것은 키가 비슷하다거나 몸매가 비슷하다거나 얼굴이 닮았다거나 하는 외향적인 것이 아니라, 적극적이고 긍정적인 사고방식을 갖고 있느냐는 정신적인 부분이다. 이러한 정신작용은 부부관계의 질을 높인다.

7. 비만. 지나친 비만은 아무에게도 매력을 주지 못한다. 오히려 지방질이 많으면 많을수록 성적 능력을 행사하는 데 꼭 필요한 요소인 자신감만 위축시킨다. 특히 남성은 과도하게 살이 찌면 자존감을 상실할 뿐 아니라 자신의 벌거벗은 모습을 보고 상당히 당황하기도 한다. 게다가 아내가 자신의 벌거벗은 모습 보는 것을 수

치스럽게 생각하게 된다. 그래서 한 번 살이 찌기 시작하면 자신의 살찐 모습을 거부하게 되고 그렇게 자신을 받아들이지 못하는 시간이 길어지면, 아내도 자기를 혐오스러워하지 않을까 하는 생각으로까지 발전하게 된다. 그리고 심한 경우에는 아내를 '여보, 당신' 혹은 '자기'같은 애칭으로 부르기보다는 '애들 엄마' 같은 호칭으로 부르게 되며 성관계를 한 달에 한 번도 안 가질 정도로 기피하게 된다.

정상체중에서 15킬로그램이나 더 나가는 쉰다섯 살 된 스펜서라는 남자가 어느 날 내 사무실에 찾아와서는 성충동이 없어졌다고 하소연했다. 그래서 나는 그분께 주일 예배에 좀 더 신실하게 참석하고 성경공부모임에도 나가며 성령 안에서 생활하고 그리스도 안에서 신앙을 나누는 법을 배우는 등 보다 더 영적인 삶을 살라고 권유하였다. 그리고 체중감량 프로그램을 세우고 살을 꼭 빼도록 부탁을 했다. 그로부터 2주 후 그분은 다시 내 사무실을 찾아왔는데, 이번에는 부인도 함께 데리고 왔다. 나는 한눈에 그가 체중감량에 성공하고 있음을 눈치 챌 수 있었는데, 아니나 다를까 그는 벌써 3킬로그램을 감량했다고 하면서, 구멍 하나를 줄인 허리띠를 자랑스럽게 추켜올렸다. 하지만 여전히 성관계를 자신감 있게 하질 못하고 있었다. 그런데 나는 우리가 대화를 하면서 그가 아내에게 '아이 엄마'라고 부르는 것을 보고, 그 이유를 물어보았다. 그랬더니 그는 사내아이 셋을 키우는 동안 자기도 모르게 아내를 그런 식으로 부르게 됐다고 말했다.

대부분의 사람은 말이 얼마나 중요한지 그 가치를 과소평가하는 경향이 있다. 과학자들은 언어가 무의식적인 마음에 영향을 끼친다고 주장한다. 보통 '어머니'라는 호칭에는 위엄과 존경과 경외와 순결과 그 외 도덕적으로 건전한 사상이 많이 담겨 있다. 그러나 이 호칭은 성적인 자극은 전혀 유발하지 않는다. 내가 볼 때 30대 중반에 들어선 요즈음 남성들이 갖고 있는 버릇 가운데 가장 나쁜 것은 자기 아내를 '어머니'라는 관념을 넣어 부른다는 것이다. 그것이 본인에게도 아내에게도 성욕에 불을 붙이는 역할은 조금도 하지 못함에도 불구하고 말이다. 십수 년 함께 생활해 오는 가운데 무의식중에 갖게 된 버릇이라 하더라도, 그런 관념을 지우는 것이 중요하다. 나는 남편이 아내에게 오래도록 '애들 엄마'라는 호칭을 사용하면, 자신도 모르게 아내를 어머니로 생각하는 무의식이 작용할 것이라고 확신하고 있다. 또한 아내도 자기를 아내보다는 아이의 어머니 같은 존재로 생각하게 될 것이다. 그래서 나는 아내를 '애 엄마'라는 호칭을 사용하는 남편을 만날 때마다 연애 시절에 아내를 향하여 불렀던 여러 가지 사랑스런 애칭들을 다시 사용해 보라고 권유한다. 그렇게 하면 본인도 의식하지 못하는 사이에 새로운 긴장감과 흥분감이 감돌게 될 것이고 좀 더 편안하고 즐거운 관계로까지 발전할 수 있게 될 것이다.

앞에서 얘기한, 비만 때문에 성충동이 없어졌다는 스펜서와 세 번째 상담을 하게 되었을 때 그는 "기적이 일어났어요, 목사님. 우리가 드디어 신혼 때처럼 뜨거운 정열로 사랑할 수 있게 되었어요"

라고 말했다. 그것이 신문에 대서특필할만한 특종감은 못 되었지만, 그래도 무려 5년씩이나 성관계를 갖고 있지 않던 그들에게는 기적 같은 일이었으며 오래도록 기념할 만한 흥분된 경험이 아닐 수 없었다. 나는 성무력증을 극복하기 위해 노력하고 있는 부부에게 성급히 좋은 결과를 보려고 서두르거나 안달하지는 말라고 권면하고 싶다. 신체의 다른 모든 기관이나 근육과 마찬가지로 성기관도 효과적인 운동을 반복할 때 재가동할 수 있는 능력을 회복하기 때문이다. 그러므로 처음에는 일주일에 1회 정도만 만족스러운 관계를 가져도 반은 성공한 것이나 다름없다고 할 수 있다. 그렇게 한 번이라도 만족스러운 관계를 갖게 되면 다음에 대한 기대와 자신감을 갖게 되고 결국에는 지속적인 성공으로 이어지게 되기 때문이다. 개인적으로 나는 일주일에 2회 관계를 가져 1회 성공하는 것보다, 일주일에 1회 관계를 가져 곧바로 성공하는 것이 잠재의식적인 면에서나 정신적인 면에서 훨씬 큰 도움이 된다고 생각한다. 2회 관계를 가져 1회는 성공하면, 성공에 대한 기대감 이면에는 실패에 대한 두려움이 묘하게 흐르게 된다. 절제했다가 1회의 관계에서 실패를 하지 않고 사정에 성공하게 된다면, 이러한 경험을 일주일 내내 생각하게 되면서 다음 관계에 대한 기대와 확신을 품게 되어 만족스런 성생활을 하는 것이 훨씬 수월해지기 때문이다.

세 번째로 스펜서와 상담한 후 그는 몰라보게 날씬해졌으며 예순 살이 넘었음에도 불구하고 "목사님, 요즈음 아주 기분 좋아요. 우리 부부는 젊은 사람들 못지않게 만족스러운 성생활을 영위하고 있답니다"라고 말할 정도로 자신감 넘치는 사람이 되었다. 가끔 성무력증이 재발하지는 않느냐고 물으면 "물론 이따금씩은 그 증상이 나타나곤 하죠. 하지만 이제는 그것이 일시적인 증상이라는 걸 알고 있으니까 별로 걱정 안 해요. 그것 때문에 실의에 빠지거나 심하게 고민해 본 적도 없구요. 다만 다음번에는 좀 더 정신 집중해서 잘해야겠다고 생각할 뿐이죠"라고 대답하곤 한다. 아마 유명한 심리학자라 해도 그보다 더 훌륭한 말은 할 수 없을 것이다.

정상적인 몸무게보다 7킬로그램 이상 나가는 사람은 의사와 상담한 후에 반드시 체중감량을 실시하기 바란다. 육중한 체구가 성관계를 갖는 데 방해가 된다는 사실을 인식하기만 해도(물론 항상 그런 것은 아니지만 말이다), 다이어트를 해야겠다는 충분한 동기부여가 될 것이다. 게다가 비만은 활력을 저하시켜 건강을 해칠 뿐아니라 자연스런 성충동까지 감퇴시켜 버린다.

8. 운동부족. 하나님은 아담에게 "네가 얼굴에 땀을 흘려야 먹을 것을 먹으리니"(창 3:19)라고 말씀하셨다. 오늘날 서구사회에서는 삶의 환경이 의자에 앉아서 생활하는 시간이 길어지게 되었다. 자기 분야에서 경력을 쌓고 전문가가 될수록 육체 노동량은 줄고 정신 노동량은 증가하게 된다. 결과적으로 과거에 비해 땀 흘릴 기회가 줄어들게 되었으며 몸이 필요로 하는 만큼 운동하는 것도 어렵게 되었다. 그런데 남성은 근육이 빈약해지면 빈약해질수록 활력과 자신감을 잃게 된다. 그리고 그것이 어떤 식으로 성충동을 소멸시켜 버리는지에 대해서는 앞에서 이미 살펴보았다. 특별한 질병이

없는 한 남성은 균형 잡힌 몸매를 유지하고 있어야 하는데, 그러기 위해서는 따로 시간을 내 훈련을 해야 한다. 그리고 즐거운 마음으로 훈련하기 위해서는 적절한 동기가 유발되어야 하는데, 나는 운동을 통해 성충동이 증가될 수 있다는 것만으로도 시간을 할애하여 운동하고자 하는 충분한 동기부여가 된다고 확신한다. 규칙적으로 조깅을 하거나 한 가지 운동을 꾸준하게 한 남성이라면 누구나 성충동이 배가되는 경험을 해보지 못한 사람은 없을 것이다.

9. 지나친 흡연. 수 년 전, 〈리더스다이제스트〉라는 유명 잡지에서 '담배연기 속으로 사라지는 당신의 성생활'이라는 기사를 읽은 적이 있다. 그 기사에서 알튼 옥스너 박사는 "미국 내에서 흡연으로 사망하는 인구만 해도 매년 삼십육만 명에 달하는 것으로 추정되고 있습니다"라고 말했다. 일부 의사는 흡연이 테스토스테론의 정상적인 분비를 막아 수정을 어렵게 한다는 사실도 발견했다. 실제로, 오랫동안 아이가 없어 고민하던 부부가 남편이 담배를 끊은 후에 아이를 가지게 된 사례도 있다.

애연가들로 하여금 담배 끊는 것을 도와주고 또한 성적 부적응 문제도 해결하도록 도와주는 조엘 포트 박사는 자신이 운영하는 금연 클리닉에 참가하는 흡연자들과 상담할 기회가 많았는데, 그 가운데에는 성무력증으로 고통받는 남성이 상당수 되었다고 한다. 그런데 신기하게도, 성무력증으로 인한 고통을 호소하던 흡연자 가운데 금연에 성공한 사람들은 이전과 비교할 수도 없을 정도로 만족스러운 성생활을 영위하게 되었다고 한다. 그런 임상경험을 통해 그는 흡연이 성생활에 얼마나 큰 폐해를 끼치는지 뼈저리게 실감하게 되었고 그래서 이제는 성생활에 별 흥미를 느끼지 못한다는 사람을 만나면 남성이든 여성이든 무조건 담배부터 끊으라고 강력히 충고하게 되었다고 한다.

포트 박사는 흡연을 하면 몸에서 다음의 두 가지 현상이 일어나 성행위를 하는 데 지장을 받게 된다고 주장하는데, 첫 번째는 흡연을 통해 일산화탄소를 흡입하게 되면 혈액 내 산소량이 떨어져 호르몬 생성이 저하된다는 것이고, 두 번째는 니코틴을 흡입하게 되면 혈관이 수축되어 성적 흥분과 페니스 발기를 유지하기가 어렵게 된다는 것이다. 그 외에도 끽연은 폐활량을 축소시키고 정력을 감퇴시켜 결과적으로는 성교시간을 단축하게 하는 등 많은 악영향을 끼친다고 주장한다. 게다가 니코틴은 치아를 변색시키며 입에서 역겨운 냄새가 나게 하여 담배를 피우지 않는 사람에 비해 상대적으로 성적 매력이 떨어지게 한다는 단점도 갖고 있다.

10. 정신적 압박감. 남자들은 한 가지 일에 몰두하면 다른 일에는 전혀 신경 쓰지 못하는 경향이 있다.이것은 두뇌구조가 한 번에 한 가지 일이나 관심사에만 집중할 수 있도록 되어 있기 때문인 것 같다. 그래서 어쩌다 바깥 일에 지나치게 신경 쓰세 되면, 징작 아내와 성관계를 갖는 중요한 순간에 정신집중을 하지 못해 페니스가 발기되지 않는 참담한 상황을 맞게 될 수도 있다. 조사결과에 의하면, 너무 피로하여 정신집중을 제대로 하지 못한 것이 맨 처음 성무력증을 경험하게 된 가장 큰 이유라고 한다. 그리고 그렇게 한

번 성무력증을 경험하게 되면, 다음번에도 또 그럴지 모른다는 두려움 때문에 충분히 성무력증 환자로 전락되어 버릴 수 있다.

그러나 성령의 지배를 받는 그리스도인은 성무력증이 자기 몸을 지배하도록 내버려 두어서는 안 된다. 왜냐하면 그리스도인이라면 근심 걱정을 침실로 가져가기 전에 주께 맡기는 법을 배워야 하기 때문이다. 하나님은 당신의 자녀가 "평안히 눕기"(시 4:8)를 원하신다. 그리고 세상 모든 근심걱정으로 무거운 마음을 하고 있는 것보다 마음을 편히 가지는 것이 정신적으로나 육체적으로 훨씬 큰 도움이 된다. 성무력증이 있는 남성 가운데 주말 같은 때 아내와 단 둘이 호텔 같은 데 가서 성관계를 가지면, 평소보다 훨씬 더 잘 해내는 남성이 상당수에 달하는 것도 이러한 이유 때문일 것이다.

11. 우울증. 상담가들은 요즈음에는 우울증이 유행병처럼 퍼지고 있다는 데 대부분 동의한다. 「우울증을 극복하는 방법」이라는 책에서 나는 우울증으로 인한 증상 가운데 하나는 성충동을 상실하는 것이라고 말한 바 있다. 만약 당신이 주기적으로 우울증에 빠지는 그러한 남성이라면, 이 책을 꼭 읽어보라고 권하고 싶다. 나는 이 세상에서 우울증에 굴복해 황폐화된 삶을 살 필요가 있는 사람은 한 명도 없다고 확신한다. 장담하건대, 우울증만 고치고 나면 성충동은 자연히 정상적인 수준으로 회복될 것이다.

12. 약물. 1950년대 이후로 약물 사용자가 급격히 증가했다. 불행하게도 사람들은 화학약물이 모든 문제를 해결해 줄 거라는 잘못된 믿음에 사로잡혀, 한 가지 증상에 대해 오래도록 약물치료하

면 그로 인해 다른 부작용이 생길 수도 있다는 사실을 간과하게 되었다. 이는 약물사용이 증가하는 것과 때를 맞추어 성무력증 환자가 증가하였다는 사실로도 입증된다. 안타깝게도 이 둘 사이에 어떤 연관성이 있을지도 모른다는 사실을 깨닫게 된 것은 최근의 일이지만 말이다. 식욕조절제와 마리화나 그리고 헤로인 같은 마약류가 일시적으로는 기분을 호전시켜 주고 일상의 생활에 다소 도움을 주는 것은 사실이지만, 성충동은 오히려 저하시켜 버릴 수 있다. 물론 한창 나이일 때는 문제가 가시화되지 않는다. 그러나 성기능 장애가 있는 중년 남성 가운데에는 처음으로 성기능에 문제가 생긴 때가 마약이나 다른 약물을 복용하던 때와 정확하게 일치한다고 증언하는 사람이 상당수 된다. 심지어는 의사들이 처방한 신경안정제와 다이어트 보조제 같은 것도 과잉복용하면 많은 문제가 발생하는 것으로 알려졌다. 정신과 의사들에 따르면 마약을 하면 처음에는 문제가 몸에서만 나타나지만, 시간이 경과하면서 정신으로 옮겨간다고 한다.

13. 알코올. 알코올이 성충동에 미치는 영향과 관련해서는 사람마다 견해가 다르다. 어떤 이는 술이 도덕적으로 억눌리고 갇힌 사람을 해빙시켜 주어 성적 자극을 증폭시켜 준다고 주장하는데, 그간의 상담경험에 비추어볼 때 이것은 남자보다 여자 쪽에 더 맞는 말인 것 같다. 그러나 화학적으로 볼 때 알코올은 사람을 자극시키기보다는 오히려 가라앉게 하는 효과를 갖고 있다. 즉 섹스에 대한 욕망을 부추기기도 하지만, 그보다는 대체적으로 발기 상태를 지

속시킬 수 있는 능력을 감퇴시키거나 파괴시켜 버리는 것이다. 결국 음주와 관련해서는 얼마만큼의 술을 마셨고 그것이 얼마나 다양한 영향을 미치느냐가 관건인 것 같다. 개인적으로 나는 과도한 음주는 필연적으로 성무력증을 유발한다는 확신을 갖고 있다. 그도 그럴 것이 애주가라 자처하는 남성치고 정상적인 성충동을 갖고 있는 사람은 아직 만나보지 못했으니까 말이다. 특히 50대 이후의 남성에게는 술과 마약이 성충동을 현저하게 떨어뜨려 버리는 역할을 하니까 말이다.

14. 처방전. 때로는 의사가 내린 처방대로 약을 복용했는데도 그 부작용으로 성무력증에 걸리는 사람이 없잖아 있다. 그러므로 성무력증을 유발시킨 원인이 의사가 처방한 신약에 있다는 판단이 설 경우에는 반드시 주치의에게 알려야 할 것이다.

남자는 나이가 들수록 혈압도 함께 올라간다. 그래서 의사들은 대개 혈압을 낮추는 약을 처방하게 되는데, 문제는 시중에서 유통되는 혈압약이 상당수 남성의 성충동을 저하시키는 부작용을 갖고 있다는 데 있다. 그러므로 그러한 약을 복용하다가 성충동이 약해지는 것 같고 발기 상태도 유지하기 어려워진다 싶으면, 즉시 그 약이 부작용을 일으키는 약은 아닌지 의심해 보아야 한다. 따라서 혈압이 위험수위에 다다를 정도로 높지 않다면, 혈압약이 가져올 수 있는 부작용에 대해 의사에게 숨김없이 털어놓은 뒤, 될 수 있으면 체중감량 프로그램을 세워 주는 쪽으로 치료방향을 바꿔 달라고 부탁하기 바란다. 그리고는 반드시 의사의 지시 아래 적절한 운동을 시작하며 동시에 체력을 유지할 수 있는 영양제를 구입해 복용하기 바란다. 보통 중년 남성은 자신에게 성무력 증상이 나타나고 있다는 것을 느끼면 그제서야 건강에 좀 더 관심 가져야겠다고 느끼며 건강상태를 증진시키려고 노력하는데, 물론 그때가 되어도 운동을 하지 않는 것보다는 낫지만 그래도 나는 좀 더 일찍 자기관리에 신경 썼으면 좋겠다고 생각한다. 나는 평소 자기 훈련에는 조금도 관심없다가 계속해서 왕성한 성생활을 영위하고 싶다는 욕망에서 새삼스럽게 운동을 하고 식습관도 바꾸는 남자를 많이 보아왔는데, 그때마다 그래도 더 늦기 전에 운동의 중요성을 깨달아 다행이라고 생각하곤 했다.

15. 식습관. 건강관리 지도자협회의 회장으로 있는 내 친구는 불규칙한 식생활과 균형 잡히지 않은 몸매로 인해 남성다움에 대한 자신감을 상실하여 자신이 성무력증자라는 사실을 그저 수동적으로 받아들이며 감내하는 남성이 너무 많다고 말한다. 그러나 다른 의사 친구들과 대화를 나누면 나눌수록 나는 인간의 몸이 살아 숨 쉬는 기계라는 것을 더욱 확신하게 된다. 그래서 우리가 우리 몸을 잡동사니로 가득 채우고 적절한 운동을 해주지 않는다면, 많은 중요한 기간이 나이에 비해 퇴화해 버리는 비참한 운명을 맞게 될 것이다. 요즈음의 식습관은 영양과다로 인해 문제가 된다. 적당한 운동과 알맞은 음식 조절은 몸의 기능을 원활하게 한다.

16. 자위. 한 남자가 내게 와서 성무력증으로 인한 고민을 털어

놓았는데, 그의 말을 들으며 나는 혹시 그가 자위를 하고 있지 않는가 하는 의문을 품게 되었다. 왜냐하면, 아내와 성관계를 많이 갖지 않는 대부분의 남편은 자위라는 유아적 방법을 통해 성적 만족을 채우고 있는데, 그의 표정이 이런 느낌을 들게 했다. 실제로 자위하는 남성이 점점 늘어가고 있는데, 이것은 심리학적으로 볼 때 자아상실의 역기능적인 요소를 띠고 있다. 그러나 요즈음의 영화 및 소설에서는 이런 습관에 아예 면죄부를 부여해 주고 있다. 개인적으로 나는 인본주의적 성향을 지닌 여러 분야의 학자들이 자위를 묵인하는 것은 충분히 이해할 수 있다. 그러나 그리스도인 상담가들 조차도 그것을 악한 생각의 산물인 죄로 보지 않고, 또한 습관적 자위가 당사자는 물론 배우자에게도 심리적인 큰 상처를 주게 될 나쁜 습관으로 보지 않는 것은 도저히 이해할 수 없다.

40년 전까지만 해도 자위는 건강에 아주 해로운 것으로 인식되었다. 그래서 십대 소년들은 자위에 탐닉하다가 결국에는 안 좋은 일을 겪게 되는 악몽을 꾸다가 잠에서 깨는 경험을 빈번하게 했다고 한다. 그런데 의학의 발달로 그것이 육체적으로 아무 해도 안 끼치는 것으로 입증되자, 많은 사람이 그것을 합리적인 성기능으로 받아들이기 시작했다. 그러나 이러한 발상은 자위를 하고 난 다음에는 언제나 죄의식이 따라다니기 마련이라는 것과 자위는 하나님의 말씀을 거스르면서까지 아내를 속이고 기만하는 것이라는 사실(고전 7:5)을 조금도 고려하지 않은 것이라고 할 수 있다. 게다가 성경은 "정욕이 불 같이 타는 것보다 결혼하는 것이 나으니라"(9

절)고 말하지 '정욕이 불 같이 타는 것보다 자위를 하는 것이 나으니라'고는 절대로 말하지 않는다. 자위는 부부간의 사랑을 훔쳐가는 도둑 같은 것이다. 결혼한 이상 모든 남성은 아내와 성적으로 하나 됨으로써 누릴 수 있는 축복을 자위라는 훼방꾼 때문에 자기도 아내도 누리지 못하는 어리석음은 절대 범해서는 안 된다. 그리고 이것은 성기능부전으로 고민하는 남성에게 특히 더 해당되는 말이다. 특히 그런 사람은 성적 자신감을 회복하기 위해 갖은 수단과 방법을 동원해 보다가 결국에는 자위라는 유아적 자기만족 행동을 의지하게 되는데, 그렇게 되면 그나마 있던 성충동마저 말라 없어져 버리게 되고 만다.

어쨌든 자위를 통해서라도 만족감을 맛볼 수 있는 사람은 최소한 성무력증 환자는 아니다. 자위를 할 수 있다는 것 자체가 성관계를 가질 수 있음을 입증하기 때문이다. 사실, 자위는 성욕구를 해결하는 가장 쉬운 방법이다. 자기만의 공간에서 쾌감을 즐길 수 있지만, 그럼에도 불구하고 그것은 정말로 잘못된 행동이다. **사실 그것은 약속위반이며 이기적인 행동의 결정체라고 할 수 있다.** 아내에게는 남편이 자기를 사랑하고 있다는 확신이 절대적으로 필요한데, 남편이 자기 자신에게만 관심을 집중하던 아내로서는 어쩔 수 없이 희생을 감내할 수밖에 없게 된다. 하나님이 정해 주신 결혼이라는 틀 안에서 아내에게 사랑을 표현하는 대신 자위를 통해 아내를 외면한다면, 결국 그 가정은 어떻게 되겠는가?

나는 최근에 남편에 대한 아내의 불만을 많이 듣고 있다. 가장 문제가 되는 것은 성관계에 불만을 느낀 남편이 아내를 멀리하고 자위를 더 좋아하면서 즐기는 것이다. 이러한 행동을 눈치 챈 아내의 마음이 오죽하겠는가? 물론 그 가운데에는 아내에게 육체적 관계를 요청했다가 아내의 사정으로 인해 거절을 당하고 자위에 집착하게 된 남편도 있다. 부부관계에 있어 남편의 성욕구가 왕성할 때 아내에게 거절을 당하면 모욕을 느끼는 것도 문제지만, 성충동의 해소가 더 문제이다. 아내에게 거절당하면 그 아프고 쓰린 감정을 가슴 깊이 묻어두고 마는 남편도 있지만, 그보다는 자위를 통해 충족되지 못한 욕구를 해소하려는 남편이 더 많은 것이 사실이다.

나는 남편의 자위로 인해 상담을 요청해 오는 부부를 만날 때마다 우선은 남편에게 아내에게 사과하라고 권유한 뒤, 남편을 따로 불러 나이가 들수록 남성의 생식기가 약해진다는 것을 알고 있느냐고 물어본다. 그래서 자세하게 설명을 하게 된다. 아내와 성관계를 갖기 전에 자위를 하면 사정을 늦출 수 있는 좋은 점도 있지만, 쉰 살 전후로 정력이 급속도로 감퇴하기 때문에 자위를 한 번 할 때마다 성충동이 그만큼 약해져, 정작 아내와 관계를 가지려고 할 때에는 정력도 성충동도 모두 고갈되어 무력해진 자신의 모습만 보게 될 것이라는 사실을 환기시킨다.

그런 다음에는 아내를 따로 불러 남편의 필요와 욕구에 좀 더 민감해지도록 노력하고 침실에서는 더욱 도발적이고 매혹적으로 보이도록 애써 보라고 충고한다. 그리고 남편으로 하여금 자신과의 성관계가 즐겁다는 것을 인식시켜줄 만한 특별한 것을 준비하여 문제를 함께 해결하고 싶다는 마음을 보이라고 권유한다.

17. 탄력을 잃은 질. 바로 앞 장에서 우리는 탄력을 잃은 질에 대해 자세하게 다루었다. 이는 출산을 경험한 여성이라면 누구에게나 생길 수 있는 문제다. 질을 단단하게 조여주며 자극에 민감하게 반응하게 하는, 질을 둘러싸고 있는 근육들은 다른 모든 근육과 마찬가지로 인생의 중반기에 접어들면 서서히 느슨해지기 시작한다. 결국 약해지고 늘어진 질은 수축력이 떨어져 사정을 유도할 만한 자극을 제공하지 못하게 되며 그래서 성관계를 통해 성욕을 채우지 못한 남편은 본의 아니게 자위를 하게 되기도 한다.

이 문제를 해결하는 데는 다음의 두 가지 방법이 유용한데, 하나는 앞 장에서 말한 대로 케겔운동을 하는 것이고 다른 하나는 새로 개발된 국부 수술을 하는 것이다. 그런데 최근 들어서는 후자를 선호하는 여성이 꾸준히 증가하고 있다. 어쨌든 탄력을 잃은 질 때문에 부부간의 성생활에 문제가 발생한다고 여겨지면 즉시 산부인과를 찾아가 정확한 검진과 개선방법을 찾아야 할 것이다. 개인적으로 나는 무턱대고 수술부터 하기보다는 적어도 3개월가량 꾸준히 케겔운동을 해 본 다음에, 그래도 별 효과가 없으면 수술여부를 결정하라고 권하고 싶다.

18. 수동적인 아내. 여성들이 생각하는 것과 달리 남성들은 자기 아내가 성적으로 좀 공격적이었으면 좋겠다는 기대를 은근히 하고 있다. 아무리 점잖고 조용한 남자라 하더라도 아내가 침실에

서만큼은 들끓는 용광로처럼 뜨겁게 불타오르기를 바라는 것이다. 그런데 불행하게도 대부분의 여성은 침실에서도 조숙하고 얌전하게 행동해야 한다는 이상한 강박관념을 갖고 있다. 나는 한 부인이 "제가 만일 적극적이거나 공격적인 자세로 성관계에 임하면 그이가 저를 천박한 여자로 볼까봐 한 번도 제가 원하는 대로 해본 적이 없어요"라고 말하는 것을 들은 적이 있는데, 그렇게 생각하는 여성은 비단 그 부인만이 아닐 것이다. 그러나 사실대로 말하자면, 남편은 아내가 먼저 접근해 올 때 가장 큰 전율과 자극을 느끼게 된다. 이유는 아마도 아내가 자기의 사랑을 원하고 갈망하고 있다는 생각이 남편을 흥분하게 만들기 때문이다. 그리고 그런 생각은 남자를 자신감 넘치고 의기양양하게 한다. 반대로 아내가 수동적인 자세로 일관하게 되면 남편은 성관계가 따분하고 지루하다고 느끼게 되고 그렇게 느끼는 시간이 길어지면 성무력증으로까지 발전할 수도 있다.

성적 정열이 넘치는 여인을 아내로 둔 남편 치고 성무력증에 시달리는 남편은 거의 없다. 나는 남편이 막 이러한 증상을 보이기 시작했을 때 아내가 갑자기 공격적으로 돌변한 좀 예외적인 부부와 상담한 적이 있다. 그동안 그 부부는 정상적인 성관계를 가질 수 없다는 사실로 인해 남편은 남편대로 아내는 아내대로 정서가 불안한 생활을 하였다. 특히 남편은 아내에게 성관계를 요구할 때마다 번번이 거절당했고 가뭄에 콩 나듯 관계를 가져도 아내가 너무 수동적인 자세로 일관했다. 신혼부터 꿔다 놓은 보릿자루처럼 변하지 않는 아내의 태도에서 실망은 서서히 분노와 증오로 바뀌어 갔다. 성관계를 나눌 때 대부분의 남자는 자기가 아내보다 좀 더 공격적인 역할을 좋아한다. 그렇지만 아무리 태엽을 감아도 움직이지 않는 죽은 시계처럼 아무런 반응이 없는 아내와 관계를 갖고 싶은 남자는 없을 것이다. 남편들도 이따금씩은 아내가 자신과의 성관계를 자기만큼이나 즐기고 있다는 사실을 확인하고 싶기 때문이다.

19. 잔소리. 잔소리만큼 남자의 정욕을 순식간에 꺼버리는 것도 드물 것이다. 잔소리는 남편의 남성미와 성충동을 파괴시켜 버리는 것 외에는 아무런 효과도 갖고 있지 않다. 그러므로 아내는 무슨 일이 있어도 절대로 잔소리를 해서는 안 된다. 아내들이여, 남자들은 정열이 불타오르다가도 아내로부터 잔소리와 비판하는 말을 듣게 되면 순식간에 얼음처럼 차갑게 변한다는 사실을 잊지 말기 바란다.

한번은 의사로 있는 내 친구가 잔소리로 인해 파경지경에 이른 극단적인 부부를 대상으로 연구를 하였다. 그 남편은 불과 서른여섯 살이라는 젊은 나이에 성무력증에 걸려 있었다. 그런데 그는 자신이 성무력증에 걸리게 된 것은 순전히 관계 중에 끊임없이 수다를 떠는 아내 때문이라고 주장했다. 불행인지 다행인지, 그의 아내는 비교적 쉽게 오르가즘에 도달하는 여자였는데, 일단 오르가즘을 느끼고 나면 남편의 상황에 상관없이 쉴 새 없이 수다를 떨었다고 한다. 이러한 수다는 한창 관계에 열중하고 있는 남편의 정신을 산만하게 만들어 페니스가 힘을 잃고 죽어버리는 일이 가끔 발생하였다. 그럴 때마다 다음 성생활에 대한 두려움이 생겼고, 자기도 모르는 사이에 성기능부전에 걸리게 된 것이었다. 그러므로 이 부부의 경우 문제를 해결할 수 있는 방법은 적어도 섹스를 하고 있는 순간만큼은 아내가 남편의 필요에 민감하게 반응하고자 노력하는 것뿐이었다.

20. 여성의 지배력 행사. 수다 다음으로 남편이 싫어하는 아내는 자기 위에 군림하려고 하는 것이다(그런 아내는 남편뿐 아니라 아이들도 분명 싫어할 것이다). 온 식구를 자기 손아귀에 두고 절대적 영향력을 행사하려는 아내에게 남편은 여성의 아름다움을 느끼지 못해 마음만 공허해진다.

특히 담즙질의 여성은(이런 여성은 주로 감수성과 행동이 무딘 점액질의 남성과 결혼을 많이 하는데) 남편과 아이들에게 지배력을 행사하지 않도록 각별히 신경을 써야 한다. 이러한 여성은 남편의 침묵을 동의로 잘못 받아들이는 실수를 종종 범한다. 특히 소심하거나 말주변이 없는 남편이라면 아내와 다투거나 논쟁하는 대신 아예 포기하고 체념해 버리는 쪽을 택할 것이다. 그러나 그것으로 끝난다면 아무 문제가 없겠지만, 남편이 불만을 속으로 삭이는 경우가 거듭되다 보면 자기도 모르는 사이에 분노와 증오심을 품게 되는데, 그 결과가 얼마나 끔찍한지는 앞에서 이미 살펴보았다.

지배하고 군림하고자 하는 성향이 강한 아내들은 필히 에베소서 5장 22-24절과 베드로전서 3장 1-7절 말씀을 묵상하면서 남편에게 복종하고 순종할 수 있는 은혜를 달라고 하나님께 간구하기 바란다.

이제 마지막으로 제기하는 두 가지 요소는, 성무력증과 직접 연관이 있는 것은 아니다. 그러나 성무력증과 연관되어 많이 거론되고 있으므로 이 부분에 포함시키는 것이 바람직할 듯하다.

21. 조루증. 앞에서 이것은 아내가 절정에 달할 때까지 발기 상태를 유지하고 있을 수 있는 능력이 결여된 것이라고 말한 바 있다. 이로 인한 어려움과 고통은 중년보다는 20~30대 남성에게 훨씬 심각하다. 한마디로, 이 증상은 너무 빨리 사정하는 게 문제인데, 이로 인해 고민하는 남성은 대부분 성관계에 서투르기 때문에 아내는 거의 성에 대한 불만으로 가득 차 있다. 조루증이 있는 남성은 페니스가 질에 삽입되고 난 후에 혹은 그 전에라도 약간의 마찰만 있으면 곧바로 사정해 버린다. 그래서 어떤 사람이 조루증에 걸리게 되는지 그 이유를 조사해 보았더니, 대부분 지나칠 정도로 페팅(남녀 간의 성적인 애무 행위)을 즐긴 전력이 있었다.

청소년 시절에 주로 깊숙하고 외진 곳에서, 언제 발각될지 모른다는 두려운 마음으로 페팅을 하기 때문에 가급적 관계를 빨리 끝내려 애쓰게 되고, 그러다 보면 제대로 벗지 않은 채 서로 애무하다가 더 이상 참지 못해 옷에 사정하는 경우도 있게 된다. 이러한 경험이 있는 사람은 지난 강박관념이 잠재의식 속에 작용하여 조루증이라는 형태로 발현될 가능성이 아주 높다.

치료법

조루증을 치료하는 가장 일반적인 방법은 일단 페니스를 질 속에 삽입하고 나면 될 수 있는 한 아무런 마찰을 음경 귀두에 가하지 않는 것이다. 그러나 말이 쉽지, 페니스를 질 속에 삽입하고 나면 흥분이 고조되어 페니스를 질 속 깊은 곳까지 밀어 넣고 싶은 욕구가 본능적으로 일어난다. 페니스를 질 속에 삽입한 남자에게 가만히 있어야 한다는 것은 극도의 자기 훈련을 요할 정도로 어렵다. 그리고 이 본능적인 욕구는 정자를 질 속 깊은 곳으로 사출하여 난자와 수정될 확률을 최대화시키기 위한 자연의 섭리라고 할 수 있다. 그런데 자연의 섭리 같아 보이는 이 본능이 여성을 오르가즘에 달하게 하는 데는 크게 도움 되지 않을 때가 많다. 실제로 한 연구 결과에 의하면, 여성은 페니스가 질의 깊은 곳까지 찌르듯이 밀고 들어오는 것보다 올라왔다 내려갔다 하는 움직임을 부드럽게 반복해 주는 것을 더 선호하는 것으로 나타났다. 즉 남편이 페니스를 질 속 깊은 곳으로 밀어 넣으면 그동안 어렵게 달아올랐던 흥분과 긴장이 일순간에 식어버리지만, 페니스의 움직임 속도를 늦추면서 좌우로 움직이기 시작하면 그때부터 다시 흥분하기 시작하는 여성이 상당수 되는 것이다. 그러나 PC근육운동을 꾸준히 연습한 아내라면, 남편이 페니스를 움직이지 않고 정지시킨 상태에 있을 동안에도 페니스를 PC근육으로 세게 조임으로써 오르가즘에 달하기 위한 감정적 긴장상태를 구축할 수 있을 것이다. 그러다가 남편이 사정을 통제할 수 있는 절제력을 획득하여 올라갔다 내려갔다 하는 움직임을 시작하면 그동안 달구어 놓은 감정적 긴장상태를 바탕으로 하여 둘이 동시에 오르가즘에 달할 수 있을 것이다.

그러므로, 사정 시기를 조금이라도 늦추기 원한다면, 삽입 후 2~3분가량은 페니스를 움직이지 말고 가만히 있어야 한다. 그리고 남편이 그렇게 가만히 있는 동안 아내는 남편의 페니스를 PC근육으로 세게 조임으로써 신체적 긴장과 감정적 긴장을 고조시켜 절정으로 가는 발판을 마련해야 한다. 그러다가 남편이 사정시기를 조절할 수 있게 되면, 그때부터는 둘 다 동시에 오르가즘에 달할 때까지 페니스를 밀어 올렸다 내렸다 하는 움직임을 반복하면 된다.

또 한 가지, 부부가 동시에 오르가즘을 느끼려면 질 입구에서 안쪽으로 5센티미터 정도 들어간 부분이 아내의 가장 민감한 부분이라는 사실을 유념하여 잘 활용하여야 한다. 페니스를 우악스럽게 찔러넣는 행동은 삼가는 것이 좋다. 만일 페니스를 삽입하고, 이 부분을 무시하고 남편의 일방적인 성행위가 진행되어 진다면, 그 다음에 하는 남편의 성적 행동은 아내를 자극하고 흥분시키기보다는 고통을 안겨준다는 사실을 잊지 말기 바란다. 그런데 페니스를 깊이 삽입하는 것이 남성에게는 더 기분이 좋기 때문에 사연히 아내도 그럴 거라고 생각하기 쉽다. 그러나 절대로 그렇지 않다는 사실을 유의하여, 깊게 삽입하고 싶다면 전희 단계에서 아내의 음핵을 충분히 부드럽게 마사지를 해주어야 한다. 이렇게 질 입구의 가까운 곳에서 움직임을 계속하는 것이 질 속 깊이 삽입하는 것보다 나은 이유는 그것이 아내에게는 자극적인 반면 남편에게는 덜 자극적이어서 결과적으로 남편에게는 사정시기를 늦출 수 있게 하고 아내에게는 그만큼 쉽게 오르가즘에 달할 수 있게 하기 때문이다. 한마디로, 부부가 함께 오르가즘에 도달할 수 있는 확률을 높여주는 것이다.

이 제안에 한 남편은 "저는 제 페니스기 시종일관 아내의 음핵과 바짝 밀착되어 있는 것이 중요하다고 생각했습니다"라는 반응을 보였는데, 다른 많은 남성도 그렇게 생각하고 있을 것이다. 물론 음핵이 성적으로 가장 민감한 기관인 것은 사실이지만, 질 입구에서 5센티미터 정도 들어간 부분에도 감각조직이 분포되어 있다. 그러므로 이 부분을 효과적으로 자극하는 것이 만족스러운 성관계를 갖는 데 중요한 변수로 작용한다고 할 수 있다. 게다가 이 방법대로 성관계를 갖게 되면 질은 물론이거니와 음핵에도 끊임없는 마찰을 가할 수도 있기 때문에 결과적으로는 여성의 생식기에서 가장 감각적인 부분인 음핵과 질을 모두 자극하는 효과를 거둘 수 있게 된다. 그밖에 이 방법을 통해 누릴 수 있는 또 다른 유익으로는, 남편이 사정할 것 같다는 느낌이 들 때 순간적으로 페니스를 질 밖으로 빼내 흥분을 가라앉힐 수 있다는 것이 있다. 물론 페니스를 질 밖으로 빼낸 다음에는 아내의 음핵을 애무하든가 페팅을 함으로써 아내를 자극하는 행위를 계속해야겠지만 말이다. 그러다가 흥분이 가라앉으면 페니스를 다시 삽입하면 된다. 그런데 만약 남편이 페니스를 질 속 깊은 곳까지 밀어 넣었을 때, 사정할 것 같은 느낌에 얼른 페니스를 뺀다고 해도 페니스를 밖으로 당길 때 생기는 마찰에 의해 본의 아니게 사정해 버릴 수도 있다.

그러나 남편에게는 적절한 자제력을 길러주고 아내에게는 질근육으로 페니스를 조임으로써 긴장을 고조시키게 해주는, 페니스를 삽입한 뒤 잠시 움직이지 않고 있는 이 기술을 제대로 습득하기 위해서는 정신을 집중하는 훈련을 수차례 반복해야 한다. 물론 이로 인해 두 사람의 기쁨이 배가된다는 점을 감안한다면, 그 정도 훈련이야 충분히 할 가치있는 것임을 발견하게 되겠지만 말이다. 페니스를 삽입하여 막 흥분이 고조되기 시작했는데 무려 2분씩이나 움직이지 않고 있어야 한다는 것은 대부분의 남성에게 상당히 어려운 일이다. 왜냐하면 페니스를 삽입하자마자 남성의 몸속에 있는 세포 하나하나가 활동성이 강해져 마찰을 강요하기 때문이다. 그러나 자신을 다스릴 수 있는 능력을 충분히 확보할 때까지는 절대로 그 충동에 굴복하면 안 된다. 처음 한 번이 어렵지 일단 잠시 움직임을 자제하고 나면, 어느 정도의 시간과 마찰을 조절하면서 사정시기를 조절 할 수 있는 자제력이 생기게 된다. 일단의 남성을 상대로 조사를 해본 바로는, 두 시간 이상까지 사정을 자제할 수 있는 남성도 있었지만, 아내를 만족하게 하는데 그렇게까지 많은 시간이 필요한 것은 아니다.

언젠가, 미국 비뇨기과 학회에 제출된 보고서에는 조루증이 있는 남성으로 하여금 사정을 늦추도록 도와줄 수 있는 의학적 방법이 포함되어 있었다. 스물세 살에서 서른여섯 살까지 열다섯 쌍의 부부를 상대로 조사해 본 결과, 클로미프라민(clomipramine, 항우울제 계통의 약으로 사정을 늦추게 하는 부작용이 있는데, 이 부작용을 긍정적인 방향으로 이용하여 조루를 치료한다. - 역자 주)이 사정시기를 무려 다섯 배나 늦추어 주는 것으로 밝혀졌다고 한다. 만일 이것이 사실이라면, 조루증으로 고통받는 이 세상 모든 남성은 비뇨기과 전문의와 상의하여 그 연구결과의 혜택을 받도록 해야 할 것이다.

22. 사정실패. 세상에는 조루증으로 고통받는 남성들이 있는가 하면 반대로 사정하고 싶은데도 잘 되질 않아 시간이 길어지는 경우도 있다. 이것 또한 조루증 못지않게 남편과 아내에게 좌절감과 절망감을 동시에 안겨준다. 물론 이럴 경우 아내는 오르가즘에 달하는 데는 별 어려움을 못 느끼지만(심한 경우, 한 번 관계를 가질 때마다 네 번에서 다섯 번까지 오르가즘을 느끼는 여성도 있다고 한다.), 관계가 끝나고 나면 힘든 노동을 한 사람처럼 탈진상태에 빠지게 된다. 남편 역시 체력이 고갈되어 허망한 기분에 상심하고 만다. 적절한 시기에 사정을 하지 못하는 이유는 여러 가지가 되겠지만, 가장 큰 원인은 임신이 두려워, 피임을 했음에도 그것을 믿지 못해 머뭇거리다가 사정시기를 놓쳐버리는 것이다.

그 외에도 혼전에 난잡한 성관계를 가졌을 경우 그로 인한 죄책감 때문에 사정하는 데 지장을 받는 경우도 있다. 그러나 대체적으로 볼 때 사정이 잘 되지 않아 고민하는 남성은 아주 드물다. 그리고 60대나 70대가 되면 성교할 때마다 사정이 되는 것이 아니다.

의사들에 의하면 이것은 지극히 정상적인 생리현상이므로 절대로 고민할 필요가 없다고 한다. 그러므로 남편과 아내는 이러한 사실을 숙지하고서 매번 오르가즘에 달해야 한다는 강박관념이나 부담감에서 벗어나 성행위 자체를 즐기려고 노력하는 자세가 필요하다고 할 수 있다.

치료법

사정하는 데 오랜 시간이 걸리는 남성에게 도움이 될 만한 의학적 장치나 기술 같은 것은 전혀 없다. 한 시간 이상 열심을 다해 노력을 했어도 남편이 사정에 성공하지 못하면, 정력을 소비한 남편과 탈진한 아내는 짜증과 불만을 갖게 된다. 그러나 이런 경우는 아주 드물기 때문에 크게 염려할 것이 없다. 심리학자들에 의하면 이러한 증상이 발생하는 이유는 임신에 대한 두려움으로 배출을 억제하기 때문에 체력만 소비시키고 만족을 느끼지 못하는 것이다. 이러한 심리를 해소한다면, 사정실패 증상은 별다른 어려움 없이 치유할 수 있을 것이다. 한 가지 특기할 만한 사실은 심한 이기주의자이자 아내에게 그리 관대하지 못한 남편들에게 주로 이러한 증상이 나타난다고 한다. 정말 이기적인 사고방식이 그 원인이라면, 남편은 그동안 이기적으로 살아온 것을 뉘우치고 아내를 기쁘게 하는 것이 자신의 기쁨이라고 생각하도록 노력해야 할 것이다. 그 밖에 어머니에 대한 쓴 감정 때문에 이 세상 모든 여성에 대해 분노와 적개심을 품어도 이러한 증상이 생길 수 있다.

이상의 여러 요인이 대략 남성으로 하여금 성무력증에 걸리게 하는 주요원인이라고 할 수 있다. 그런데 문제는 이 중 한 가지 요인에 의해서만 성무력증이 유발되는 경우는 극히 드문데, 그렇다고 해서 몇 가지 요인이 결합해서 성무력증이 유발되는지 정확히 규명할 수 있는 것도 아니라는 데 있다. 그러므로 남성은 하나님이 그에게 허락하신 성적 하나 됨이라는 축복을 성무력증이라는 증상으로 인해 포기하기에 앞서 먼저 아내와 자신의 관계가 어떤지 객관적으로 점검해 보는 과정을 거쳐야 할 것이다. 그래서 열거했던 원인 중 한 가지라도 부부관계에 걸림돌로 작용한다면, 최선을 다해 그것을 제거하려고 노력해야 할 것이다.

혹시 여러분 가운데에는 열거한 내용을 보면서 몇 가지 빠진 게 있다고 생각할 지도 모르겠다. 내가 신체적 원인이나 생물학적 원인에 대해 전혀 언급하지 않았기 때문인데, 그것은 그러한 원인이 성무력증에 미치는 영향은 너무나 희박하여 신중하게 고려할 만한 가치가 없다고 판단했기 때문이다. 물론 성무력증의 원인으로 그것을 자주 언급하는 사람들이 있기는 하지만, 많은 의사와 상담전문가, 심리학자, 목회자들은 남성의 성무력증상은 선(gland)에 있는 것이 아니라, 머릿속에 있다고 주장한다. 그러므로 성무력증상이 생기면 우선 사고방식을 바꾸도록 노력하고 그래도 별다른 변화가 없으면 그 다음에 의사를 찾아가는 것이 올바른 치료방법이 될 것이다. 간혹 호르몬생성 결핍으로 성무력증이 유발되는 경우도 있는데, 그럴 경우에는 호르몬 주사를 맞는 것이 크게 도움이 될 것이다. 좀 비싸기는 하지만 그래도 이 주사를 맞아본 사람은 그 가격만큼 효능을 발휘한다는 것을 경험을 통해 알고 있을 것이다.

성무력증을 치유하는 방법은 과연 존재하는가?

성무력증은 인류가 타락한 이래로 수많은 남편과 아내를 끊임없이 괴롭혀 온 증상이다. 그러나 이 증상에 대한 치료책이 개발된 것은 최근의 일이다. 그것은 성무력증에 대한 관심이 나날이 높아감으로 인해 마냥 덮어두기만 해서는 안 되겠다는 사회적 인식이 증대함으로써 나타난 긍정적인 결과라고 할 수 있다. 다른 것도 모두 그렇겠지만, 이 문제도 정직하고 솔직한 마음으로 접근하다 보면 치유할 수 있는 방법을 많이 발견하게 될 것이다. 그런 방법들을 하나둘 적용하다 보면 자신에게 꼭 맞는 치료법을 찾을 수 있게 된다. 그러나 다른 사람에게는 효과가 있는 것이 자신에게는 무익할 수도 있고, 반대로 다른 사람에게는 아무 도움도 안 되는 것이 자신에게는 유익할 수도 있기 때문에 치료법은 개인에 따라 달라질 것이다.

죄의식에 대한 치료

죄의식과 두려움, 분노와 우울증 그리고 미움과 마음에 쓴 뿌리를 간직하는 것이 모두 성무력증을 유발하는 요인이라는 것은 앞에서 이미 살펴보았다. 만일 여러분이 성무력증에 걸렸는데, 이 중

한 가지가 그 원인이라는 판단이 들면 하나님께 긍휼과 용서를 구하는 것이 가장 효과적인 치료법이 될 것이다. 그 첫 번째 단계는 예수 그리스도의 이름 안에서 그분께 나아가는 것이다. 요한일서 1장 9절은 "만일 우리가 우리 죄를 자백하면 그는 미쁘시고 의로우사 우리 죄를 사하시며 우리를 모든 불의에서 깨끗하게 하실 것이요"라고 말한다. 그리고 두 번째 단계는 성령의 다스림을 받으며 자기 마음속에 있는 부정적인 감정들을 극복하려고 노력하는 것이다. 그러다 보면 자신의 감정을 솔직하게 표현하는 게 조금씩 수월해지면서 배우자와 만족스러운 성경험도 나눌 수 있게 될 것이다. 이렇게 정신적이고도 영적인 문제를 우선적으로 해결하고 나면, 다른 모든 문제에 대한 치유책을 발견할 수 있게 될 것이다.

앞에서 성무력증을 유발하는 원인에 대해 이야기하며 그에 대한 치유책에 대해 살펴보았다. 여기에 자신에게 맞는 내용이 있으면 그것을 세밀하게 연구하고, 그에 대한 해결책으로 제시해 놓은 단계들을 차근차근 밟아 나가기 바란다.

포기는 금물

성무력증에 대한 시각만 바꿀 수 있다면 성무력증은 이미 치유된 것이나 다름없다고 할 수 있다. 그러므로 성무력 증상이 나타나면 '이제 나는 죽은 거나 마찬가지'라고 단정해서는 안 된다. 정상적인 남자라면 누구나 경험할 수 있는 증상이고, 이것은 쉽게 극복할 수 있다는 자신감을 갖고 노력해야 한다. 개인적으로 나는 성무력증에 걸린 것 같다고 상담을 요청해 오면, 먼저 의사의 정확한 진단 결과가 나오기 전까지는 성무력증에 걸렸다는 생각을 하지 못하게 한다. 혹 어떤 이상이 발견된다 하더라도 그것은 충분히 고칠 수가 있다. 긍정적인 자세로 성공에 대한 희망을 갖는 것은 증상을 개선하는 최고의 방법이기 때문이다. 그러나 일찌감치 희망을 포기하고 성무력증 환자라고 생각한다면, 성생활의 기쁨은 회복할 수 없다. 다시 한 번 말하지만, 조만간 건강한 성생활을 영위할 수 있을 거라고 희망을 품는 사람만이 힘들지 않게 치료과정을 밟을 수 있고 또 고칠 수 있다.

정확한 검사를 받은 다음에는 자신의 증상에 대해 아내에게 솔직하게 털어놓아야 한다. 그러면 예외적인 경우를 제외하고는 대부분 남편을 이해하고 돕게 될 것이다. 5년째 아내와 성관계를 갖지 못하고 있던 한 남편은 이 말을 듣고 어렵게 용기를 내고 아내에게 자신의 증상에 대해 털어놓았다. 아내는 남편의 사정을 이해하고 자신의 무관심을 깨닫고, 더욱 성적 매력이 물씬 풍기는 자극적인 여인으로 돌변했다는 경험을 들려주었다. 성무력증을 자연스럽게 물리친 그는, 성숙하고 의연한 모습으로 자신을 받아들이는 아내에게 일찍 털어놓지 못한 것을 후회하였다. 성무력증은 아내의 자세가 중요하다. 아내는 성무력 증상이 찾아오면 함께 대처하겠다는 신뢰감을 미리 남편에게 심어주어야 한다. 아내가 남편의 문제에 대해 모르고 있으면, 문제를 더 복잡하게만 할 뿐, 해결에 아무 도움도 되지 않는다.

그러면 아내는 그런 남편을 어떻게 도울 수 있을까?

성무력증에 걸린 남성은 우선 자신이 그것을 고칠 수 있다는 긍정적인 마음가짐을 갖고 아내에게 도움을 요청해야 한다. 장담하건대, 아내만큼 실질적인 도움과 격려를 줄 수 있는 사람도 드물 것이다.

무엇보다 아내는 그 문제를 함께 극복해야 하는 것으로 받아들일 수 있는 능력을 갖고 있다. 특별히 아내는 남편이 그런 고백을 했을 때 그러한 원인을 묻는 말을 함으로써 남편에게 성에 대한 두려움을 증폭시키는 어리석음을 절대로 범해서는 안 된다. 그러므로 농담 한마디를 할 때에도 그것이 혹 남편의 두려움을 배가시키지는 않을지 항상 주의하도록 해야 한다.

두 번째로, 아내는 성적으로 적극적이며 도발적인 자세를 취할 수 있다. 남편이 그런 청천벽력 같은 고백을 해오기 전까지 아내는 당연히 남편이 성관계를 처음부터 끝까지 책임질 것이라고 생각하며 살아왔을 것이다. 그러다가 남편으로부터 그런 고백을 듣고 나면 대부분의 여성은 이제는 자신이 부부관계를 이끌어가야 할 때가 되었음을 인식하게 된다. 그런 긴박한 상황 속에서도 성적인 금기사항에 얽매여 자신이 부부관계를 이끌어가야 한다는 사실을 회피하거나 그렇게 하는 것이 경박스러운 것이라는 생각을 떨치지 못하는 여성이 있다면, 그것은 남편을 배려하지 못하는 속 좁은 사람이기 때문이다. 반대로 아내가 성적 금기사항에서 벗어나 자신을 마음껏 표현할 수 있게 되면 두 가지 아름다운 변화가 일어나게 되는데, 하나는 남편에게 한껏 매력을 발산하는 도발석이고 자극적인 배우자가 될 수 있다는 것이고 다른 하나는 그녀 자신의 즐거움이 배가된다는 것이다.

대부분의 부부가 경험하는 일이겠지만, 결혼 후 몇 달만 지나면 성생활은 일상 가운데 하나로 고착되어 버리고 만다. 즉 거의 비슷한 시간에 거의 비슷한 체위와 방법으로 거의 비슷한 반응을 보이며 거의 비슷한 경험을 나누는 것이다. 그런데 남편이 성무력증에 걸렸다는 것은 단조롭게 되풀이되는 성생활에서 벗어나 뭔가 새로운 것을 시도해야 할 때가 되었음을 의미한다. 감미로운 음악을 틀어놓고 은은한 조명 아래 누워 하늘하늘 비치는 옷을 걸친 채 남편의 손길을 간절히 원한다는 표정을 지어 보라. 흥분하지 않을 남자가 어디 있겠는가? 제아무리 성무력증이 있다하여도 그 순간만큼은 흥분으로 온몸이 뜨겁게 달아오를 것이다. 더 나아가 정말로 남편을 성무력증에서 해방시켜 주고자 한다면, 자연스럽게 그의 셔츠와 바지 단추를 열고 옷 벗는 것을 도와주어야 할 것이다.

또한 지금 자신이 몹시 흥분하고 있다는 것을 남편으로 하여금 알게 해야 할 것이다. 물론, "그건 위선 아닌가요?"라고 반문해 올 여성도 없잖아 있을 것이다. 그러나 난언하건대, 절대로 그렇지 않다. 우리 사회는 여성으로 하여금 이런저런 금기사항 속에 갇혀 자신의 욕망을 억제하도록 강요해 왔기 때문에 심지어는 여성 자신조차 어떤 게 가장 자연스럽고도 본능에 충실한 성에 대한 표현방법인지 모르게 되어 버렸다. 나는 그것이야말로 위선이 아닌가 하고 묻고 싶다. 그런데도 대부분의 여성은 그것이 위선인지 아닌지 조차 모른 채 수십 년 부부생활을 해오고 있다. 진정 남편을 사랑한다면, 그가 애무를 가했을 때 자신의 몸속에서 일어나는 반응을 아무런 가식도 없이 있는 그대로 표현하고 즐겨야 할 것이다. 아내가 남편에게 도발적인 자세를 취했을 때, 대부분의 남성은 그것을 아내가 자신을 성적으로 매력있는 남성으로 생각한다는 표시로 받아들이게 된다. 자기가 아내에게 매력적인 남편으로 받아들여지고 있다는 확신을 갖고 있는 남성 치고 자신의 성적 능력에 대해 반신반의하는 남편은 거의 없을 것이다.

남편이 성무력증에 걸리게 된 한 중년부인은 자기가 요염한 자태를 취하고 도발적인 자세로 관계에 임할 때마다 남편이 훨씬 수월케 사정한다는 사실을 발견했다고 한다. 그럼에도 불구하고 그 부인은 "그렇게 하면 기분은 좋지만, 그래도 죄책감이 느껴지는 건 어쩔 수 없었어요"라고 덧붙였다. 그래서 나는 그녀가 죄책감을 느끼는 점이 오히려 잘못된 것이라고 말해 주었다. 왜냐하면 하나님은 남편이 어려움 가운데 있을 때 아내가 남편을 돕기 위해 그렇게 하는 것을 인정하고 승인하시기 때문이다. 그러자 그 부인은 "그렇지만, 정숙한 부인은 절대 그렇게 행동해서는 안 된다고 생각해요"라고 대답했다. 그 말에 나는 "물론, 남의 이목이 있는 곳에서 그래서는 절대로 안 되겠지요. 하지만, 남편과 단 둘이 있는 침실에서는 상황이 다르지 않습니까? 침실에서는 정숙하게 있는 것이 오히려 이상한 것이 아닙니까?"라고 대꾸했다. 내가 목사 및 전문상담가로 일하는 좋은 점이 있다면, 아마도 그런 잘못된 죄의식으로 고민하는 사람들에게 그것이 잘못되었다는 것을 알려줄 수 있다는 것이다. 목회자로서 자신이 알지 못하는 성경적 원리를 일깨워준다는 사실에 나의 조언은 일반인이 말하는 어떤 내용보다 쉽게 받아들인다. 1장에서 우리는 여성의 성욕에 대해 광범위하게 다루었다. 남편의 몸은 아내에게 속한 것이라는 고린도전서 7장1-5절 말씀을 기억하는가? **이 말씀의 교훈은 부부의 몸은 서로가 원하는 방향으로 움직일 수 있다는 것이다. 나는 여기에 아내가 남편을 성적으로 흥분시키는 것도 포함된다고 확신하고 있다.**

현명한 아내라면 적극적이고 도발적인 자세만이 남편의 성욕을 자극한다는 사실을 잊지 않을 것이다. 이는 거꾸로 말해 수동적인 자세만큼 남편의 성욕을 떨어뜨리는 것도 없다는 뜻이 된다. 남편의 피부를 부드럽게 쓰다듬어 주며 애무하거나 생식기를 가볍게 만져주는 것만으로도 남편의 성감대를 일깨울 수 있다는 사실을 발견한 아내는 한둘이 아니다. 심지어 도저히 관계를 가질 수 없을 만큼 피곤에 지친 남편도 아내가 음낭 부분과 허벅지 안쪽 부분을 부드럽게 애무해 주면 페니스가 꼿꼿하게 일어서며 이내 성관계에 임할 태세가 되곤 한다. 물론, 극도로 피곤한 남편을 자극할 때에는 애를 태우게끔 부드러운 손길로 애무해야 상상력을 자극시키고 성욕을 자극할 수 있다.

그러나 무엇보다 성무력증에 걸린 남편을 위해 아내가 해줄 수 있는 최고의 서비스는 질근육운동을 꾸준히 계속하는 것일 것이다. 남편이 페니스에 곤란을 겪고 있는데, 엎친 데 덮친 격으로 아내마저 질근육이 느슨해져 페니스를 조이는 아무런 힘이 없다면, 그야말로 최악의 상태를 맞이하게 된 것이다. 남편에게 성무력 증상이 나타나면, 아내는 그의 페니스를 더 강렬하게 마찰해 주어야 한다. 그러므로 아내가 PC근육운동을 꾸준히 하여 질근육을 탄력 있게 만들어 놓았다면, 남편의 페니스가 질 속으로 들어왔을 때 힘차게 조일 수 있게 되는데, 그것만큼 발기 상태를 오랫동안 유지시키는 것은 없다. 게다가 페니스와 질 사이의 마찰이 증대되게 되면 실패일로를 걸어왔던 성생활이 성공적인 국면으로 전환될 수도 있다. 그리고 앞에서 언급한 것처럼, 한 번 성공을 하게 되면 다음 번에도 성공한다는 자신감이 생겨나게 되어, 성무력증에서 해방되는 것은 시간문제가 될 정도로 확실해지게 된다.

물론, 남편이 성무력증을 극복하도록 도와주는 것은 생각보다 훨씬 큰 노력과 정신집중을 요하는 어려운 일이다. 또한 예전에는 한 번도 해 보지 않았던 새로운 역할을 감당해야 하는 일이기도 하다. 그러나 만일 진정으로 남편을 사랑한다면, 그 정도 희생은 기꺼이 감수할 수 있을 것이다.

문제는 남편 자신이다

그러나 아무리 아내가 최선을 다해도 남편 본인이 성무력증을 고치고자 노력하지 않는다면, 큰 효과는 기대하기 어려울 것이다. 본질적으로 이것은 남성에게 닥친 위기이기 때문에 남성 스스로가 극복하려고 노력해야 하는 것이다. 그래서 여기에서는 성무력증을 극복하기 위해 남편이 할 수 있는 것을 몇 가지 더 소개하도록 하겠다.

1. 그것에 대해 아내와 함께 꾸준히 기도하도록 하라. 성경은 "너는 범사에 그를 인정하라 그리하면 네 길을 지도하시리라"(잠 3:6)고 말한다. 하나님은 이 문제를 해결하는 데 도움이 되는 놀라운 길로 개개인을 인도하여 주실 것이다. 그러므로 하나님께서 여러분을 도울 수 있도록 그분 앞에 모든 문제를 내려놓도록 하라.

2. 반드시 의사의 진찰을 받은 다음, 그의 충고에 따르도록 하라.

3. 이 문제에 대해 아내에게 솔직하게 털어놓으라.

4. 이것과 관련하여 발견할 수 있는 유익한 정보를 최대한 활용하도록 하라. 무지만큼 두려움을 증폭시키는 것도 없다. 마찬가지로 지식만큼 두려움을 최소화시켜 주는 것도 없다. 그리스도인인 까닭에 우리는 인본주의자들이 주장하는 이론과 결론에 동의할 수 없을 때가 많다. 그러나 그런 사람들의 저술을 통해서도 유용한 정보를 많이 얻을 수 있으므로 너무 배격하지는 않도록 하라.

5. 의사와 상의한 후에 자기에게 맞는 적절한 운동을 택하여 육체미와 건강미를 가꾸도록 하라. 의사인 내 친구들에 의하면 조깅만큼 활력 증진에 도움 되는 것도 드물다고 한다. 실제로, 조깅을 하면 신진대사가 원활해져 전체적인 생명력과 활력이 높아진다는 검사결과도 나왔는데, 개인적으로 나는 그 결과가 신빙성 있다고

생각한다.

6. 필요하다면, 체중감량 프로그램을 실시하도록 하라.

7. 너무 피로할 때는 성관계를 갖지 말라. 대부분의 사람은 저녁에 일의 능률이 높은 '올빼미형'이거나 새벽에 힘이 넘치는 '종달새형'에 속한다. 어느 유형에 속하든 정신이 맑을 때 성관계를 갖도록 하라. 그 시간이 호르몬 분비가 왕성하기 때문에 의욕적인 성관계로 최대의 만족을 맛볼 수 있기 때문이다.

8. 급한 성관계는 피하라. 급한 일을 해치우는 것처럼 서둘러 성관계를 갖는 일은 없어야 한다. 페니스를 삽입하기 전에 전희 단계를 오래 즐기면 즐길수록, 그만큼 더 기대가 쌓이기 때문에 분위기를 고조시키는 것이 좋다.

몇몇 임상의학자에 의하면, 남자가 등을 바닥에 대고 반듯하게 눕는 것이 골반 주변으로 피가 몰리는 것을 수월케 하여 발기 상태를 오래 유지하게 한다고 한다. 즉 아내가 남편 위에 올라타는 체위가 좀 더 발기 상태를 유지하게 해주기 때문에 부부가 동시에 오르가즘에 달할 수 있게 한다는 것이다. 물론 대부분의 부부가 가장 선호하는 이상적인 체위는 아내가 바닥에 눕고 남편이 무릎을 꿇어 무게중심을 잡은 다음에 아내 위에 엎드리는 남성상위 체위이지만, 남편이 발기 상태를 유지하는 것을 힘들어하면, 이 체위에서 과감하게 탈피하여 아내가 남편 위에 올라타는 여성상위 체위를 시도할 필요도 있다. 특히 남편이 예순 살을 넘기게 되면 여성상위 체위가 더욱 요구된다고 할 수 있다.

9. 절대로 포기하지 마라. 극복할 수 있다는 희망을 가져라. 내과 의사인 데이비드 루벤 박사는 베스트셀러 저서인「섹스에 관해 알아야 할 모든 것」(How to Get More Out fo Sex)에서 성무력증에 대해 다음과 같이 결론을 내렸다.

> 남자라면 누구나 성무력증을 극복할 수 있다. 그 이유는 육체적인 이유만으로 성무력증에 걸린 사람은 극소수에 지나지 않으며 따라서 성무력증에서 영원히 해방되지 못할 사람도 소수에 지나지 않기 때문이다. 그러므로 고칠 수 있다는 희망을 포기하지 않는 것이 중요하다. 그러나 대부분의 경우, 정력적이고도 만족스러운 성관계를 회복하는 것은 스스로가 어떤 결정을 내리느냐에 달려 있다. 자신의 굳은 결심과 꾸준한 노력과 아내의 헌신적인 사랑만 있다면, 모든 남성은 칠십, 팔십, 아니 그보다 더 많은 나이에도 정열적이고도 환상적인 남편이 될 수 있다. 문제는 본인 스스로가 그런 남편이 되기로 마음먹는 것이다. 그러면 정말로 그런 남편이 될 수 있을 것이다. 다행히 그 선택권은 남성 자신에게 있다. 그러므로 그가 해야 하는 모든 것은 노력하고 훈련하는 것뿐이다.

60대 이후에도 섹스는 가능한가?
앞에서 인용한 루벤 박사의 말에 의하면, 인생의 황혼기에 접어들어서도 정상적인 성생활을 영위할 수 있다는 것이 분명해진다. 심지어 아흔 살을 넘어 일백 살을 바라보는 나이에도 아빠가 된 남성들이 있다. 물론 해외토픽감이기는 하지만 말이다. 그러나 원만하고도 만족스러운 성생활은 노년기에도 충분히 가능하다. 그리고 이것은 노력 여하에 따라 달라진다.

실제로, 만족스러운 성생활은 남편과 아내 두 사람이 그것을 얼마나 바라느냐에 정확히 비례해서 일어난다고 할 수 있다. 하나님은 20~30대에는 기운차게 돌아가다가 40~50대가 되면 조금씩 늦어지고 70~80대가 되면 훨씬 더 늦어지는 몸의 기능을 우리에게 주셨다. 마찬가지로 성기능도 자꾸 느슨해지는 시계처럼 된다. 내가 여든 살 이상의 노인과 성관계에 대해 인터뷰할 기회가 그리 많은 편은 아니지만, 그래도 간혹 그런 분과 인터뷰할 때면 어김없이 듣게 되는 이야기가 있는데, 그것은 성관계를 가지는 횟수는 한 달에 한 번에서 네 번 정도밖에 되지 않지만, 만족도는 오히려 증가했다는 것이다. 고령의 나이임에도 불구하고 변함없이 성관계를 즐길 수 있는 것은 관계를 갖는 횟수가 줄면서 그것을 기대하고 바라는 심리가 오히려 커졌기 때문일 것이다.

젊은 사람들이 양과 횟수를 기본으로 성관계의 가치를 따지는 경향이 있다면, 연장자들은 질에 더 큰 의미를 부여하는 경향이 있다고 할 수 있다. 아무튼, 중요한 것은 노인들 또한 건강한 신체를 소유하고 있는 젊은이들만큼이나 만족할 만한 기쁨과 성취감을 성생활을 통해 얻고 있다는 것이다.

노년기에 접어들면서 부부 사이에 문제가 발생한다면, 그것은 주로 남편에게 원인이 있는 경우가 많다. 한 의사 친구는 쉰 살이 넘은 남성들은 체력 유지를 위해 건강식품을 섭취해야 한다고 믿고 있다. 뿐만 아니라, 그는 환자의 건강 상태에 따라 천연식품을 추천하기도 한다. 아무튼 발기 상태를 유지하기 위해 어떤 영양보조제를 섭취하여야 몸의 기능을 증대시킬 수 있는지 면밀히 조사한 다음, 자신에게 적합한 것을 먹어야 할 것이다. 물론 그 전에 아내와 상의하거나 주치의에게 조언을 구하는 것이 가장 안전하고 좋은 방법이다. 이런 식의 노력조차 하지 않는다면, 아내와 자신이 함께 즐길 수 있는 수많은 날을 무의미하고도 건조하게 시간을 흘려보내는 생활을 할 수 밖에 없다.

단언하건대, 성적인 기쁨은 어떤 값비싼 희생과 대가를 치러서라도 반드시 회복할 만한 가치가 있는 것이라고 생각한다. 그리고 그것은 적절한 성교육과 체중조절과 규칙적인 운동과 영양보조식품 섭취를 통해 충분히 개선되고 나아질 수 있다. 물론 그렇게 노력한다고 해서 30대의 원기와 혈기왕성함을 회복할 수 있는 것은 절대로 아니지만, 그래도 인생의 황금기에 경험하였던 그 만족스러움과 가슴 가득 밀려오는 기쁨은 노력 여하에 따라 언제고 다시 경험할 수 있을 것이다.

12 _ 올바른 가족 계획

나는 어느 도시에서 가족생활세미나를 마친 후, 신혼부부와 대화를 나눈 적이 있다. 그들은 지역사회의 청년선교를 담당하고 있는 전임사역자라고 자신을 소개하면서 "목사님, 우리는 아직 출산계획이 없는데, 이것이 잘못인지요? 사역이 너무 바쁘고 감당할 일이 많아 아이를 가질 엄두를 낼 수가 없습니다"라고 말했다. 그래서 나는 "그러면 상황이 변하질 않고 지속된다면, 출산계획을 포기할 생각입니까?"라고 물어보았더니, 그들은 앞으로도 별다른 변화가 생길 것 같지 않다고 대답했다.

요즈음의 젊은 부부는 자녀출산에 대한 계획이 없거나 연기하는 경우가 상당히 많다. 매년 높은 증가추세를 보이고 있는데, 그 이유는 아주 단순하다. 그리고 현대과학자들은 산아제한을 할 수 있는 아주 확실한 방법을 인류의 손에 쥐어 주었다. 그래서 그런지 내가 여러 도시를 순회하며 강의를 할 때마다, 부부는 적어도 네다섯 명의 자녀를 낳아야 한다고 열변을 토한다. 그러면 강의가 끝난 다음에 꼭 젊은 부부들이 이의를 제기한다.

언젠가, 대학원에 재학중인 어느 학생부부가 날카로운 질문을 던졌다. 하나님께서 인류에게 주신 최초의 명령인 "생육하고 번성하여 땅에 충만하라 땅을 정복하라"(창 1:28)는 말씀은, 현대사회에 있어 지나치게 복종만 강요하는 지극히 '원시적인' 접근방법이라고 날카롭게 비판을 가하였다. 그들은 인본주의적 가족계획 전문가들에 의해 너무도 철저하게 세뇌된 나머지 산아제한을 하는 것이 오히려 나라에 애국하고 봉사하는 것이라고까지 생각하고 있었다. 그러나 나는 출산을 기피하는 진정한 이유는 이기심 때문이 아닌가 하고 생각한다. 그리고 그들에게도 이러한 내 생각을 주저 없이 이야기했다. 그러자 남편은 가만히 있는데, 아내가 발끈 화를 내며 "그러면 목사님은 제가 애 낳는 공장이라도 된다고 생각하세요? 저도 제 인생이 있고 하고 싶은 일이 있다구요"라고 말했다. 이 말로 나는 그녀가 여성해방 운동가들의 주장에 동의할 정도로 인본주의에 경도되어 있음을 읽을 수 있었다.

심지어 한 젊은 목회자는 "창세기의 생육하고 번성하여 땅을 정복하고 충만하라는 말씀을 자녀 많이 낳기 식의 해석으로 이용해서는 안 된다고 생각합니다. 세계인구가 지금 몇 억이나 되는지 아십니까? 지구는 이미 차고 넘치고 있습니다. 이제부터는 목사님도 아이를 많이 낳으라고 설교하실 게 아니라, 오히려 산아제한을 권유하는 쪽으로 설교의 방향을 틀어야 할 때입니다"라고 반박했다. 그래서 나는 "창세기의 말씀이 원시적이며 지난 이야기에 불과하다고 말한 사람이 도대체 누구입니까? 하나님의 명령을 거둘 수 있는 분은 오직 하나님 한 분뿐이십니다. 그런데 저는 신약성경 어디에서도 이 말씀을 무효화시키고 부인하는 구절을 발견하지 못했습니다"라고 대답해 주었다.

그 외에도 "오늘날 우리가 살고 있는 세계는 너무도 부도덕하고 생존경쟁이 치열하기 때문에 기성세대들이 만들어놓은 악의 구렁텅이 속에 아이들을 밀어넣을 권리가 우리에게는 없다"는 핑계로 출산을 기피하는 사람도 많이 있다. 그러나 이 모든 주장은 그야말로 그들의 믿음 없음을 단편적으로 보여 주는 변명에 지나지 않는다. 그러한 논거로 산아제한을 정당화하는 사람들은 타락할 대로 타락한 그리스의 고린도 문화 속에서 살던 1세기의 사람들과 조금도 다를 바 없다고 할 수 있다. 그러나 그 타락한 문화 속에서도 그리스도인 부모 밑에서 자란 아이들은 의로운 삶을 살아갔듯이, 우리 아이들도 분명 이 혼탁한 문화 속에서 그리스도의 빛과 소금으로 훌륭히 살아갈 것이다. 그러나 그러기 위해서는 우리가 먼저 그들을 가르치고 훈계할 만한 모범적인 삶을 살아야 한다. 다시 말해, 하나님의 말씀에 계시되어 있는 원리에 순종하며 성령 충만한 삶을 살아야 하는 것이다.

그렇다고 해서 엉망진창이 되어 버린 지금의 세계에 대한 책임을 우리가 모두 걸머질 필요는 없다. 우리가 순종하며 살고 있는 하나님의 원리가 이 모든 문제를 야기한 것은 아니기 때문이다. 잘못과 책임이 있다면, 하나님의 원리를 받아들이기를 거부한 이 나라의 지도자들에게 있을 것이다. 인류가 절망 가운데 빠지게 된 것은 순전히 예수님을 구주로 영접하기를 거부했기 때문이었다. 인본주의자들은 자신의 삶과 인류의 운명에 대한 하나님의 계획을 철저하게 거부하고 부인했다. 그러므로 그로 인해 일어난 삶의 질의 저하에 대한 책임은 전적으로 그들이 져야 할 것이다.

아이를 출산하고 양육해야 하는 이유

산아제한을 해야 하는 이론적 근거와 방법을 고찰하기에 앞서, 그리스도인 부부가 왜 아이를 출산하고 양육해야 하는지 그 이유를 먼저 네 가지 정도 살펴볼까 한다.

1. 자녀는 영원한 창조성을 가진 독특한 선물이다. 하나님은 다른 피조물에게는 주시지 않은 독특한 능력을 남편과 아내에게 주셨는데, 그것은 바로 자유의지와 소멸되지 않는 영혼을 가진 그리고 자신에게 생명을 준 부모와 마찬가지로 자기도 또한 자식을 낳아 기를 수 있고 또 그 능력을 자식에게 물려줄 수 있는 있는 능력이다. 아무런 과장 없이 있는 그대로 표현하자면, 남편과 아내는 영원성을 가진 인간을 창조할 수 있는 능력을 갖고 있는 것이다. 그러므로 그리스도인 부부가 아이를 갖지 않기로 결정을 한다면, 그것은 자신을 통해 이 세상에 태어나 하나님이 계획하신 영원한 생명을 이어갈 아이에 대한 축복과 섭리를 모두 소멸시키는 것이 된다. 그러므로 이 문제를 해결할 수 있는 유일한 방법은 오직 창세

기 1장 28절에 나오는 하나님의 명령을 완성하는 것뿐이다.

2. 자녀는 부모에게 평생토록 꺼지지 않는 복의 원천이 된다. 시편기자는 "보라 자식들은 여호와의 기업이요 태의 열매는 그의 상급이로다 … 이것이 그의 화살통에 가득한 자는 복되도다"(시 127:3, 5)고 말했다. 때로 사람들은 자식을 책임져야 할 존재, 혹은 돈이 많이 들어가는 것, 혹은 사고뭉치 등으로 생각하는 경향이 있지만, 성경은 분명히 자식을 가리켜 복의 근원이라고 말한다. 네 아이의 부모로서 우리 부부는 아이를 기르며 겪게 되는 슬픔이나 여러 가지 문제점을 비교적 잘 알고 있다고 자부한다. 네 아이 중 한 아이를 먼저 떠나보내는 아픔을 겪었기 때문이다. 그 과정에서 우리는 육신의 아픔과 정신적 좌절감 그리고 경제적 압박감에 시달려야 했으며, 그것을 극복한 후에도 세 아이가 유년기와 청소년기를 거치며 부모에게 끼치는 충격이란 충격을 모두 다 겪어야 했다. 그러나 40년이 지난 지금 우리는 아이들로 인해 치러야 했던 희생이나 불편함은 그들로 인해 누리게 된 기쁨과 축복에 비하면 정말 얼마 되지 않는다고 자신있게 장담할 수 있다. 실제로, 우리 부부가 누리는 기쁨 중에 우리 아이들이 진리 안에서 행하는 것을 보는 것보다 더 큰 기쁨은 없다(요한3서 4절 참조). 우리 아이들과 그들에게서 태어난 우리 손자들이야말로 우리에게는 가장 큰 축복이자 기쁨인 것이다.

유대인들은 '화살통'에 다섯 개의 화살을 꽂고 다니는 관습이 있었다고 한다. 이 풍속을 되짚어보면, 하나님께서는 우리가 적어도 자녀를 다섯 명은 낳기를 바라신다는 것을 의미하지 않을까 한다. 나는 얼마 전에 주례를 선 적이 있는데, 결혼식이 끝난 다음에 신부가 찾아와서는 "목사님. 저는 아이를 여섯 명은 낳고 싶어요. 제가 여섯 형제 속에서 너무 재미있게 자라서 그런지 몰라도 아이는 여섯 명 낳는 게 이상적이라는 생각을 떨칠 수가 없어요"라고 말했다.

3. 자녀는 부부의 사랑을 보여 주는 유형적 실체이다. 자녀출산은 생물학적 차원 이상의 의미가 담겨 있다. 남녀가 결혼하여 '한 몸'을 이루게 되면 자신의 유전인자와 배우자의 유전인자를 하나님이 주신 방법으로 결합하여 두 사람의 유전형질이 혼합된 또 다른 인간을 낳게 된다. 그러므로 자식이 부모의 사랑의 발현체가 되도록 한 것은 하나님의 계획이라고 할 수 있다. 그리고 부모가 자신을 그렇게 생각해 주는 아이들이야말로 세상에서 가장 복된 아이들이라고 할 수 있다. 사랑하는 아이들 속에서 배우자와 나의 특성이 결합되어 아주 독특한 형질을 이루고 있음을 볼 수 있게 해주는 것은 모성과 부성뿐이다.

4. 자녀는 부모의 마음속에 있는 정신적 계획을 완성해 준다. 하나님은 우리에게 마음이 힙하지 않는 일은 어떤 것도 하지 말라고 명하셨다. 인간의 정신적 체제를 추론해 낼 수 있는 가장 좋은 방법은 성경에 계시되어 있는 하나님의 명령을 연구하는 것이다. 인간은 하나님의 형상대로 지음을 받았기 때문에 하나님의 명령에 순종하고 있을 때 우리의 정신세계는 가장 올바르게 기능을

발휘한다. 우리 부부는 하나님의 명령에 순종하는 삶을 '자연스러운 삶'이라고 부른다. 즉 결혼하여 아이를 낳고 또 그 아이가 낳은 아이의 할아버지 할머니가 되는 것이 자연스러운 삶인 것이다. 그리고 정신세계가 심하게 왜곡되고 뒤틀린 사람이 아니라면, 아무도 아버지가 되고 어머니가 되는 것을 '부자연스럽게' 느끼지 않는다. 하나님은 어떻게 하는 것이 자신의 명령에 순종하는 삶인지를 알 수 있게 해주는 특별한 본능을 우리에게 주셨다. 그리고 이러한 본능으로 인해 행복한 삶을 영위하는 데 꼭 필요한, 정서적 느낌이 생겨나게 된다. 다시 말해, 모성과 부성은 본능인 것이다. 부부에게 자녀를 출산하는 것이 더 이상 불가능해지면 '하나님의 은혜가 그것으로 충만하다'고 할 수 있다. 그러나 자신만을 생각하는 이기적인 마음으로 아이 낳기를 거부한다면, 그들에게는 모든 인류에게 내재되어 있는 가족 사랑에 대한 자연적 욕망이 공허함과 상실감으로 변해 삶이 무미건조하게 된다.

인간의 행복을 가로막는 가장 큰 적은 이기심이다. 이러한 이기심의 벽을 뛰어넘어 성숙한 사람이 되는 가장 좋은 방법은 자신의 피를 이어받은 아이를 낳아 기르는 것이다. 자녀는 부모의 삶과 생활 자체를 변화시키고 완성하는 데 소중하고 필요한 축복이 아닐 수 없다.

쇠락해가는 오늘날의 문화 속에서도 인류에게 희망을 보여주는 한 가지 긍정적인 변화가 있다면, 그것은 자녀를 출산하지 못하는 가정에서 아이를 적극적으로 입양하고 있다는 사실이다. 원하지 않는 출생으로 인해 태어나자마자 버려진 아이들이, 오랫동안 기도하고 준비한 그리스도인 가정에 입양되는 것을 볼 때마다 가슴이 뿌듯해지는 아름다운 광경이 아닐 수 없다. 우리는 입양이야말로 하나님의 나라와는 전혀 무관하게 살아갈 아이들을 그리스도께로 인도하는 가장 좋은 방법이라고 굳게 믿고 있다. 바른 절차를 밟아 제대로 하기만 한다면, 입양이야말로 부모와 자녀 모두에게 삶을 변화시킬 수 있는 놀라운 경험이 될 것이다. 우리는 적극적으로 입양을 권장하는 바이다.

출산계획

이제까지 말한 것만 본다면, 우리 부부가 가족계획을 완강히 부인하고 있는 것으로 비춰질 수 있는데, 실은 전혀 그렇지 않다. 성경은 평생토록 아이를 몇 명 낳아야 할 것인지에 대해서는 아무 언급도 하고 있지 않다. 다시 말해, 하나님은 그 결정을 각각의 부부에게 맡기신 것이다. 개인적으로 우리는 자녀를 적게 낳는 것에 대해서는 하나님이 반대하지 않으실 거라고 생각하지만, 아이를 전혀 낳지 않는 것에 대해서는 분명 반대하실 거라고 믿는다.

요즈음에는 그리스도인들소자도 아이를 적게 낳는 것이 바람직하다고 여기고 있는 것 같다. 이렇게 말할 수 있는 근거는, 의사들에 따르면 신체 건강한 여성이 피임을 하지 않고 정상적으로 아이를 출산을 하면, 평생 20명을 낳을 수 있다고 한다. 그러나 나는 10명 이상을 낳은 그리스도인 부부를 한 번도 본 적이 없다. 그래서 나는 그리스도인들도 피임을 하고 있다고 분명하게 말할 수 있다. 그러나 현실적인 것을 감안한다면, 모든 부부는 기도하는 가운데 출산계획을 세우고, 몇 명을 낳아 하나님의 사람으로 키울 수 있는지, 경제적인 능력은 있는지를 판단하여, 적당한 수의 아이를 낳고 하나님이 주신 선물로 여기고 양육하는 것이 바람직하다고 말할 수 있다.

지난 35년 동안 우리는 미국 전역을 순회하며 가정생활에 관한 성경적 원리를 듣고자 하는 교회 및 학교, 각종 기관 등을 방문하면서 천 번 이상의 가족세미나를 개최하였다. 그동안 백만 명이 넘는 사람이 이 세미나에 참석하였으며 수백만 명의 사람이 이 책은 물론 결혼과 가족관계에 관한 다른 많은 책을 읽었다. 우리는 도덕적 타락이 갈수록 심해지고 있는 요즈음 같은 시대에도 우리 아이들을 하나님을 사랑하고 섬기는 것을 즐거워하는 아이들로 키우는 것이 가능하다고 생각한다. 그러나 그렇게 하기 위해서는 우리 부모들 세대가 했던 것보다 훨씬 더 많은 시간과 노력을 기울여야 한다. 시대가 갈수록 악해지고 있는 만큼, 우리가 부모에게서 받은 정성과 관심 정도로는 아이들을 훈육할 수 없다. 갑절로 정성을 쏟아야 그나마 아이들을 악한 세상에서 보호할 수 있는 안전망이 되어줄 것이다.

이렇게 말할 수 있는 한 가지 이유는 이전 세대의 부모는 자녀에게 긍정적이거나 중립적인 영향을 끼치는 문화 속에서 생활했지만, 오늘날 우리는 갖가지 매체와 오락산업, 심지어는 공식적인 교육기관까지 전례 없이 빠른 속도로 우리 아이들의 마음을 휘어잡고 있는 타락한 문화에 잠식되고 있기 때문이다. 그 결과, 적대적인 문화가 사회 전반에 만연해 오늘날 우리 아이들을 선량하고 바르게 양육하는 것을 한층 더 어렵고 힘들게 하고 있다.

이러한 모든 것들은 우리로 하여금 "오늘날 우리는 과연 몇 명의 아이를 낳아야 할 것인가?"라는 참으로 중요한 질문에 봉착하게 한다. 현재 미국의 출산율은 2.13명(한국은 1.19명으로 세계 최저 - 역자 주) 정도 된다. 그 중에서도 그리스도인 가정은 일반 가정보다 자녀를 약간 더 많이 낳는 추세를 보이고 있다. 그리스도인이 일반인보다 아이를 좀 더 많이 낳는 이유는 아마도 그들이 아이는 '하나님이 주신 기업'이라고 믿기 때문일 것이다. 또한 아이를 낳는 것은 사랑하는 부부에게 주신, 또 다른 영원한 영혼을 창조하라는 하나님의 명령이자 허락이라고 믿기 때문일 것이다. 그러나 자녀를 낳는 데는 상당히 큰 책임감이 수반되므로 모든 부부는 몇 명의 아이를 낳아 기를 것인지를 반드시 결정해야 한다. 우리는 그리스도인 부부는 자신이 가질 수 있고 또 키울 수 있겠다고 여겨지는 만큼만 아이를 낳아 길러야 한다고 생각한다. 그러면 하나님께서 그들이 하나님을 사랑하고 섬기는 아이로 살 수 있도록 은혜와 힘을 더하여 주실 것이다. 자녀를 양육하는 것은 20년에서 30년이라는 긴 세월과 강도 높은 헌신을 요하는 아주 힘든 일이다. 그러나 그 사이에 할 수 있는 일 가운데서 그보다 더 즐겁고 보람된 일은 아마 없을 것이다.

산아제한

대부분의 부부는 결혼과 더불어 피임을 하는데, 현명한 신부라면 마지막 생리 후 열흘에서 보름 사이에 해당하는 가임기간을 피하여 결혼날짜를 정할 것이다. 물론 그 가운데는 생리주기가 아주 규칙적이어서 한 달 정도 앞서서 결혼날짜를 정할 수 있는 신부도 있겠지만, 이미 청첩장을 다 발송하였는데 갑자기 생체리듬이 깨져 생리주기가 변하는 낭패감을 맛보는 신부도 있을 것이다. 일반적으로, 여성의 불임기간은 생리 전 7일에서 생리 후 5일까지라고 할 수 있다. 즉 나머지 날은 모두 가임기간인 것이다.

오늘날 많은 신혼부부는 서로에게 익숙해지는 시간을 서너 달 정도 가진 다음에 아이를 가지는 추세를 보이고 있으며, 심지어 어떤 부부는 학업이나 진학, 취업, 직장생활 등을 핑계로 아이 가지는 것을 훨씬 더 미루기도 한다. 그 결과 출산적령기인 열여덟 살에서 스무일곱 살이 훨씬 지나도록 아이를 갖질 않는 것은, 참으로 안타까운 일이 아닐 수 없다. 물론 서른 살이나 마흔 살이 넘어서도 순산할 수 있는 것은 사실이다. 그러나 출산과정에서 합병증을 일으킬 확률이 젊은 산모보다 훨씬 더 많은 것이 엄연한 현실이다. 하나님은 여성이 신체적으로 출산하기 가장 좋은 나이에 아이 낳기를 바라고 계실 것이다. 물론 이것은 우리 부부만의 편견이자 선입견일 수도 있지만, 어쨌든 우리는 아내가 스무아홉 살이 되기 전에 네 아이를 모두 출산했다. 아이들을 일찍 낳음으로써 우리 부부가 누린 유익이 있다면, 그들을 키운 기쁨에 더하여 이제는 그들의 아이들과도 함께하는 기쁨을 누릴 수 있게 되었다는 것이다. 우리 손자 녀석들은 부모는 물론이거니와 할아버지, 할머니하고도 함께 눈썰매와 수상스키를 탈 수 있다고 친구들에게 자랑하고 다녔다. 그러나 이러한 것들은 자녀를 일찍 낳아 누리는 축복 중에서도 일부분에 지나지 않는다.

산아제한은 아주 개인적인 문제이자 결혼과 동시에 신랑신부가 가장 먼저 결정해야 하는 중요한 일이기도 하다. 어떤 사람은 종교적인 이유로 피임약을 전혀 신뢰하지 않는다. 개인적으로는 그런 사람들을 존경하지만, 어쨌든 모든 부부는 자기 나름대로 가장 좋은 산아제한법을 계획해야 할 것이다. 우리는 부부가 함께 의사를 찾아가 조언도 구하고 또 그 분야에 관한 정보를 최대한 많이 수집하여 자기 부부에게 가장 적합한 피임법을 결정해야 한다고 생각한다. 이것도 저것도 하지 않는다면, 결혼하고 얼마 지나지 않아 아이를 가졌다는 놀라운 진단을 받게 될 것이다. 그럼에도 불구하고 이 사실은 커다란 축복으로 와 닿을 것이다.

16세기 초, 정자가 질 속에서 방출되는 것을 막기 위해 페니스를 덮어씌우는 시술이 맨 처음 행해졌는데, 이 방법은 사용하는 재료가 너무 두꺼워 감각을 무디게 한다는 이유로 큰 호응을 얻지 못했다. 그러다가 20세기에 접어들면서 고무재질로 된 콘돔이라는 것이 시판되기에 이르렀다. 그리고 이것은 오늘날까지도 가장 많이 이용하는 피임법으로 자리를 굳히게 되었다.

오늘날 콘돔 외에도 새로운 피임기구가 끊임없이 개발되고 안전성도 높아지고 있다. 자궁 내 장치인 루프는 일반적으로 많이 이용하고 있으며, 여성용인 페미돔이란 것도 있다. 피임은 한시적인 것과 영구적인 것이 있는데 영구피임법은 신앙적으로 절대 사용해서는 안 된다고 확신한다. 다음은 추천할 만한 피임법이다.

1. 경구피임약. 가장 효과 있는 피임법은 아마도 이 약을 복용하는 것일 것이다. 그래도 수천 명 가운데 한 명에서 다섯 명 정도는 임신하지만 말이다.

미국에서만도 1천5백만 명에서 2천만 명에 달하는 여성이 피임약을 복용하고 있는 것으로 추정된다. 처음 이 약이 나왔을 때는 부작용에 대한 염려로 여성들이 사용하기를 꺼렸다. 그러나 연구결과에 의하면 미량을 복용하면 오래 먹어도 몸에 탈이 없는 것으로 나타나 가장 효과 있는 피임방법으로 선호하고 있다. 통계적으로 볼 때, 피임약은 흡연이나 운전 또는 수영으로 인한 사고보다 생명이나 건강에 끼치는 해가 훨씬 적다고 한다.

보통 아스피린 한 알보다 아주 작은 이 약은 반드시 의사의 처방을 받은 다음에 복용해야 한다. 여러 종류가 있지만 어떤 것을 복용하든 하루에 한 알씩, 한 달에 20일이나 21일 혹은 28일 정도 꾸준히 복용해야 한다. 의사가 지시하는 대로 약을 계속 복용하기만 하면, 난자가 성숙하지 않아 배란이 자연 억제되므로 피임에 큰 효과가 있을 것이다. 그래서 정자가 난관 안으로 들어간다 해도 난자와 수정하지 못하므로 임신은 일어나지 않게 되는 것이다. 이렇게 해서 경구피임약은 항시적으로 임신을 예방하는 효과를 갖게 된다.

안전성과 편리함 때문에 경구피임약은 갓 결혼한 신부들로부터 많은 각광을 받고 있는데, 바람직한 현상이라고 생각한다. 이렇듯 처음에는 경구피임약을 사용하다가 성에 대한 기술이 쌓여가게 되면 그때 남편과 상의하여 다른 피임법을 사용하는 것도 괜찮을 것이다. 우리는 예비신부에게 적어도 결혼 두 달 전에 산부인과 의사를 찾아가 피임법에 대해 충분히 상의한 뒤 그가 지시한 대로 잘 따르라고 권하고 싶다.

2. 크림이나 거품을 바른 콘돔. 피임용 젤리나 크림 또는 거품과 함께 사용하면 콘돔은 아주 훌륭한 피임약이 된다. 1천 명에 10명 정도 임신할 정도로 실패할 확률도 낮은데다 아주 싸다는 이점도 있다. 그래서 그런지 현재로서는 콘돔이 전세계적으로 가장 많이 사용되고 있다.

그 외에도 콘돔은 의사의 처방전 없이도 약국에서 손쉽게 구할 수 있다는 점과 부작용이 없다는 점 그리고 성관계를 갖고 나서 그 결과를 가시적으로 확인할 수 있다는 점, 사용하기 쉽고 편한 장점을 갖고 있는데, 무엇보다 아내들이 콘돔을 선호하는 가장 큰 이유는 피임의 책임을 남편이 진다는 것 때문이다.

물론, 콘돔을 사용하면 몇 가지 불편한 점도 있는데, 그 중 하나는 페니스가 자극에 둔감하게 된다는 것이다. 그러나 남성 가운데는 이로 인해 사정을 늦출 수 있어 오히려 좋다는 사람도 많다. 두 번째로 콘돔은 전희 과정을 즐기다가 삽입하기 바로 직전에 착용해야 한다는 불편함이 있다. 그러나 아내가 사랑스럽고 부드러운 손길로 남편의 페니스에 콘돔을 씌워준다면, 이 정도의 불편함은 오히려 성감대를 자극하는 선정적인 행위가 될 수 있을 것이다. 세 번째로, 콘돔은 인공윤활유제를 바르지 않으면 아내에게 별로 안 좋은 느낌을 주기 때문에 인공윤활유제와 피임기능까지 되는 젤리를 바른 콘돔을 구입하면 문제가 될 것이 없다. 내 생각에 기능이 좋은 콘돔을 사용하면 정액이 이중으로 차단돼 안전도가 높아지므로 훨씬 더 좋을 것 같다. 단, 화학원료로 만든 윤활유제는 콘돔에 해가 됨으로 가능한 한 사용하지 않는 것이 좋다. 보통은 소량의 윤활유제를 콘돔 안쪽에 발라 그 윤활유제가 페니스 귀두 부분에 직접 닿도록 되어 있는 것이 좋다. 그리고 콘돔 가운데는 육안으로는 확인할 수 없지만, 그래도 정액이 뚫고 나가기에는 충분한 크기의 구멍이 나 있는 불량품도 있다. 그러나 그런 불량품을 사용했다 할지라도 그 미세한 구멍을 통해 정자가 방출되어 임신할 수 있는 확률은 3백만 분의 1도 되지 않는다.

한마디로 콘돔은 세계에서 가장 널리 사용되는 피임법으로, 제대로 사용하기만 하면 그 효과도 아주 탁월하다. 그러나 모든 피임법이 다 그렇듯이 콘돔 또한 아무리 정확하게 사용해도 백 퍼센트 완벽한 피임을 보장해 주지는 않는다. 현재로서는 1년 동안 꾸준히 콘돔을 사용할 경우 100쌍 가운데 3쌍은 임신하는 것으로 추정되고 있다. 다시 말해, 1년 동안 매주 두 번씩 성관계를 가진다고 가정할 경우, 1만 번 이상 성관계를 가져야지만 3번 정도 임신된다는 소리가 되는 것이다. 이렇듯 정확하게 사용하기만 하면, 다른 피임법과는 비교도 안 될 정도로 안전한 피임법이 바로 이 콘돔이라고 할 수 있다. 혹 자극을 최대화하기 위해 콘돔을 사용하지 않고 성관계를 하다가 사정할 느낌이 들었을 때 페니스를 재빨리 꺼내 콘돔을 씌운 다음 다시 삽입하는 부부가 있다면, 무지의 소치를 깨달아야 한다. 일단 성관계를 시작하면 사정하기 전이라도 페니스에는 정자를 포함한 정액이 얼마간 분비된다는 뻔한 상식을 모르고 있는 부부가 많이 있다. 오르가즘에 이르기 전에 페니스를 빼서 콘돔을 씌우고 페니스를 삽입하면 안전할 거라고 생각하겠지만, 그것은 천만의 말씀이다. 왜냐하면 페니스를 빼기 이전에 이미 얼마간의 정자가 페니스에서 흘러나와 아내의 나팔관을 향해 열심히 헤엄쳐 가고 있을 수도 있기 때문이다. 당연히 그렇게 되면 아내가 임신할 확률이 훨씬 높아지게 된다. 이렇게 해서 임신하는 부부가 생각보다 많은데, 이것은 콘돔에 문제가 있어서가 아니라 사용하는 사람이 상식적인 내용을 모르고 있기 때문이다. 그리고 처음부터 콘돔을 착용하고 관계를 가진 경우라 하더라도 사정이 끝나 페니스를 뺄 때에는 반드시 콘돔 입구 부분을 꽉 쥐어서 안에 들어 있는 정액이 흘러나오지 않도록 해야 한다. 정자는 우리가 믿기 어려울 정도로 활동적이며 빠르기 때문이다.

3. **페서리(여성피임기구).** 여성의 질에 삽입하는 페서리는 질기고 가벼운 고무막으로 되어 있으며 크기는 손바닥보다 약간 작다. 이것은 의학적으로 인정받은 최초의 피임기구로, 개발된 지는 무

려 백 년 이상이 되었다. 이것은 가는 강철제의 고리모양에 반구상의 얇은 고무막을 모자 모양으로 씌운 스프링 형태의 기구이다. 그런데 이 기구는 쉽게 구부렸다 폈다 할 수 있기 때문에 질에 삽입할 때에는 작게 압축시켜 별다른 고통 없이 쉽게 삽입할 수 있다. 그렇지만 질 위쪽으로 밀려올라가며 넓어진 부분에 다다르게 되면 다시 원상태대로 펴져 자궁경부를 둥근 천장처럼 생긴 뚜껑으로 덮게 된다.

질 뒤쪽 벽에서부터 치골까지의 길이는 여성에 따라 다르기 때문에 이 기구의 크기도 다양하게 만들어져 시판되고 있다. 따라서 자기에게 꼭 맞는 기구를 고르기 위해서는 의사로부터 골반검진을 먼저 받아야 한다. 그래서 의사가 질 뒤쪽 벽에서부터 치골까지의 길이를 측정하여 크기에 맞는 것을 삽입한다. 참고로 말하자면, 이 검진은 아무런 통증이나 불편함도 동반하지 않는다. 그런데 내과 의사들의 주장대로라면, 이 기구는 삽입 후 몇 시간 동안은 성관계를 갖지 않는 게 좋다고 한다. 자기에게 꼭 맞는 기구를 선택했다면, 성교 중에 남편과 아내 어느 쪽도 그 존재를 인식할 수 없을 것이다.

이 기구는 정자가 자궁 속으로 들어가는 것을 막는 장벽 역할을 하는데, 효과를 확실히 하기 위해서는 자궁경부와 접촉하는 측면에 살정제나 젤리 또는 크림을 발라두어야 한다. 만일 성교 중에 더 많은 윤활유제가 필요할 것 같으면 젤리를 사용하도록 하고, 그렇지 않으면 피임용 크림을 사용하면 된다. 이렇게 살정제를 발라두게 되면 정자가 질 속으로 들어왔다가도 그것과 접촉하는 순간 죽게 되므로 피임효과를 배가시킬 수 있게 된다. 한 가지 주의를 부탁하는 것은 살정제를 바르지 않으면 피임에 거의 효과가 없다는 것이다. 그리고 특별한 흠이 있지 않는 한, 한 번 삽입을 하면 몇 년 동안 사용해도 별 상관없다.

다시 한 번 강조한다면, 이 기구는 오랜 세월에 걸쳐 그 효과가 입증된 안정된 피임법으로 살정제와 함께 사용하면 임신을 확실하게 막을 수 있다. 그리고 임신하고 싶을 때는 언제든지 기구를 제거하면 되므로 여성의 생산력에 아무런 지장을 주지 않는다.

4. 질 내 거품. 이 방법 역시 수십 년 이상 사용되어온 피임법이다. 그러나 값이 저렴하지만 1천 명에 17명 정도가 임신할 정도로 성공률이 낮다는 단점도 있다.

살정제 제품들은 대부분 본인 스스로 사용하도록 되어 있는데, 질 속에 발라두면 섬세하고 미세한 질 조직은 다치게 하지 않으면서 정자만 골라 죽이는 화학약품이 들어 있다. 거품과 크림과 종합적인 젤의 세 가지 타입으로 되어 있는 이 제품은 양을 측정하고 쉽게 바를 수 있도록 플라스틱으로 만든 보조기구가 들어있다. 그런데 이 제품들은 효과가 아주 강력하기 때문에 한 번 성관계를 갖는 데 반드시 1회분만 사용해야 한다. 그리고 사용 후에 여성이 따로 씻을 필요는 없다. 굳이 씻고 싶다면, 최소한 여섯 시간 정도는 기다렸다가 씻어야 한다. 거품 모양의 살정제는 생리주기에 따른 피임법이나 질외사정법이나 좌약사용법 같은 것보다 그 효과가 훨씬 강하며, 실제로도 많은 여성으로부터 안전하고 믿을 만하다는 호평을 받고 있다.

5. 생리주기에 따른 피임법. 역사는 가장 오래 되었지만 효과는 가장 없는 피임법이 바로 이 생리주기에 의한 피임법이다. 이 방법은 1천 명에 140명이 임신될 정도로 실패율이 높다. 우리 부부는 가정생활세미나를 할 때 종종 농담으로 "생리주기로 피임하는 부부는 애 낳고 돌아서자마자 또 임신하게 될 것입니다"라고 말하곤 한다. 물론 실패해서 아이를 가졌다 하더라도 아이는 하나님의 놀라운 축복이므로 실패가 반드시 나쁜 것이라고는 할 수 없을 것이다. 생리주기에 따른 피임법은 무엇보다 자기 절제가 선행되어야 하는데, 그렇게 할 수 있는 부부가 별로 없다는 사실을 감안하면, 이 방법은 피임에 별 효과가 없다고 단언할 수 있다.

이 피임법을 사용하면 성숙한 난자가 아직은 난소 밖으로 나오지 않았을 때에만 관계를 가질 수 있기 때문에, 배란 이후에는 절대 금욕해야 하는 강도 높은 자기 절제를 요구한다. 그리고 대부분의 경우 이 피임법을 사용하는 부부는 별도로 다른 보조제 같은 것을 사용하지 않는 경우가 많다.

배란시기를 예측할 수 있는 방법은 두 가지인데, 하나는 기초체온을 측정하는 것이고, 또한 아내가 자신의 생리주기를 최소한 여덟 달에서 1년 정도 꾸준히 관찰하는 것이다. 첫 번째 방법인 기초체온 측정법은 매일 아침 아내가 잠자리에서 일어나자마자 체온을 재는 것을 말하는데, 그렇게 체온을 측정하다보면 어느 날 갑자기

체온이 약간 떨어지는가 싶더니 그 다음에 곧바로 급격히 상승하는 때가 있다. 바로 이 체온이 떨어지는 시점 근처를 배란기로 볼 수 있는데, 이것을 정확히 하려면 한 달만 해서 되는 것이 아니라, 적어도 서너 달 정도 꾸준히 해야 한다.

두 번째 방법은 아내가 생리날짜를 달력에 꾸준히 적어나가는 일종의 '달력기법' 같은 것으로, 이 과정을 1년 정도 하고 나면 공식에 따라 배란이 일어날 것 같은 날짜를 계산할 수 있게 된다.

보통 배란은 생리시작일 2주 전에 일어나므로, 생리주기가 28일로 규칙적인 여성은 14일째 되는 날을 전후해서 배란이 일어난다고 보면 된다. 여기에 정자와 난자의 생존기간까지 감안하면 배란 일 전후의 6일 정도는 가임기간이 되므로 11일째부터 17~8일째까지는 관계를 가지면 안 된다는 결론이 도출된다. 그러다가 난자가 사멸해 없어지는 시점인 18일째가 지나고 나면, 관계를 가져도 임신이 안 된다. 이론적으로는 11일째 이전에는 관계를 가져도 임신이 안 되지만, 그것은 어디까지나 이론일 뿐 정자가 자궁 속에서 얼마나 오래 살지는 아무도 예측할 수 없으므로 절대 안전하다고는 말할 수 없다.

이 생리주기에 따른 피임법이 성공하려면 무엇보다 언제 성관계를 피해야 하는지 정확히 알아야 하는데, 불행하게도 여성 가운데는 생리주기가 불규칙하여 정확한 배란일을 결정할 수 없는 여성이 있는가 하면, 생리주기가 규칙적이라 하더라도 병이나 정신적 충격 그리고 다른 신체적 감정적 변화로 인해 생리주기가 일시적으로 엉망이 되어 배란시기를 계산하는 게 어려워지는 경우가 허다하게 많다. 결국 생리주기가 불규칙하게 되면 가임기간과 불임기간도 덩달아 불규칙하게 되는 것이다.

금욕이라는 견디기 어려운 자기절제법을 쓰지 않고도 생리주기에 따른 피임법을 효과적으로 사용할 수 있는 방법을 한 가지 제안하자면, 그것은 생리 전 7일부터 생리 후 5일까지는 임신될지도 모른다는 걱정 없이 마음껏 성관계를 갖되 나머지 날에는 피임약이나 피임기구를 사용한 뒤 성관계를 갖는 것이다.

6. 중단성교. 금욕과 중단성교는 웬만하면 권하고 싶지 않은 피임법이다. 금욕이 절대 추천할 만한 피임법이 아니라는 사실에는 누구나 쉽게 동의할 수 있을 것이다. 성경은 "남편은 그 아내에게 대한 의무를 다하고 아내도 그 남편에게 그렇게 할지라"(고전 7:3)고 말한다. 이곳(3-5절)은 모든 남편과 아내에게 배우자를 만족시키는 행위를 반드시 하라고 절대적으로 명령하고 있다. 그 외 다른 영구적인 대안은 여기에서 찾아볼 수가 없다.

많은 부부가 사용하지만, 별로 권장하고 싶지 않은 또 다른 피임법은 바로 '중단성교'라는 것이다. 이것이 권장할 만하지 않은 이유는 성행위 중 부부가 가장 자유로워야 할 순간에 남편과 아내 모두에게 상당한 제한을 가하기 때문이다. 그리고 흥분이 점차적으로 고조되는 동안 페니스로부터 분비되는 윤활유액 가운데는 정자가 얼마간 들어 있을 수도 있기 때문에, 설령 사정하기 전에 페니스를 뺀다고 해도 임신가능성을 완전히 배제할 수 없다는 단점도 갖고 있다. 난자를 수정시키는 데는 정자 한 마리만 있어도 충분하기 때문이다. 그리고 그 한 마리의 정자가 사정이 일어나기 전에 이미 나팔관 속을 헤엄쳐 난자에게로 다가갈 수 있는 가능성은 얼마든지 충분하기 때문이다. 우리가 이것을 좋은 피임법으로 인정하지 않는 또 다른 이유는 관계를 갖는 도중에 페니스를 빼게 되면 아내가 오르가즘에 달하는 데 막대한 지장을 초래하기 때문이다. 이 방법은 비단 우리 부부뿐 아니라, 다른 많은 결혼상담가도 권장하지 않는 아주 안 좋은 방법이다.

영구 피임법

그러면 가장 널리 사용되고 있는 영구 피임법인 정관절제술에 대해 알아보도록 하자. 주지하다시피, 이것은 남편이 받는 비교적 간단한 수술이다.

5장에서 우리는 고환에서 나와 정낭으로 뻗어 올라가 전립선 근처에까지 이르는, 정관이라는 작은 관에 대해 살펴보았다. 이 관은 만년필 안에 들어 있는, 잉크통만 한데, 수술 시는 물론 평소에도 고환과 몸 사이에 있는 음낭의 늘어진 외피를 움켜쥐면, 엄지손가락과 다른 손가락들 사이로 이 작은 관을 말 수 있다.

수술 중에 의사는 먼저 끈처럼 생긴 이 작은 관을 손가락들 사이로 움켜잡은 다음 관의 고리부분을 찾아내 아주 날카로운 도구로 집는다. 그런 다음 정낭표피를 2센티미터 정도 절개한 뒤 그리로 조금 전에 집었던 관의 고리부분을 끄집어낸다. 이렇게 관을 끄

집어낸 다음에는 3~5센티미터를 잘라버리는데, 환자 중에서 더 이상은 아이를 낳지 않을 거라고 확신하는 사람은 그보다 더 많이 잘라내기도 한다. 그러나 나중에 언젠가는 관을 원상태로 복구시켜 정자를 방출할 수 있기를 바라는 사람은 유념해 두어야 한다.

이 수술의 성공여부는 관을 얼마만큼 잘라내느냐에 따라 결정된다. 간혹 관을 잘라낸 뒤 그것을 연결한 틈 사이로 새로운 관이 생겨나와 수술결과를 실패로 돌려놓기도 하는데, 의사들은 그러한 가능성을 최소화하기 위해 잘라낸 관의 두 끝 부분을 달군 쇠같은 것으로 지지거나 아예 태워버리기도 한다. 그리고 다른 수술과 달리 수술 후에 별도로 봉합하는 작업을 하지 않는데, 이는 절개부위가 워낙 작기 때문이기도 하지만, 정낭표피가 느슨하게 늘어져 있기 때문이기도 하다.

어떤 의학 잡지에서는 일시적인 정관수술법도 가능하며 실제로 성공한 사례도 있다고 보고하지만, 그래도 우리는 정관수술법은 아직까지는 영구적인 피임법이므로 아내와 함께 기도하는 가운데 이제는 정말로 아이를 그만 낳아도 되겠다는 확신이 들 때까지는 이 수술을 받지 말라고 충고하고 싶다. 정관수술을 한 후 아내와 사별한 남자가 있었는데, 시간이 흘러 재혼하게 되었지만, 첫 번째 아내가 죽기 전에 받은 정관수술로 인해 두 번째 아내와는 아이를 낳아 기르는 기쁨을 누릴 수가 없었다. 그리고 그것은 자신은 물론 아내에게도 큰 고통과 슬픔으로 다가왔다. 그러므로 그리스도인 부부는 절대로 이 수술을 대수롭지 않게 생각해서는 안 될 것이며 앞날에 대한 신중한 계산과 고려 없이 성급하게 수술 받는 일도 하지 말아야 할 것이다.

결론

결혼한 이상 모든 부부는 기도하는 가운데 아이를 얼마나 낳을지 결정해야 한다. 분명 가족계획은 하지 않는 것보다 하는 것이 좋다. 그리고 당신 가정을 향한 하나님의 뜻을 구하는 기도를 계속한다면, 하나님께서는 분명 선한 길로 당신 부부를 인도해 주실 것이다. 그리스도인들은 현대사회에 만연해 있는 인본주의 철학의 부당한 영향 아래에서 놓여나 하나님의 말씀 안에 계시되어 있는 그분의 기본적인 뜻을 찾고 발견하고자 하는 노력을 게을리해서는 안 된다. 개인적으로 우리 부부는 그리스도인 부부라면 누구나 출산에 대한 올바른 계획을 세워야 한다고 생각한다. 단 그 결정은 아이들을 기도 가운데 하나님을 섬기는 헌신된 일꾼으로, 이웃과 가정을 위해 자신을 희생할 줄 아는 훌륭한 인격과 신앙을 소유할 수 있도록 키울 수 있다는 확신이 섰을 때, 신중하게 이루어져야 한다. 자녀는 부모의 노력과 욕심이 아닌 하나님의 선물이다.

13 _ 통계로 본 성생활

최근까지 경건한 그리스도인들은 부부의 성관계마저도 엄격한 자세로 일관하였다. 그것은 그 본질을 제대로 파악하지 못하고, 성적 즐거움이라는 측면보다는 생존과 번식의 수단으로 보았기 때문이다. 수 년 동안 관찰해 온 바에 의하면, 그리스도인 부부들은 일반인 못지않게 아니 오히려 일반인보다 성생활을 즐기고 만끽하고 있는 것으로 나타났다. 물론 일부는 성생활과 관련하여 어려움을 겪고 있었지만, 많은 부부가 건전한 성생활을 영위하고 있었다. 공공장소에서 그들이 서로에게 하는 말이나 서로를 대하는 몸짓, 손짓 같은 것을 보면 그들이 상당히 만족스러운 성생활을 영위하고 있음을 한 눈에 알 수 있다. 그리스도인들은 일반인에 비해 야한 이야기나 포르노 잡지 또는 인위적인 자극에 대한 갈망이나 집착이 그렇게 강하지 않은데, 그 이유는 그들이 성에 대한 망상이나 신경증 같은 것을 갖고 있지 않기 때문이다. 한마디로, 그들은 하나님이 의도하신 대로 수 년 혹은 수십 년째 서로의 사랑과 그 사랑의 표현을 즐기면서 살고 있는 것이다.

그리스도인이 일반인보다 훨씬 더 행복한 성생활를 영위하고 있다고 확신할 수 있는 이유는, 신앙 안에서 하나님과 누리고 있는 개인적 친밀함이 배우자에게도 연결되기 때문이다. 성령의 열매(사랑, 희락, 화평, 오래 참음, 자비 등등. 갈 5:22-23)는 흥분으로 전율해야 할 성생활을 황폐화시켜 버리는 분노와 쓴 감정 같은 것들을 일시에 제거해 버리는 능력을 갖고 있다. 그리하여 서로를 진정으로 사랑하게 되면, 상대방을 위해 더욱 노력하기 때문이다. 애정생활은 더 말할 나위가 없다.

나는 이 책을 집필하면서 그리스도인이 일반인에 비해 훨씬 더 친밀한 성생활을 하고 있다는 사실을 입증할 필요성을 느꼈다. 내가 상담을 통해 느낀 감으로는 객관적 타당성을 확보할 수 없기 때문에 구체적인 성생활 보고서를 작성하기로 하였다. 그동안 가정생활세미나에 참석했던, 전국의 많은 부부의 명단과 주소를 확보하고 조사의 목적과 내용을 명시하여 회송용 봉투와 함께 발송하였다. 그 결과 2천3백 쌍이 넘는 부부가 응답을 해왔다.

예상은 했지만, 조사결과를 통게내고 분석하는 일은 여간 손이 가는 작업이 아니었다. 조사결과를 컴퓨터에 입력하고, 우리가 얻은 결과물은 큰 컴퓨터 용지로 장장 7킬로그램이 넘었다. 그리하여 그리스도인의 성생활에 대한 구체적인 정보와 객관적인 자료를 얻게 된 것이다. 설문조사의 오차범위를 감안하여도, 일반적인 연구자료로 사용해도 아무런 문제가 될 것이 없는 신뢰수준이다. 한마디로, 조사결과는 대만족이었는데, 이유는 우리의 예측을 사실로 확인시켜 주었고, 향후 몇 년 동안은 이 분야의 연구자들에게 유익하고 가치있는 정보로 활용될 수 있을 것 같았기 때문이었다.

우리가 설문조사를 분석하는 동안 〈레드북〉이라는 잡지사에서도 10만 명의 여성을 상대로 우리와 유사한 조사를 실시하였다. 그 조사야말로 이 분야에 관해 이루어진 조사 중에서 가장 방대한 조사였으며, "같은 나이의 여성을 놓고 볼 때, 종교적 성향이 강한 여성이 그렇지 않은 여성보다 성적 자극에 훨씬 더 민감하게 반응한다"는 결론을 공식적으로 확인한 조사가 되었다. 그들은 "성적 기쁨에 적극적이고도 종교적인 자세로 접근해 가는 것은 성생활과 결혼생활의 만족감을 조화롭게 연결시켜 줄 뿐 아니라, 종교적 권위가 여전히 삶을 구속하고 있는 여성들에게 아주 긍정적인 영향을 미치는 것으로 나타났다"는 흥미로운 결론을 발표했다. 이렇듯 그리스도인 여성이 일반 여성보다 성생활을 더 잘 즐길 수 있는 이유는 성경이 결혼 안에서의 성관계에 대해 가르치는 바를 제대로 이해함으로써, 만족스러운 성생활에 걸림돌이 되는 금기사항이나 불편함을 극복하고 남편이 자기에게 보여 주는 사랑의 표현을 자유롭게 즐길 수 있기 때문이다.

우리는 〈레드북〉 사가 발표한 내용과 우리가 실시한 조사결과를 비교해 보며 몇 가지 흥미로운 차이점을 발견하였다. 우선, 〈레드북〉 사는 종교에 상관없이 조사를 했지만 우리는 일반 여성을 조사대상에 거의 포함하지 않았다는 것이었다. 우리 조사에 응한 여성 가운데 자기가 구원받았다고 시인한 사람은 무려 98퍼센트에 달했다. 그리고 〈레드북〉 사에서 '종교적 성향이 아주 강한 사람'이라고 분류한 여성 가운데 20퍼센트는 가톨릭 교인이었고, 80퍼센트가 그리스도인이었다. 그 가운데 구원의 확신을 갖고 있는 여성이 과연 얼마나 될지는 알 수가 없었다. 우리 조사에 응한 여성들은 일반 여성에 비해 성만족도가 10퍼센트나 높은 것으로 나타났으며, 성관계 횟수도 훨씬 많았고 더 적극적인 자세를 취하는 것으로 나타났다. 이는 〈레드북〉 사의 조사에 응한 일반 여성과 비교해 볼 때 훨씬 높은 수치에 달한다.

〈레드북〉 사의 조사결과를 꼼꼼히 검토해 보고 난 후, 우리는 그것이 기본적으로 우리의 조사결과와 크게 일치한다는 것을 발견하게 되었다. 차이점이 있다면 백분율의 차이였는데, 그러한 차이점이 생기게 된 것은 그들은 종교에 상관없이 조사를 실시한 데 반해 우리는 철저하게 그리스도인 중심으로 조사를 실시하였기 때문이었다.

이 두 결과를 근거로 우리는 우리가 세운 가정, 곧 그리스도인이 일반인에 비해 결혼 안에서의 성관계의 숭엄함을 훨씬 더 길 즐기고 있다는 것이 결국은 사실이라는 확신을 갖게 되었다. 그리고 우리 주장의 타당성을 뒷받침하기 위해 우리가 던진 질문과 그에 대한 응답결과들을 아래에 실어놓았다. 그리고 끝에는 〈레드북〉 사의 보고서와 관련된 비교사항과 분석사항을 몇 가지 제시할 것이다(단, 본 주제와 특별한 연관이 없는 질문들은 의도적으로 삭제하였음을 밝혀 둔다).

원래 설문 항목에는 부부의 성관계와 관련된 질문이 아흔다섯 가지가 실렸는데, 여기서는 상대적으로 적합하다고 판단한 마흔일곱 가지의 질문만 옮겼다. 그리고 응답자들이 모든 질문에 다 대답한 것은 아니기 때문에, 여기에 나온 확률의 합이 반드시 100퍼센트가 되는 것은 아니다.

가정생활 세미나 성관계 설문조사

		아내	남편
1. 응답자		1,705	1,672
2. 연령	평균	30대 중반	30대 후반
	20-29	25%	14%
	30	42	44
	40	22	30
	50 또는 그 이상	10	12
3. 결혼 년차	1년 이하	1%	1%
	1-6	20	18
	7-15	37	41
	16-25	31	25
	26 이상	11	12
4. 평균 자녀수		2.5	2.5

5. 함께 기도하는 횟수(일주일 단위로)

전혀 없다	33%	30%
1-2번	31	43
5번 이상	36	27

6. 교육 수준: 아내 가운데 67%, 남편 가운데 80%가 적어도 전문대학을 다녔으며, 아내 가운데 38%, 남편 가운데 61%는 4년제 대학을 졸업했다. 그 밖에 10%에 달하는 아내와 37%에 달하는 남편이 대학원을 다녔다.

7. 맞벌이 여부: 아내 중 60%는 전업주부인 반면, 40%는 정규직으로 혹은 파트타임으로 일하고 있었다.

8. 남편 직업: 64%가 전문직 종사자이거나 경영자였으며 29%는 기술직이거나 사무직원이었고 7%는 비정규직이었다.

9. 연애 기간

	6개월	10%	9%
	6-12	27	27
	12-18	15	12
	18-24	14	14
	2-3년	19	17
	3-5	14	18
	5 이상	1	3

10. 결혼 전에 성교육은 주로 무엇을 통해서?

전혀 없다	13%	18%
부모	13	9

교회	1	1
학교	14	11
책	53	47
기타	6	14

11. 결혼에 관한 책 중 읽은 책이 있다면?(책의 제목을 적는다.)

12. 결혼 전에 가졌던 섹스에 대한 느낌

두려움	20%	13%
기대	68	82

13. 어린 시절 가정을 주로 이끌어 갔던 사람은?

아버지	51%	61%
어머니	32	27
아무도 없었다	8	8
주도권 쟁탈전이 심했다	9	4

14. 부모의 결혼생활에 대한 인상

만족	36%	36%
무관심	28	34
냉담	28	20
*기타	8	10

*잘 모름, 결손부모인 경우

15. 당신은 유년 시절에 떠올리고 싶지 않은 성경험을 한 적이 있는가?

없다	81%	90%
외설적인 행동	7	3

성추행 당한 적이 있다	7	1
강간당했다	5	–
동성애자와 사귄 적이 있다	–	5

16. 이혼한 경험 있는가?

없다	92%	91%
그리스도를 영접하기 전에 한 적이 있다	5	6
그리스도를 영접한 후에 한 적이 있다	3	3

17. 결혼 전에 지금의 배우자와 성에 대해 진지하게 토론한 적이 있는가?

전혀 없다	15%	15%
결혼 바로 직전에 몇 번 했다	29	28
약혼 후에 정기적으로 대화의 시간을 가졌다	56	57

18. 결혼 전에 성관계를 가진 경험이 있는가?

없다	59%	46%
한 번	10	9
몇 번	20	32
많다	11	13

* 결혼 전에 성관계를 가진 경험이 있는 사람 가운데 29%가 당시에는 그리스도를 자신의 구주이자 주님으로 영접하지 않았기 때문에 그럴

수 있었던 것 같다고 대답했다. 그러나 38%에 달하는 상당한 수가 그리스도를 영접했음에도 불구하고 혼전에 성관계를 가졌다고 대답했다. 그리고 나머지 33%에 해당하는 사람은 정확히 언제부터 혼전 성관계를 갖기 시작했는지에 대해 언급을 회피했다.

19. 아래 열거된 피임법 중 어떤 것을 선호하는가?

경구피임약	37%	38%
페서리 및 기구	23	17
콘돔	12	12
거품	9	1
날짜 피임	5	4
피임용 젤리	3	2
피임용 세정	2	-
질외 사정	2	3
*아무 방법도 쓰지 않는다	7	7

* 개인적인 이유로 이 피임법을 선호하는 사람도 있지만, 대부분은 정관 절제술이나 자궁절제술 때문에 자연적인 산아제한법이 절실히 필요하다고 말한다.

20. 신혼여행은 다녀왔는가?

못 갔다	16%	14%
1박 2일	14	11
3박 4일	19	25
1주일	31	31

2주일	20	19

21. 결혼 첫날밤 배우자의 벌거벗은 모습을 보았는가?

예	76%	71%
아니오	24	29

22. 첫날밤 성관계를 가졌는가?

예	79%	69%
시도했지만 페니스를 삽입할 수 없었다	12	22
아니오	9	9

23. 첫날밤에 오르가즘을 느꼈는가?

예	26%*
아니오	74

이 74% 가운데에는:

첫날밤에는 못 느꼈지만 일주일 안에는 느꼈다	22
첫날밤에는 못 느꼈지만 2–4주 안에는 느꼈다	17
첫날밤에는 못 느꼈지만 석 달 안에는 느꼈다	9
전혀 느끼지 못했다	5

* 이 수치는 결혼 전에 성관계를 가진 경험이 있다고 말한 여성 14%가 포함된 수치이다.

24. 요즈음은 얼마나 자주 오르가즘을 느끼는가?

   매번   77%

   정기적   11

   거의 없다   10

*주의: 나머지 2%의 여성은 오르가즘이 뭔지조차 모른다고 대답했다.

25. 아내가 오르가즘에 달하면 남편이 그것을 알 수 있는가?

   매번 알 수 있다 82%   85%

   가끔 알 수 있다 7   8

   거의 알기 어렵다 3   7

   전혀 알지 못한다 8   –

26. 성교 시에 아내가 오르가즘에 달하는가?

   매번   64%   60%

   정기적   10   14

   거의 없다   24   23

27. 당신은 남편이 페니스를 삽입하지 않고 음핵만 애무해 주어도 오르가즘에 달할 수 있는가? 그렇다면 얼마나 자주 오르가즘에 달하는가?

   매번   31%

   정기적   17

   거의 없다   51

28. 오르가즘에 달하기 위한 방법으로 아내가 굳이 음핵만 애무해 주기를 바라는 때는 얼마 정도 되는가?

   매번   45%   33%

가끔	10	16
없다	41	49

29\. 남편은 아내의 음핵을 입으로 애무해 주는가?

예	68%	67%
아니오	31	33

30\. 그렇다면, 얼마나 자주 해주는가?

매번	19%	13%
정기적	20	21
가끔	29	33

31\. 남편이 음핵을 애무해 주면 어떤 느낌이 드는가? 또 남편은 자신이 음핵을 애무해 줄 때 아내가 어떤 느낌이 든다고 생각하는가?

짜릿하다	54%	43%
별 느낌 없다	13	15
싫다	33	42

32\. 아내의 음핵을 입으로 애무해 주면 어떤 느낌이 드는가? 그리고 아내는 남편이 자신의 음핵을 입으로 애무해 줄 때 어떤 느낌이 든다고 생각하는가?

아주 좋다	78%	69%
별 느낌 없다	9	18
싫다	13	13

33\. 남편보다 아내가 먼저 오르가즘에 달하는 경우는 얼마나 되는가?

매번	38%	31%
정기적	16	22

없다	45	46

34. 배우자와 동시에 오르가즘에 달하는 경우는 얼마나 되는가?

매번	13%	19%
정기적	44	40
없다	41	41

35. 한 번 이상 오르가즘에 달하는 경우는 얼마나 되는가?

매번	11%
정기적	14
없다	71

36. 전희 단계 시작부터 해서 오르가즘에 달하는 데까지 걸리는 시간은?

10분 이하	6%	7%
10-20	51	55
20-30	31	26
30 이상	12	12

37. 혹시 사정하는 데 어려움을 겪은 적이 있는가?

거의 없다	93%
정기적	6
항상	1

38. 어떻게 해주면 더 자극적이라는 것을 남편이 아내에게 말로 이야기해 준 적이 있는가?

거의 없다	31%	29%
가끔	21	30

거의 매번	45	39

39. 어떻게 해주면 더 자극적인지 아내가 남편에게 말한 적이 있는가?

거의 없다	34%	41%
가끔	28	24
거의 매번	36	33

40. 당신 부부는 평균적으로 일주일에 몇 번 정도 성관계를 갖는가?

0-2번	61%	61%
3-6	36	37
7-9	3	1

41. 당신은 일주일에 몇 번 정도 성관계를 갖고 싶은가?

0-2번	48%	27%
3-6	49	62
7-9	3	11

42. 배우자와의 성관계에서 당신은 어느 정도 만족을 느끼는가?

상당히	73%	90%
어느 정도	19	6
별로	8	3

43. 당신은 발기 상태를 유지하는 데 어느 정도 어려움을 겪고 있는가?(혹은 당신이 생각하기에 남편이 발기 상태를 유지하는 데 얼마나 많은 어려움을 겪고 있는 것 같은가?)

없다	96%	92%
가끔	4	6

매번	-	2

44. 아내가 남편의 성기를 입으로 애무해서 오르가즘에 달하게 하는 횟수는 얼마 정도 되는가?

매번	11%	8%
가끔	15	15
없다	73	76

45. 자신의 외모에 대해서는 어떻게 생각하는가?

아주 만족	20%	33%
거의 만족	62	54
어느 정도 만족	13	11
불만족	3	1.2
아주 불만족	2	0.8

46. 배우자는 당신의 외모를 어떻게 생각하는가?

아주 만족	37%	34%
거의 만족	55	57.6
어느 정도 만족	6.4	6
불만족	1.2	2
아주 불만족	0.4	-
잘 모름	-	0.4

47. 당신은 자신의 성생활을 어떻게 평가하는가?

평균 이상이며 아주 만족	81%	85%

보통이다　　　　10　　　　　　13
형편없다　　　　9　　　　　　　12

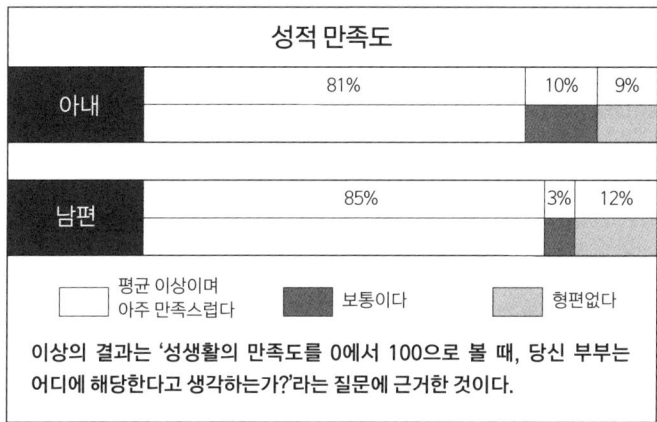

도표 1

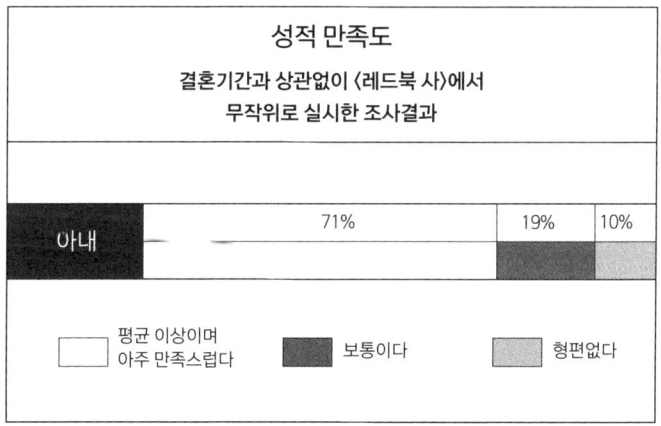

도표 2

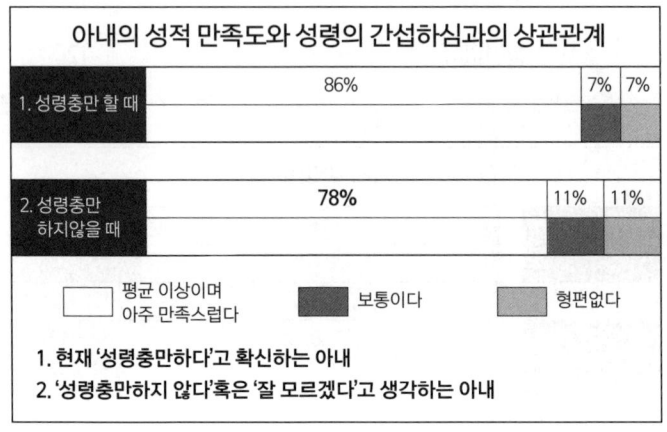

도표 3

    이상의 세 가지의 도표를 놓고 볼 때, 그리스도인 부부가 일반 부부보다 훨씬 더 만족스러운 성생활을 영위하고 있으며, 나아가 성령충만한 그리스도인이 그렇지 않은 그리스도인보다 성생활을 더 많이 만끽하고 있다는 결론을 어렵지 않게 도출할 수 있다. 그리고 이 사실은 성령의 첫 번째 열매가 '사랑'이라는 사실을 감안하면, 크게 놀랄 만한 일도 못 된다. 배우자에게 나누어 줄 수 있는 사랑을 하나님으로부터 받으면 받을수록, 배우자와 주고받을 수 있는 성취감이나 만족감도 그만큼 높아지기 마련이기 때문이다. 이 통계수치는 교회 공동체는 물론이거니와 믿지 않는 일반인들에게도 하나님과의 개인적인 관계가 배우자를 위시하여 다른 사람들과의 관계를 개선시키는 데 크게 기여하게 한다는 점에서 상당히 고무적이라고 할 수 있다.

또 다른 흥미있는 비교자료들

우리는 설문조사의 결과를 분석하면서, 아주 흥미로운 사실을 많이 발견했는데, 그 중에서 중요하다고 판단되는 것들만 선별하여 도표로 만들었다.

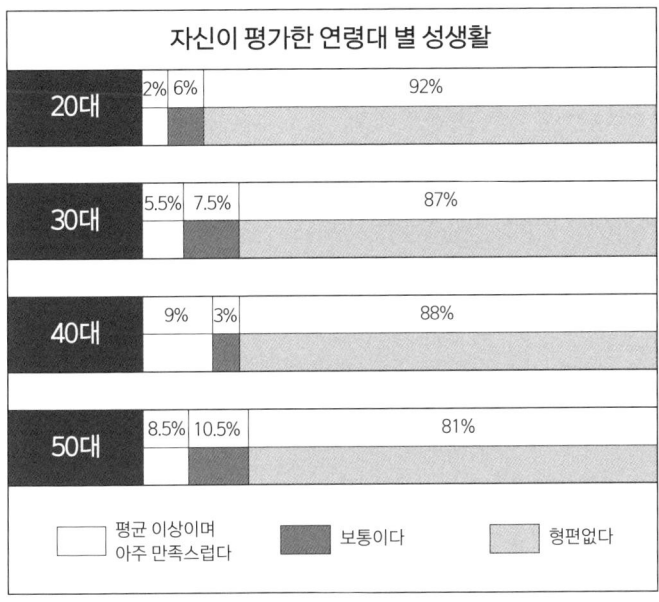

도표 4

위의 도표는 각각 다른 연령대에 속한 남편과 아내들의 응답을 평균화하여 종합 집계한 것인데, 모든 연령대에서 성생활에 깊이 만족한다는 응답이 가장 많이 나왔다. 그 중에서도 50대 부부들의 성적 만족도를 보여주는 수치는 남성의 성무력증에 대한 장에서 다루었던 것들, 즉 전반적으로 활력이 쇠퇴하고 성관계를 갖는 게 조금씩 어려워지기 시작한다는 것이 어느 정도 사실임을 입증해 준다(물론, 자신이 그렇다는 것을 공개적으로 인정하는 50대 남성은 별로 없지만 말이다). 그럼에도 불구하고 81퍼센트에 달하는 남성이 자신에게는 그런 증상이 나타나지 않았다고 응답했다는 것은 눈여겨 볼 만하다. 짐작하건대, 그들 중 상당수가 케겔운동을 꾸준히 하고 또 성무력증에 대해 깊이 연구함으로써 그러한 증상을 조기에 극복한 사람들이 아닐까 한다.

불만족, 가끔 만족, 거의 만족

다음은 학력수준이 높을수록 이혼할 확률도 높게 나타나는 도표이다. 달갑지 않은 결과이지만, 주의 깊게 살펴보아야 한다. 고등교육에 대해 인본주의자들이 갖고 있는 철학은 종종 결혼의 영원성을 짓밟아 버리기도 하는데, 불행하게도 현대를 사는 그리스도인들은 그러한 철학 앞에 무방비 상태로 노출되어 있다. 그러한 영향은 기독교 학교가 아닌 일반 학교에 다니는 그리스도인이 훨씬 더 많이 받는 것으로 나타났으며, 이는 우리가 실시한 조사에서도

학력에 따른 이혼율		
이혼한 사람 중에서:	아내	남편
고졸	5%	5%
전문대졸	10%	13%
대학 및 대학원졸	20%	14%

도표 5

마찬가지였다. 그럼에도 불구하고 다행인 것은 이혼한 부부 가운데 절반에 달하는 사람들이 그리스도인이 되기 전에 이혼했으며 또 대부분 기독교 학교가 아닌 일반 학교를 졸업했다는 조사결과가 있기 때문이다.

자녀는 하나님의 축복이다

시편 127편은 자녀를 "여호와의 주신 기업"으로 묘사하며, 더 나아가 "이것(자녀)이 그의 화살통에 가득한 자는 복되도다"고 말한다. 우리는 우리 조사에 응한 사람들의 평균 자녀수가 2.5명밖에 되지 않는다는 것을 보고 무척 놀랐다. 물론 이 수치는 전체 평균치를 상회하고 있었지만, 기대했던 것보다 낮은 수치였기 때문에 우리 부부는 크게 실망하였다. 게다가 대학교육을 받지 못한 부부들은 2.8명의 자녀를 갖고 있는 데 반해, 전문대학을 졸업한 부부들은 2.5명 그리고 4년제 대학을 졸업한 부부들은 2.4명, 대학원을 졸업한 부부들은 2.3명으로, 학력수준이 높을수록 출산을 기피하는 풍조가 그리스도인들에게도 만연되어 있어 마음이 편치 않았다.

요즈음 젊은 부부는 자녀가 성생활을 즐기는 데 방해가 된다고 생각하는 것 같다. 사실이 아님에도 불구하고 어떤 부부는 아이를 낳지 않으려는 구실로 삼고 있다. 그러나 우리가 조사한 것과 〈레드북〉 사에서 실시한 설문결과는 확연하게 이러한 사실을 입증해 준다. 결과 분석을 담당했던 연구가의 말대로 "우리가 집계한 통계에서 가장 주목할 점은 아이를 낳은 여성도 아이를 낳지 않은 여성 못지않게 성적 만족을 느낄 수 있으며, 아이를 둘 이상 낳은 여성과 하나만 낳은 여성이 느끼는 성적 만족도에도 별 차이가 없는 것으로 나타났다. 결론적으로, 결혼 안에서의 성적 만족은 자녀 출산과 아무 상관이 없다고 할 수 있다."

시간을 정해 함께 기도하는 것이 성적 만족도에 끼치는 영향

아내들의 대답

	평균 이상이며 아주 만족스럽다	보통이다	형편없다
정기적으로 기도한다	92%	10%	5%
별로 기도하지 않는다	73%	15%	12%

남편들의 대답

	평균 이상이며 아주 만족스럽다	보통이다	형편없다
정기적으로 기도한다	87%	8%	5%
별로 기도하지 않는다	81%	5%	14%

도표 6

기도는 모든 것을 변화시킨다

우리는 설문조사에 응한 그리스도인 부부 가운데 67퍼센트에서 70퍼센트 정도가 일주일에 한두 번 정도 함께 기도하는 시간을 갖는다는 것을 발견했는데, 이는 참으로 고무적인 현상이 아닐 수 없다. 특별히 기도가 삶을 변화시킨다는 설교를 수 년 동안 한 내 입장에서는 기도가 결혼 안에서의 성만족을 향상시킨다는 것을 눈으로 확인하는 것이 너무도 기쁘고 감격스러웠다.

혼전 성경험과 관련된 큰 거짓말

혼전 성경험을 옹호하는 무도덕주의자들은 젊은이들로 하여금 장차 결혼하여 성생활에 잘 적응하려면 미리 성경험을 가져야 한다고 아무렇지도 않게 부추기고 있다. 그러나 성경이 제시하는, 행복한 삶에 대한 변함없는 원칙을 믿는 우리로서는 그것이 잘못되었으며 유해한 주장이라고 충고하지 않을 수 없다. 우리가 조사한 바에 의하면 혼전 성경험은 전혀 필요치 않으며 오히려 결혼 후의 성생활에 막대한 걸림돌이 되는 것으로 나타났다.

성적 만족도와 혼전 성경험과의 상관관계

아내:

	거의 항상 만족	가끔 만족	대부분 만족하지 못함
결혼할 때까지 순결을 지켰나	76%	16%	8%
결혼 전에 성경험을 했다	68%	23%	9%

도표 7

위의 도표에서 나타나는 만족도의 차이점에 대한 이유를 정확하게 단정을 지을 수는 없다. 그러나 우리는 "당신의 삶을 결혼 전으로 돌릴 수 있다면, 꼭 해보고 싶은 일, 혹은 다시는 하고 싶지 않은 일 한 가지만 말씀해 주시겠습니까?"라는 질문을 던졌는데, 여기에 대부분의 사람이 "결혼할 때까지 순결을 지키겠다"라는 대답을 해왔다. 성경은 혼전 성경험을 '영혼에 대한 죄'로 단정을 짓고 있다. 혼전에 난잡한 성생활을 즐기려는 경향이 증가하고 있는지 그렇지 않은지는 도표8을 분석해 보면 알 수 있다.

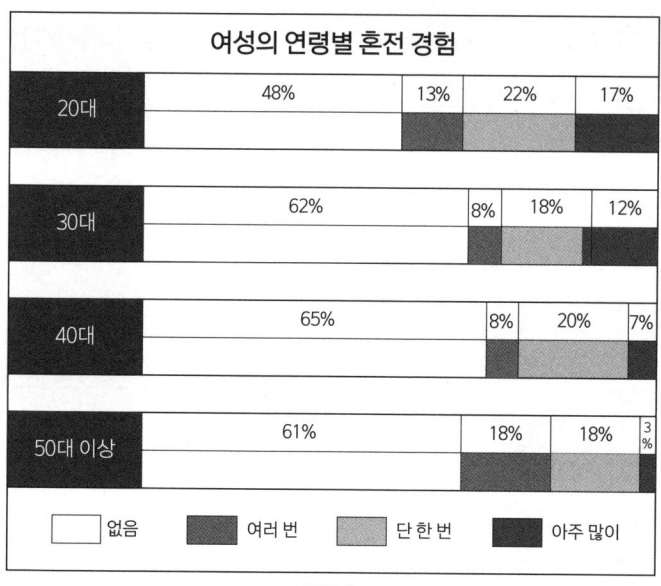

도표 8

그동안, 학교의 성교육은 도덕적 원리나 순결을 지킴으로써 누릴 수 있는 유익보다는 피임, 낙태, 에이즈 등 현상을 설명하는 데만 주력해왔다. 오히려 성적 호기심, 성충동을 심어주었다. 혼전 성경험을 가졌다고 고백한 사람들은 성교육이 아무런 도움이 되질 못했다고 말한다. 그러기에 우리가 그리스도인이 아닌 일반인을 상대로 설문조사를 했다면, 혼전 성경험의 수치는 더 나쁜 결과를 보였을 것이다. 우리 조사에 응한 사람들은 신앙과 도덕적 원리를 조금이라도 더 알고 있는 사람이기 때문이다. 학교에서의 성교육이 양심과 윤리, 혼전순결의 아름다움과 절제의 미덕이 강화되지 않는 한, 성문제는 개선되지 않을 것이다.

증가하는 오럴섹스

도표 9를 보면 오럴섹스가 증가하고 있다는 것을 한 눈에 알 수 있다. 그 원인으로는 도덕에는 눈곱만큼도 관심 없는 성교육과 포르노 잡지와 만화 및 음란소설, 그리고 도덕적 가치의 붕괴 등을 들 수 있을 것이다. 도표 9에 나타난 수치는 '20살에서 39살까지의 성인 중에서 오럴섹스를 즐기는 사람은 91퍼센트에 달한다'고 결론을 내린 〈레드북〉 사의 결과보다는 현저하게 낮은 수치에 달한다. 〈레드북〉 사의 조사결과에 의하면, '오럴섹스를 즐긴다고 응답한 이 91퍼센트의 여성 가운데 거의 매번 즐긴다고 대답한 여성은 40퍼센트, 이따금 즐긴다고 대답한 여성은 45퍼센트, 그리고 딱 한 번 해 봤다고 대답한 여성은 5퍼센트였다. 반면 한 번도 해 보지 않았다고 대답한 여성은 불과 7퍼센트에 지나지 않았다.' 그러나 우리 설문조사에 응한 여성 가운데 거의 매번 즐긴다고 대답한 사람은 23퍼센트, 이따금씩 즐긴다고 대답한 사람은 25퍼센트였는데, 이는 〈레드북〉 사의 조사결과와 비교할 때 훨씬 낮은 수치에 해당한

다. 게다가 한 번도 오럴섹스를 해 본 적 없다고 대답한 여성이 20대에서는 27퍼센트, 30대에서는 25퍼센트, 40대에서는 39퍼센트, 50대에서는 43퍼센트로 비교적 높게 나타났다. 분명 그리스도인 공동체는 오럴섹스를 올바른 성행위로 인정하지 않는다. 그리고 대부분의 그리스도인 상담가들은 그것을 비난하지도 인정하지도 않는 중립적인 입장을 고수하며, 오럴섹스를 해야 할지 말아야 할지에 대한 결정권을 개인에게 전적으로 맡기고 있다. 그러나 오럴섹스를 하지 않고도 충분히 만족스럽고 자극적인 성생활을 영위할 수 있으며 또 그런 부부가 아직은 상당수에 달한다는 것만은 자신 있게 단언할 수 있다.

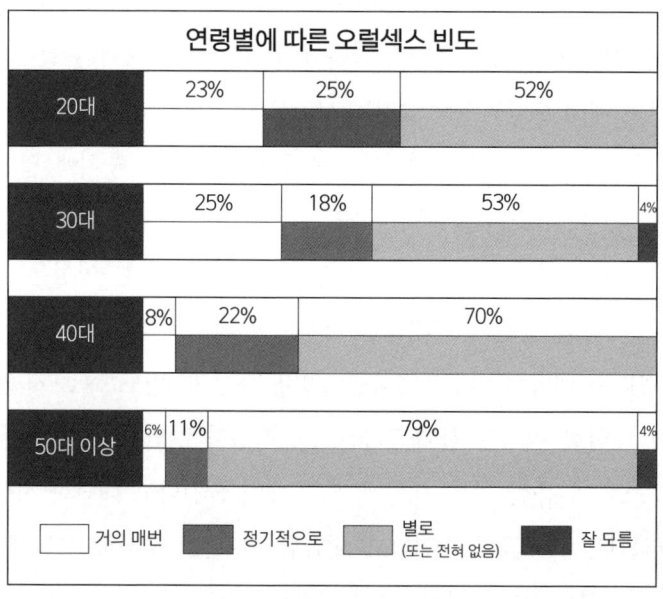

도표 9

우리는 현대의 성과학자들이 주장하는 것과 달리 오럴섹스를 즐기는 사람은 전체 인구의 과반수를 웃돌지 않을 거라는 분명한 확신을 갖고 있다. 〈레드북〉 사조차도 조사 결과 40퍼센트 정도만 그것을 빈번하게 즐길 뿐, 나머지 60퍼센트는 가끔씩 혹은 전혀 하지 않는 것으로 나타났다고 보고하지 않는가? 그러나 그들이 실시한 조사에서 눈여겨보아야 할 점이 한 가지 있는데, 그것은 조사대상이 스무 살에서 서른아홉 살까지의 비교적 젊은 여성이었다는 것이다. 그러므로 그보다 나이 든 여성은 오럴섹스를 별로 즐기지 않는다는 사실을 감안하면, 전체 여성 가운데 오럴섹스를 즐기는 비율은 아마 40퍼센트 아래로 뚝 떨어질 것이다. 실제로 우리가 조사한 바에 의하면 40세에서 49세에 달하는 여성 가운데 오럴섹스를 거의 하지 않거나 한 번도 한 적이 없다고 응답한 여성이 무려 70퍼센트에 달했고, 50세 이상의 여성 가운데는 그 수치가 81퍼센트로 한층 더 높게 나타났다. 이상의 결과를 토대로 우리는 커닐링거스(여성의 성기를 입술이나 혀로 자극하는 행위)와 펠라티오(남성의 성기를 입으로 자극하는 행위)가 바람직하지 못한 방법으로 젊은 부부들 사이에 확산되어 과거보다 훨씬 더 많은 사람으로 하여금 호기심에서 그것을 실험해 보게 하는 역기능적인 영향을 미치게 되었다고 판단하게 되었다. 그러나 아직까지는 오럴섹스보다 태초에 하나님이 의도하신 대로의 아름답고 전통적인 성행위를 통해 서로에 대한 사랑을 표현하는 부부가 훨씬 더 많은 것 같아 여간 다행스럽지 않다.

우리는 전통적인 성행위보다 성적인 사랑을 더 잘 표현할 수 있는 방법은 그 무엇도 없다고 확신한다.

수세기 동안 많은 여성이 오르가즘을 빈번하게 경험하지 못하였고, 심지어는 오르가즘이 어떤 건지조차 알지 못하는 여성도 상당수에 달했다. 그럼에도 불구하고 남성과 결혼이라는 제도에 대항하여 일어난 여성은 한 명도 없었다. 그 이유는 여성 자신이 무엇을 잃고 살아가는지 몰랐기 때문이었다. 그리고 그것은 요즈음이라고 해서 별반 다르지 않다. 물론 성관계를 가질 때마다 오르

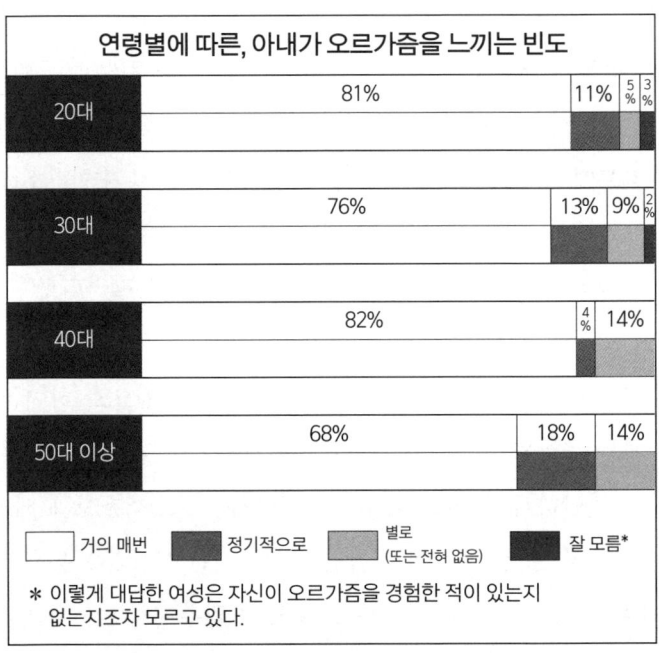

도표 10

가즘을 느끼려는 여성이 과거에 비해 급격하게 증가하고 있기는 하지만 말이다. 그리고 오르가즘이 어떤 건지는 잘 모르지만, 그럼에도 불구하고 남편과 가까이 밀착되어 있고 자신의 몸을 애무해 주는 남편의 손길이 기분 좋게 느껴지고 또 그가 보여 주는 따스한 사랑이 너무 좋아 오르가즘을 느끼지 못해도 섹스가 기다려진다는 여성도 상당수에 달한다.

도표 10은 그리스도인 여성 가운데 오르가즘을 경험하지 못하는 여성은 얼마 안 되는 반면, 성관계를 가질 때마다 거의 매번 오르가즘에 달하는 여성은 압도적으로 많음을 보여준다. 도표를 보면 알 수 있겠지만, 거의 매번 오르가즘을 느낀다고 응답한 여성이 무려 81퍼센트나 되고 자주 오르가즘을 느낀다고 대답한 여성도 11퍼센트나 된다. 즉 20대의 그리스도인 여성 100명 가운데 '자주' 오르가즘을 느끼는 여성이 무려 92명이나 되는 것이다. 이는 우리가 알고 있는 그 어떤 조사결과보다 높은 수치에 달하는 것으로, 그리스도인이 일반인에 비해 성적 연합으로 인한 충만감과 숭엄함을 훨씬 더 잘 만끽하고 있음을 암시한다.

성관계를 갖는 횟수

부부의 성생활에 대해 조사하면서 성관계를 얼마나 자주 갖는지 그 빈도를 확인하지 않는다면 핵심이 빠진 결과가 되고 말 것이다. 〈레드북〉 사의 기사처럼, '성관계라고 하면 미국인들은 다른 것보다 횟수에 집착하는 경향이 강하다.' 앞에서도 살펴보았지만, 성관계를 갖는 횟수는 나이나 건강상태(사업이나 사회생활, 가족관계, 경제적 문제 등으로 인한), 중압감, 분노, 죄의식, 등등 많은 변수에 의해 좌우된다. 그러나 우리가 조사한 수치와 〈레드북〉 사에서 조사한 결과에 의하면 성관계 횟수는 성적 만족에 거의 아무런 영향도 끼치지 않는 것으로 나타났다. 개인적으로 우리 부부는 길게 오래 한 번 성관계를 가지는 것보다 자주자주 성관계를 가지고 또 가질 때마다 배우자를 만족시키려고 노력하는 것이 훨씬 더 중요하다고 생각한다.

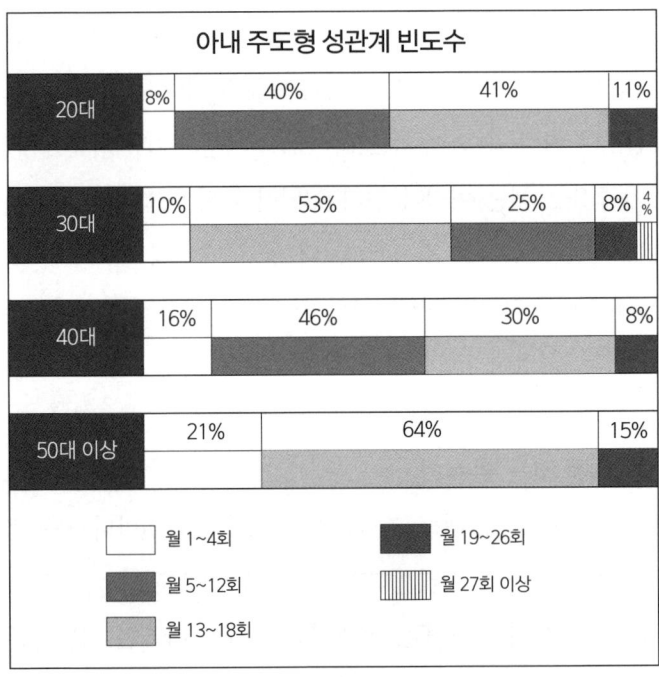

도표 11

분명 몇 번의 성관계가 좋은지는 단정해서 말할 수는 없다. 다만 자신이나 배우자에게 가장 적합하다고 여겨지는 횟수가 있다면 그것이 바로 가장 이상적인 횟수가 되는 것이다. 그리고 그 횟수는 주변 상황이나 조건에 따라 매번 달라질 것이다. 그러나 우리의 조사와 〈레드북〉 사가 조사한 바에 의하면 30대 후반에서 40대에 이르는 여성들은 종전보다 좀 더 많은 성관계를 갖기 원하는 것으로 나타났다. 그러므로 우리는 남편들에게 회사에서 있었던 복잡한 문제는 퇴근할 때 회사에 버려두고 집에 와서는 오직 아내와 사랑

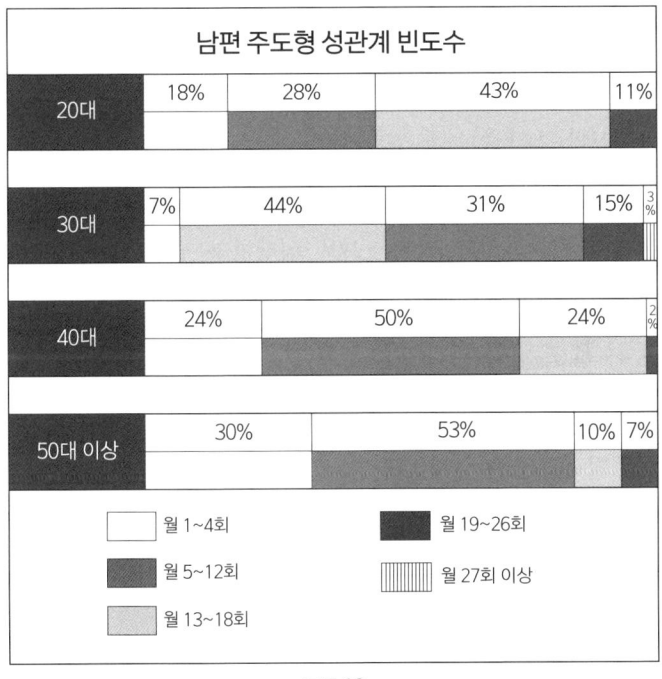

도표 12

을 속삭이고 아내를 즐겁게 하는 데만 집중하라고 충고하고 싶다.

결론

우리는 이번 조사를 통하여 성관계를 갖는 횟수나 만족도 면에서 그리스도인이 비그리스도인에 비해 월등하게 앞서고 있다는 사실을 객관적으로 입증해 보일 수가 있었다. 그러나 성경의 원리를 잘 알고 있고 또 제대로 순종하는 사람들에게는 이러한 사실이 조금도 놀랍지 않을 것이다. **성경이 보여주는, 행복으로 이르는 관건이란 바로 하나님의 원리를 배우고 순종하는 것이기 때문이다.**

성적인 기쁨과 행복을 추구하면서도 오히려 하나님의 말씀은 멀리하고 불행하게 사는 사람들을 보면 참으로 안타깝기만 하다. 우리는 이번 조사를 통해 융통성이 없고 모범생 같다고 비웃음을 받고 경멸당하는 그리스도인이 오히려 자기를 비웃고 경멸하는 일반인보다 더 행복하고 만족스러운 성생활을 즐기며 살고 있다는 사실을 객관적으로 입증할 수 있었다. 그래서 이제까지는 예수 그리스도에 대해 깊이 생각해 보지 않은 사람들이 그분이 자신과 자기 부부의 삶을 근본적으로 바꿀 수 있는 분이라는 사실을 인식하게 해 달라고 간절히 기도한다.

예수님이 이 세상에 오셨을 때, 그분은 "나를 떠나서는 너희가 아무것도 할 수 없음이라"(요 15:5)고 말씀하셨다. 그러나 사람들은 그분이 없이도 먹고 마시고 일하고 사랑하고 아이를 낳아서 기를 수 있다. 따라서 이 말을 통해 예수님이 진정 하고자 하신 말씀은 당신이 없이는 인생이 줄 수 있는 행복과 유익을 최대한도로 즐길 수 없다는 것이다. 사람은 누구나 이 세상에 사는 동안 예수님의 임재를 체험하게 되면 삶의 풍성함과 충만함 그리고 행복 모두를 보장받을 수 있다. 그분은 "내가 온 것은 양으로 생명을 얻게 하고 더 풍성히 얻게 하려는 것이라"(요 10:10)고 말씀하셨다. **그분은 인간이 하는 모든 경험과 서로의 관계를 아름답게 여기시며 우리를 정신적, 신체적, 감정적 만족으로 인도하여 주신다. 그분 외에는 다른 어떤 것도 하나님이 우리를 위해 예비하신 모든 가능성을 이루게 해주지 못한다.** 우리는 이 설문조사 결과가 당신으로 하여금 하나님과 당신의 개인적인 관계를 보다 견고히 다지게 하는 촉매제로 역할하기를 간절히 바란다. 성경은 사람들이 예수님께로 나아올 때 그들이 "기쁨으로 그 길에 나아갔다"고 말한다. 당신은 그분이 당신에게 주려고 온 '풍성한 삶'을 진정으로 누리고 있는가? 그리고 어떻게 하면 좀 더 나은 삶을 살 수 있을지에 대한 생각을 조금이라도 갖고 있는가?

14 _ 성에 관한 질문과 설명

성행위란 사랑하는 두 사람이 서로의 만족을 목표로 훈련하고 연습해서 터득해야 하는 복잡한 기술이다. 두 사람 사이의 협동을 요구하는 활동이 다 그렇듯이, 성행위도 한쪽 또는 양쪽 모두의 부주의한 실수로 인해 기능장애가 야기될 수 있다. 처음 이번 내용을 검토할 때, 성행위와 관련한 중요한 점을 선별하여 다루려고 했지만, 그렇게 하려면 전체적인 길이가 너무 길어질 것 같아, 그동안 부부간의 성관계에 대해 우리가 가장 많이 받은 질문과 그에 대한 설명을 간단하게 정리하여 기술하였다. 아무쪼록 평소 궁금해 했던 내용에 도움이 되길 바란다.

그러나 이 장에서 우리가 제시하는 설명은 오늘날 대중적인 성 전문가들이 제시하는 설명과는 많은 차이가 있을 것이다. 그 이유는 그들과 달리 우리는 성경의 권위와 성경이 제시하는 원리에 철저히 의거해서 모든 문제와 설명을 검토하는 과정을 거쳤기 때문이다. 그러므로 우리는 성에 대한 일반적인 견해와 다른 우리의 설명에 대해 변명이나 사과의 말을 하지 않을 것이다. 우리는 행복에 이르는 길은 하나님이 세우신 원리를 알고 그것을 행하는 데 있다는 것을 굳게 믿고 있다(요 7:17).

우리가 성이라는 미묘하고도 특별한 문제를 다룸에 있어 성경적 원리에 순종하는 것이 인본주의를 지향하는 철학을 따르는 것보다 훨씬 더 유익다고 확신하는 이유는 다음의 두 가지 때문이다.

1. 성경적 원리는 사랑 많으시고 전지전능하사 그분의 특별한 피조물인 인간에게 가장 유익한 것이 무엇인지를 너무도 잘 알고 계시는 하나님으로부터 나온 것이기 때문이다.

2. 우리는 인본주의에 경도되어 오래도록 비참한 생활을 하다가 결국에는 그리스도교로 개종한 사람 가운데서 성경적 원리야말로 참 행복을 가져다준다고 간증하는 사람을 너무도 많이 보아왔다.

그런데 인생의 질문을 성경에서 찾고자 할 때 반드시 유념해야 할 사실이 한 가지 있는데, 그것은 하나님의 말씀이 결혼 안에서의 모든 단면을 상세하게 다루는 것은 아니라는 것이다. 성경적 원리에 근거하고 있는지 확실치는 않지만, 과거로부터 면면히 내려오고 있는 문화적 관습이나 전통, 의견 등에 의해 사람이 쉽게 죄의식되는 것도 아마 이 때문일 것이다. 그래서 우리는 성경에서 명확한 대답을 찾을 수 없는 질문들을 대할 때마다 최대한 공정을 기하려고 노력했고 질문에 대답함에 있어서도 비성경적인 선입견은 벗어던지려고 노력했다. 다시 말해, 성경에서 명확한 답변을 찾을 수 있는 질문에 대해서는 그 답변을 적극적으로 인용하되, 성경이 아무런 대답도 제시하지 않는 질문에 대해서는 우리가 갖고 있는 사적인 의견을 조심스레 개진하곤 했다.

낙태
그리스도인 여성이 낙태를 하는 것은 과연 올바를까요?

현대사회의 첨예한 이슈는 낙태에 관한 도덕성 여부와 밀접하게 관련되어 있다. 1973년 미국 대법원에서는 낙태는 사생활에 해당하므로 아직 임신 6개월이 되지 않은 상태에서는 낙태에 대한 결정권이 순전히 산모에게 있다는 엄청난 결정을 내렸는데, 그 이후 합법화된 낙태가 천문학적인 수치로 솟아오르게 되었다. 최근에 조사한 결과에 의하면 하루에 약 400명, 전체적으로는 1년에 약 1백5십만 명의 여성이 낙태수술을 받고 있는 것으로 나타났다. 낙태반대연합에서는 낙태가 합법화되면 결과적으로 난혼과 간음과 성병이 난무하게 될 것이라고 일찍이 경고한 바 있다. 그런데 이러한 예상이 적중했다는 것을 누가 부인할 수 있겠는가?

유산에는 자연적인 것과 인위적인 것이 있다. 임산부 가운데는 의사도 정확히 알 수 없는 이유로 자연유산을 경험하는 여성들이 간혹 있다. 추측하건대, 임신 중 산모나 태아에게 있을 수 있는 여러 가지 안 좋은 징후나 출산 시에 있을 수 있는 위험을 사전에 예방하기 위한 자연의 방법이 아닐까 한다. 반면, 인위적으로 행해지는 인공유산은 이런저런 이유로 의사가 태아를 임신초기에 제거해 버리는 것을 말하는데, 수술과정도 별로 복잡하지 않다. 인공유산을 실시하는 데는 크게 두 가지 이유가 있다. 첫 번째는 그렇게 하지 않으면 산모의 생명이 위태로워지는 경우로, 이러한 이유로 행해지는 유산을 '치료적 유산'이라고 한다. 두 번째는 산모가 미혼이거나 다른 이유로 출산을 원치 않아 낙태를 실시하는 경우로, 이 경우에는 낙태를 하기로 결정한 사람들이 자신의 결정과 행동에 대한 도의적 책임을 반드시 져야 한다.

비록 낙태가 세속화된 다수의 법관에 의해 법률적으로 합법화되기는 했지만, 그렇다고 해서 도덕적으로까지 합리화될 수 있는 것은 절대로 아니다.

대부분의 그리스도인은 산모의 생명을 구해야 하는 예외적이고도 극단적인 경우를 제외하고는 낙태를 하는 것이 바람직하지 않다는 반대 입장을 표명하고 있다. 그러나 낙태시술자들은 그러한 극단적인 예외를 자신이 시행하는 모순투성이의 낙태를 정당화하기 위한 연막장치로 교묘히 이용하고 있다. 심지어는 빌 클린턴 전 대통령조차 상원 및 하원이 낙태법 통과를 반대하자 그 끔찍한 부분 분만식 낙태(partial-birth abortion, 임신 중기 이후 태아를 뗄 때 주로 이용하는 절제술)를 정당화하기 위해 어떤 경우에는 오히려 낙태가 임산부의 생명을 구하기도 한다는 극단적인 상황을 이유로 들어 국회가 건의한 낙태법 통과 반대에 대해 거부권을 행사해 버렸다. 그러나 많은 의사는 산모의 생명이 위태롭다고 해서 무조건 아이를 낙태시키는 것은 바람직하지 못하다고 주장한다. 그들이 그런 주장을 할 수 있는 근거는 임신 7~8개월쯤 되었을 때 제왕절개 수술을 하여 아이를 산모의 몸에서 분리해 낸 뒤 인큐베이터 안에 넣음으로써 산모의 생명에도 지장을 주지 않고 아이도 살릴 수 있는 방법이 있기 때문이다. 심지어 낙태에 대한 결정권은 개인에게 있다는 주장에 찬성하는 케이 허치슨 상원의원조차 "부분 분만식 낙태는 낙태가 아니라 살인행위이다"고 규정했다.

개인적으로 우리 부부는 강간으로 인해 임신했다 하더라도 그것이 낙태를 정당화할 수는 없다고 생각한다. 물론 강간이나 폭행을 당하면, 되도록 빨리 병원으로 가서 임신이 안 되도록 하는 자궁세척이나 인공중절수술을 받아야 할 것이다. 수정란이 자궁에 착상되기 전에 그런 조처를 받으면 치료의학적으로도 안전할 뿐 아니라, 아직은 생명이 잉태되기 전이므로 살인행위가 아니기 때문이다.

성경이 생명을 얼마나 고귀하게 여기는지는 성경을 보면 잘 알 수 있다. 출애굽기 21장 22-23절을 보면 임신한 여성에게 상해를 끼쳐 태아를 유산시켰을 경우 가해자를 반드시 사형에 처하라고 되어 있는데, 이는 이스라엘 백성에게 아직 뱃속에 있는 태아도 한 생명으로서의 가치를 갖고 있으며 따라서 다른 모든 사람과 동일한 보호를 받을 권리가 있음을 가르치기 위한 것이었다. 이로써 우리는 성경이 뱃속에 있는 태아도 엄연한 한 인간으로 보고 있음을 알 수 있다. 그러므로 우리도 성경과 동일한 시각으로 태아를 바라보아야 할 것이다.

낙태 이면에 숨겨진 위험

낙태옹호주의자들이 감추고 있는 비밀 가운데 가장 큰 것은 젊어서 낙태수술을 받으면 나이가 들어 유방암에 걸릴 확률이 현저하게 높아진다는 것이다. 심한 경우에는 유방암에 걸릴 확률이 낙태수술을 받지 않은 여성에 비해 두 배 반이나 높은 것으로 나타났다. 그리고 이러한 주장은 실력 있고 유능한 몇몇 과학자가 실시한 정확한 실험을 통해 사실로 입증되었다. 아내 비벌리는 두 개의 대규모 메디컬센터에서 내분비학과 책임자로 있는 조엘 브라인드 박사를 자신이 진행하는 라디오 프로그램에 초청하여 인터뷰한 적이 있는데, 그때 그는 "지금까지 간행된 의학잡지들이 낙태와 관련하여 던지는 경고 가운데 가장 큰 것은 첫 번째 아이를 낙태한 여성은 그렇지 않은 여성에 비해 유방암에 걸릴 확률이 현저하게 높다는 것입니다"라고 말했다. 이에 대해 상세한 정보는 '유방암과 낙태'에 관한 책들을 살펴보면 알 수 있을 것이다. 아울러 충격적인 비디오도 많이 보급되어 있다. 낙태를 생각하고 있는 여성은 물론이거니와 십대 소녀들도 이러한 자료들을 보아야 한다고 생각한다.

십대였을 때 저는 한 번 낙태를 했습니다 그리고 후에 그리스도인이 되었고 지금은 한 남자의 아내로 오붓한 가정을 꾸려 잘 살고 있지만, 철없던 시절에 한 그 끔찍한 경험이 아직도 뇌리에 깊이 각인되어 저를 괴롭히고 있습니다. 과연 이 죄의식을 벗어 던질 수 있을까요?

낙태옹호주의자들은 낙태 후에 경험하게 되는 엄청난 죄의식에 대해서는 절대로 언급하지 않는다. 나는 아이를 유산시킨 후에 그 죄의식을 이기지 못해 결국에는 스스로 목숨을 끊은 젊은 여성의 장례식을 주도한 적이 있는데, 그때 느꼈던 안타까운 감정이 지금도 생생하다.

감사하게도 성경은 예수 그리스도의 피가 우리를 모든 죄(여기에는 분명 낙태도 포함될 것이다)에서 깨끗케 하신다고 말한다(요일 1:7-9). 여러분이 혹 낙태한 경험이 있어 그 때문에 죄의식에 시달리고 있다면 그것을 극복할 수 있는 방법이 있다. 낙태한 것에 대해 하나님의 용서하심을 구한 다음에는 그 기억이 떠오를 때마다 그분이 나의 모든 죄를 용서하셨다는 것을 믿고 감사를 드리는 것이다. 그러면 여러분의 죄의식도 점차로 희미해져 갈 것이다.

간음

진정 간음죄도 용서받을 수 있을까요?

간음, 동성애, 살인은 사형으로 규정할 정도로(레 20:10), 성경은 큰 죄로 다루고 있다. 그도 그럴 것이 하나님의 말씀에서는 인간의 생명이 가장 존귀한데, 이 세 가지 죄는 바로 그 생명의 영속성에 영향을 미치기 때문이다. 그럼에도 불구하고 인간은 십자가에 달려 돌아가신 예수 그리스도를 통해 이 세 가지 죄뿐 아니라, 다른 모든 죄도 사함을 받을 수 있게 되었다(요일 1:7, 9). 그 외에도 우리는 간음한 여인을 사하시는 예수님을 보며, 그리고 다섯 남자와 동거한 전력이 있음에도 불구하고 또 다른 여섯 번째 남자와 살고 있는 사마리아 여인을 용서하시는 예수님을 보며 하나님께서는 간음죄까지도 용서하신다는 것을 분명히 알 수 있다.

그렇다면 그리스도인도 간음죄를 범할 수 있을까요?

물론 그리스도인도 인간인지라 모든 악한 죄를 범할 수 있는 가능성이 충분히 있다. 그러나 정말로 거듭나고 중생한 그리스도인이라면 죄를 범한 뒤, 그 죄에 대해 성령님(보혜사)이 불러일으키시는 죄의식과 양심의 가책을 피할 수 없을 것이다(요 16:7-11). 그래서 바울은 그리스도인에게 육체의 소욕대로 행하지 말고 성령을 좇아 행하라고 도전한다(갈 5:16-21). 예수님은 음란한 생각을 간음과 동일시하셨는데(마 5:28) 그 이유는 그리스도인이라 해도 오랜 기간 악한 생각을 품고 있으면 결국에는 그것을 행동으로 옮기게 되기 때문이다. 그러므로 성적 유혹이 난무하는 요즈음 같은 때에는 생각을 순결하게 지키는 것이 무엇보다 절실하게 요구된다고 할 수 있다.

어떻게 하면 배우자의 부정을 용서할 수 있을까요?

배우자의 부정보다 더 큰 배신감을 안겨 주는 것도 드물 것이다. 그리고 배신감과 상처 때문에 고통받고 있는 사람으로서는 배우자의 잘못을 용서해 주기가 말처럼 쉽지 않다. 그러나 배우자의 부정에 대해 분노하고 분개하는 마음이 일어나는 것은 백 번 이해하고 남지만, 그렇다고 해서 그 감정을 언제까지나 품고 있는 것은 옳지 못하다. 결혼은 분노와 증오에 의해 갉아 먹혀도 아무렇지도 않을 만큼 값 싼 것이 아니기 때문이다. 우리 주변에는 간통행각을 벌인 당사자가 자기 잘못을 인정하고, 재발방지를 맹세해도 배우자에 대한 증오와 분노를 어쩌지 못해 안타깝게도 파경으로 끝나는 경우가 많다.

예수님은 마태복음 6장 14-15절과 에베소서 4장 32절 및 그 외 다른 많은 본문에서 용서의 필요성을 강조하셨다. 하나님께서는 절대로 우리에게 자신도 하게 하실 수 없는 것을 하라고 명하지는 않으신다. 즉 하나님께서는 이미 우리에게 용서할 수 있는 능력을 주신 것이다. 그러므로 우리가 원하기만 한다면, 우리는 충분히 용서할 수 있다. 그러나 우리가 쓴 감정과 분노를 계속해서 품고 있다면, 그 파괴적인 감정에서 절대로 헤어나올 수 없을 것이다. 언젠가 나는 남편의 외도로 상처받아 괴로워하고 있는 한 부인에게 이런 말을 하였다. "부인은 부인의 남은 평생을 행복하게 보내기 원하십니까, 아니면 비참하게 보내기 원하십니까? 그 결정은 전적으로 부인께 달렸습니다."

내가 부정을 저질러 배우자에게 신실하지 못한 행동을 했을 때는 어떻게 스스로를 용서해야 합니까?

결혼을 파괴하는 요인 가운데 끊임없이 해로운 결과를 야기하는 것은 바로 부정이다. 부정한 죄를 범하였을 경우 그로 인한 죄의식은 그 사람을 집어삼키고도 남을 만큼 크다. 우리 부부는 자기가 범한 잘못에 대한 죄의식 때문에 신경쇠약증에 걸린 사람을 수없이 보아왔다. 성경은 "사악한 자의 길은 험하니라"(잠 13:15)고 분명히 말한다. 그리고 이것은 성에 대해서도 그대로 적용될 것이다.

모든 자기 용서는 하나님의 용서로부터 출발한다. 즉 예수 그리스도의 이름으로 죄를 고백하기만 하면 과거에 저지른 모든 부정함으로부터 깨끗케 된다는 사실을 받아들일 수 있다면, 자신을 용서하는 것이 훨씬 쉬워지는 것이다. 자기를 좀 더 쉽게 용서할 수 있는 방법이 두 가지 있는데, 하나는 성경 색인을 참조하여 죄에 대한 용서의 구절들을 뽑은 다음 그것을 계속해서 읽는 것이다. 그리고 나머지 하나는 요한 1서 1장 9절을 암송하고 있다가 과거에 저지른 죄가 생각날 때마다 그 말씀에 의지하여 하나님이 우리의 믿음을 보시고 이미 우리를 용서해 주셨음을 되새기며 하나님께 감사하고 찬양하는 것이다. 그렇게 하다 보면 이미 고백한 죄에 대해 자신을 정죄하는 것을 그만두고 하나님의 용서하심을 서서히 받아들이는 자신을 발견하게 될 것이다.

나는 ㅣ외 간음죄를 하나님께 고백하였고, 다시는 그 같은 행동을 되풀이할 의사가 전혀 없습니다. 그렇다면 제 배우자에게도 이 사실을 솔직하게 털어놓아야 합니까?

물론 이 짧은 질문에는 포함되어 있지 않지만, 고려해야 할 사항이 많이 있다. 그러나 우리는 다음의 조건들이 충족되기만 하면,

배우자가 받을 상처를 뻔히 알면서 그 사실을 털어놓아야 할 필요는 없다고 생각한다.

   1. 진정으로 회개하고 하나님께 죄를 고백한 경우.

   2. 부정한 관계를 단절하고 그 사람과는 다시 만나지 않는 경우.

   3. 규칙적인 기도와 말씀묵상으로 자신을 돌아보며 영적 보루를 탄탄히 하고 예배 및 교회생활에 헌신하는 경우.

배우자가 간음죄를 범했는데도 여전히 그를 믿는 것이 가능할까요? 한 번 간음죄를 범하고 나면 똑같은 죄를 되풀이하는 것이 훨씬 쉬워지지 않을까요?

   이것은 남편 혹은 아내가 자신의 죄를 완전히 회개하고 하나님과 배우자에게 철저하게 잘못을 고백한 다음 부정한 관계를 맺은 사람과의 모든 접촉을 과감하게 끊느냐 그렇지 못하느냐에 달려 있다. 만일 간음죄를 범한 배우자가 위의 세 가지 절차를 성실하게 밟았다면, 그의 과거를 모두 용서하고 잊어줌으로써 그에게 자신이 신실함을 입증할 수 있는 기회를 제공해 주는 것이 현명하다고 할 수 있다. 그러나 배우자가 위의 세 가지 중 하나라도 지키는 것이 없는데, 잘못을 용서해줄 테니 그만 잊자고 하는 것은, 그에게 똑같은 짓을 반복해도 좋다고 가르치는 것이나 다름없다.

   배우자가 간음한 것이 당장은 고통으로 다가올 수 있지만, 다르게 생각해 보면 그 시간은 자신의 삶을 정직하게 평가해 보고 자신의 태도나 행동에 수정해야 할 부분은 없는지 돌아볼 수 있는,

그리하여 성경적 원리를 적용하는 가운데 하나님의 도우심으로 영적으로 감정적으로 육체적으로 더 훌륭한 배우자가 되기 위해 노력하는 유익한 시간이 될 수 있다. 남편이나 아내 중 한 사람이 신실하지 못한 태도를 보일 때는 대개 그의 필요나 욕구를 채워 줌에 있어 신실한 배우자 쪽에 얼마간의 치명적인 결함이 있을 때이기 때문이다. 물론 반드시 그런 것은 아니지만 말이다.

부부 중 한 사람 혹은 두 사람이 그리스도인이라면, 배우자가 간음죄를 범했을 경우에는 이혼을 생각하지 말고 모든 수단과 노력을 동원하여 근본 해결책을 찾아야 한다. 이혼은 그냥 되는 것이 아니다. 목회자 및 가족의 상담과 도움을 받고 자신의 마음에 평정심이 들 때까지 이혼이란 말은 꺼내지 않는 것이 유익하다.

산아제한
그리스도인이 과연 산아제한을 해도 될까요?

이미 12장에서 우리는 모든 부부가 실제적으로는 이런저런 형태의 산아제한을 하고 있다고 언급하였다. 솔직히 피임을 안 하는 부부는 거의 없다. 그러나 12장에서 소개한 피임법 중 한두 가지를 쓰고 있다 하더라도 확신하게 피임하기 위해서는 가임기간 동안에는 성관계를 자제해야 한다. 그런데 아내로서는 그 기간이 가장 큰 만족을 느끼는 때라면, 자제한다는 것이 쉽질 않다. 그래서 우리는 하나님이 여성으로 하여금 누릴 수 있게 하신 기쁨을 피임이라는 이유로 박탈하기보다는 효과가 확실한 피임법을 써서 가임기간 중에도 성관계를 가지는 것이 바람직하다고 생각한다. 그러나 12장에서 말한 것처럼, 하나님은 한 아이라도 하나님을 섬기고 이웃을 사랑하는 신실한 그리스도인으로 잘 양육하겠다는 기도와 헌신이 있다면 가족계획에 반대하지 않으시겠지만, 무조건 출산을 기피하는 피임은 원하지 않으실 것이다. 자식은 "여호와의 주신 기업"(시127:3)이고, 모든 부부가 바라고 갈망하는 복의 원천이기 때문이다.

성경에 산아제한을 찬성하는 구절이 있다면 가르쳐 주시기 바랍니다. 내 친구는 5년 동안 다섯 아이를 연년생으로 낳고도 또 일곱 번째 아이를 가졌는데, 그의 남편은 생리주기에 따른 피임법 말고는 도무지 다른 피임법을 쓰려고 하지 않습니다. 한마디로 산아제한 자체가 성경 말씀에 위배된다고 생각하는 거지요.

물론 성경에 산아제한을 옹호하는 구절이 명기되어 있는 것은 아니다. 그러나 산아제한을 저주하고 금지하는 구절 또한 없다. 그래서 산아제한을 바라보는 그리스도인의 시각이 세월의 흐름과 함께 많이 변화되어 요즈음에는 많은 그리스도인이 산아제한을 받아들이고 있는 추세다. 성경은 오늘날 우리가 접할 수 있는 피임법이 개발되기 훨씬 이전에 씌어진 것이다. 따라서 성경이 산아제한에 대해 침묵하고 있다는 사실을 어느 한쪽의 입장을 증명하기 위한 도구로 사용될 필요는 없다. 특별히 부부가 계속해서 아이 낳는 것을 반대하지 않는다면 말이다. 우리는 이 질문에 언급된 남편이 혹 여덟 번째 아이까지는 낳을지 몰라도 더 이상은 아이를 가지려 하지 않기를 바랄 뿐이다.

상담가로서 나는 이 남편의 비열한 이기심을 지적하지 않을 수 없다. 내가 보기에 이 사람은 아내의 건강이나 사회생활, 관심사나 인격 같은 데는 아무 관심도 없는 것 같다. 물론 요즈음 같은 현대사회에서도 아이를 일곱이나 그 이상 낳는 게 충분히 가능하고 또 잘못된 것은 아니지만, 그것은 반드시 아내와의 동의하에 결정되어야지 남편의 일방적인 결정만으로 그렇게 하는 것은 무리가 있다고 생각한다.

부부 중 어느 한쪽이 영구피임수술을 받는 데 대해서는 어떻게 생각하십니까? 그것이 과연 하나님을 믿고 의지하는 행동이라고 할 수 있을까요?

만일 진정으로 하나님을 믿고 의지한다면, 아이를 낳을 수 있다. 그것이 그분의 계획이기 때문이다. 그리고 이것은 그분이 우리 신체를 종족번식에 적합하도록 만들어 놓으셨다는 사실로 입증할 수 있다. 그러나 나는 부부가 언제 아이를 그만 낳을 것인가 결정하는 것은 정말로 중요한 문제라고 생각한다. 이 질문에 대해서는 스스로에게 자문해 보고 또 배우자와 상의해 보아야 할 것이다. 병이 나거나 몸에 이상이 생기면 그것을 고치기 위해 최선의 방법을 찾을 것이다. 그렇다고 그것을 나쁘게 생각하는 사람은 한 명도 없을 것이다. 이처럼 신체에 질병이 생겼을 때 현대과학과 의술을 사용하는 것에 대해 아무런 거리낌도 갖지 않는 것처럼, 소홀함 없이 신앙으로 잘 양육하고 제대로 키울 수 있을 만큼 아이를 출산한 다음에, 우리의 몸에 현대과학과 의술의 힘을 빌리는 것은 무방하지 않겠는가?

정관절제술을 받는 것은 겔 타입의 피임약을 사용하는 것보다 하나님 보시기에 더 큰 죄가 될까요?

아마 그렇지 않을 것이다. 두 가지 다 동일한 목적을 갖고 있는데 굳이 하나를 다른 하나보다 더 큰 죄라고 말씀하실 리는 없지 않겠는가? 그러나 정관절제술은 한 번 실시하면 다시는 돌이킬 수 없다는 사실을 감안하여 수술받기 전에 정말로 더 이상은 아이를 원치 않는지 재차 자문해 보고 아내와 상의하여 그렇다는 확신이 설 때에만 받는 것이 좋다. 그래서 우리는 아직 마흔 살 미만의 남성에게는 정관절제술을 되도록이면 권장하지 않는다.

의사소통

성관계와 관련하여 어떻게 하면 남편과 더 잘 대화할 수 있을까요?

섹스는 사람들이 가장 관심이 있는 주제이지만, 막상 말을 꺼내면 대부분 당황하고 회피하려고 하는 것이 현실이다. 특히 부부간에는 신혼시절을 놓치고 나면 점점 더 대화를 나누기가 어렵다. 약간의 의사소통만 있어도 간단하게 해결할 문제들을 조금씩 미루다가 불만이 쌓이게 된다. 그러나 부부의 성은 금기시되는 것이 아니다. 서로 대화를 나눌 때 필요를 채워주게 됨으로 부부관계의 유익함을 도모할 수 있다. 많은 부부가 대화의 필요성을 느끼고 있지만 입을 열지 못하고 있다. 이에 효과적인 대화법을 몇 가지 제시할까 한다.

첫째, 대화에 앞서 먼저 기도로 하나님의 인도하심을 구하라.

둘째, 대화를 서둘러 마쳐야 하거나 중간에 그만두어야 하는 일이 일어나지 않도록 서로에게 가장 편한 시간을 택하도록 하라.

셋째, 배우자에게 당신이 진정으로 그를 사랑한다는 것을 확신시킨 다음에는 아주 부드럽고 상냥한 목소리로 당신이 현재 느끼고 있는 감정 곧 당신 부부의 애정생활에 무언가 빠져 있는 것 같다는 느낌을 솔직하게 털어놓도록 하라.

넷째, 문제의 본질로 다가갈 수 있는 가장 좋은 방법은 남편과 아내 두 사람이 각자 느끼고 있는 문제를 허심탄회하게 털어놓는 것이다. 만일 성관계에 대해 대화하는 것을 어렵게 느끼는 부부라면, 그 외 다른 많은 부분에 대해서도 대화하는 데 어려움을 겪는 부부일 것이다.

다섯째, 배우자에게 이 책을 선물해 주며 같이 읽고 토론하고 싶다고 말하리.

여섯째, 너무 비관적인 생각은 하지 않도록 하라. 해결책은 반드시 있기 마련이다. 분명 하나님의 도우심으로 이 문제를 극복할 수 있을 것이다(빌 4:13).

일곱째, 그래도 문제가 영 풀리지 않으면, 부부가 함께 목회자의 상담을 받는 것도 좋을 것이다.

아내로서 어떻게 하면 제가 나누고 싶은 대화를 남편이 잘 이해하도록 현명하게 표현할 수 있을까요?

남편에게 솔직하게 털어놓는 것이 가장 좋은 방법이다. 만일 남편과의 성관계에서 아무런 만족도 느끼지 못한다면, 그렇다고 말해야 한다. 대부분의 여성은 남편에게 섹스에 대해 이야기하는 것을 어려워하는데, 그렇다고 자꾸 머뭇거리면 문제만 더 커질 뿐이다. 만족하지 못함으로 인한 좌절감을 더 이상 맛보고 싶지 않다면 하루 빨리 솔직하게 이야기하도록 하라.

충고

그리스도인이 성클리닉을 이용해도 괜찮을까요?

이 질문은 너무도 방대하고 일반적이어서 무어라 정확하게 대답하기가 참 어렵다. 아무리 잘 훈련받은 능숙한 상담가라 하더라도 일단 그리스도인이 일반 상담가의 상담을 받을 때에는 그들이 우리와는 전혀 다른 가치관을 소유하고 있다는 것을 항상 염두에 두고 있어야 한다. "복 있는 사람은 악인들의 꾀를 따르지 아니하며"(시 1:1)라는 시편기자의 말은 바로 이러한 것을 의미할 것이다. 그렇다고 해서 이 말이 일반 상담의 도움을 전혀 받을 필요가 없다는 것을 의미하지는 않는다. 어떤 문제든 아는 게 많을수록, 그 문제에 대처할 수 있는 능력도 커지는 법이니까 말이다. 그러므로 성클리닉을 이용하고자 한다면, 그 클리닉과 일하고 있는 전문가들의 자질을 꼼꼼히 따져본 다음에 상담을 받도록 해야 할 것이다.

남편과의 사이에서 성문제가 발생했을 때 그리스도인 아내는 어디에 도움을 청하면 좋을까요?

아마 가장 적합한 사람은 본인이 출석하고 있는 교회의 목회자일 것이다. 목회자들은 신학교 교과과목으로 상담훈련을 받았기 때문에 상담한 내용을 모두 비밀로 지켜줄 것이다. 이 점에 대해서만큼은 절대 확신해도 좋을 것이다. 그리고 만일 그분이 너무 바빠 도움을 주지 못할 상황에 있다면, 아마도 가장 적합하다고 여겨지는 다른 상담가를 소개해 줄 것이다.

사정

어떻게 하면 아내가 오르가즘에 달할 때까지 사정하지 않고 기다릴 수 있을까요?

우선 아내가 완전히 준비될 때까지, 즉 질에서 점액이 충분히 분비되고 소음순이 평소 크기의 두세 배로 부풀어 오를 때까지는 페니스를 삽입하지 말아야 한다. 그리고 페니스를 삽입한 다음에는 1~2분 정도 움직이지 말고 가만히 있어야 한다. 그러는 동안에도 계속해서 아내의 음핵을 손가락으로 부드럽게 애무해 주어야 하는 것은 물론이다. 그러면 아내는 남편이 페니스를 움직이기도 전에 이미 절정을 향해 치달릴 것이다. 그리고 아내를 최대한 흥분시키기 위해서는 절대로 깊이 삽입해서는 안 되며, 질 입구에서 5센티미터 전후로 페니스 귀두를 움직여야 한다.

상상

간음하지 않는 이상 아내가 아닌 다른 여자와의 관계를 상상하는 게 꼭 잘못인 것만은 아니지 않습니까? 물론 그런 상상을 할 때마다 죄책감이 드는 것은 사실이지만, 그래도 그게 저를 기분 좋게 자극한다는 것은 부인할 수 없습니다. 제가 아는 정신과 의사들도 무려 세 명이나 그런 상상을 하는 것은 지극히 정상적이며 거기서 예외인 남성은 극히 드물다고 말했습니다.

아내가 아닌 다른 여자와의 관계를 '상상'하는 것은 예수님이 간음과 동일시하신 음욕(마 5:28)의 또 다른 형태이다. 성경은 우리의 생각을 정결하게 지키라고 끊임없이 강조한다(빌 4:8). "…모든 생각을 사로잡아 그리스도에게 복종하게 하니"(고후 10:5). 생각은 감정과 마음으로 통하는 문이다.

따라서 악하고 음란한 생각을 계속해서 하게 되면 결국에는 자신이 음란하다고 느끼게 된다. "대저 그 마음의 생각이 어떠하면 그 위인도 그러한즉"(잠 23:7). 음란한 상상은 남편으로 하여금 아내를 '사랑'하게 하기보다 '이용'하도록 하는 힘을 갖고 있다. 뿐만 아니라, 남편을 지나치게 자극하여 너무 빨리 사정해 버리게 할 수도 있으며 현실과는 동떨어진 이상한 기대를 품게 할 수도 있다. 흥미롭고 짜릿한 것이 반드시 좋은 것만은 아니다.

그렇다면 마음속에서 일어나는 생각을 어떻게 하면 통제할 수 있겠습니까?

마음을 다스리는 데는 다음의 여섯 가지 단계가 도움이 될 것이다.

1. 악한 생각이 들 때마다 그것이 죄임을 고백한다(요일 1:9).
2. 성령과 동행한다(갈 5:16-24).
3. 습관과 싸워 이길 수 있는 힘을 달라고 하나님께 간구한다(요일 5:14-15).
4. 선정적인 영화나 포르노 잡지, 도덕성이 의심되는 텔레비전 프로그램은 될 수 있는 한 보지 않는다.
5. 결혼했다면, 자기 배우자만 생각한다. 그리고 아직 미혼이라면 다른 모든 사람에 대해 정결한 생각과 마음을 갖도록 노력한다(빌 4:8).
6. 마음속에 음란한 생각이 일 때마다 앞의 다섯 단계를 차례대로 밟는다.

여태까지 습관처럼 음란한 생각을 해 왔다면, 그것을 버리고 새로운 사고방식을 갖게 되는 데는 적어도 한 달에서 두어 달가량의 오랜 시간이 걸릴 것이다. 그러므로 하루아침에 성공하리라는 비현실적인 기대는 일찌감치 버리는 게 좋을 것이다. 그리고 음란한 생각을 버리려고 노력하다 보면 자신의 생각을 통제하는 게 조금씩 쉬워지는 것을 발견하게 되겠지만, 그래도 이따금씩은 유혹이 이전보다 더 강한 모습으로 꿈틀거리는 때도 있을 것이다.

나는 남편을 사랑하기 때문에 다른 남자에게는 아무 관심도 흥미도 없습니다. 그런데, 남편과 섹스만 하게 되면 내가 알지도 못하는 다른 남자와의 불륜관계를 상상하게 됩니다. 물론 너무 부끄러워 남편한테는 말할 수도 없고요. 이게 죄일까요? 아니면 남편이 나를 충분히 흥분시키지 못해 그런 상상을 하게 되는 걸까요? 도대체 무엇 때문에 그러는 걸까요?

유감스럽게도 이 분은 아주 나쁜 습관을 발전시켜 버렸다. 그러나 이제부터라도 생각을 남편에게만 온전히 집중하도록 노력한다면 좋은 변화가 있을 것이다. 남편과 예전에 가졌던 아름다운 날들을 자주 떠올리도록 하고, 특히 앞으로는 성관계를 가질 때마다 조명을 좀 밝게 하고 눈을 뜬 채로 자신이 지금 누구와 무엇을 하고 있는지 분명히 인식하며 거기에만 온전히 정신을 집중하는 것도 도움이 될 것이다.

전희

왜 남편은 항상 서두르기만 하는지 모르겠어요. 남편은 내가 자기만큼 뜨거워지기 위해서는 좀 더 오랜 시간이 필요하다는 것을 전혀 이해하지 못하는 것 같아요.

대부분의 남성은 여성이 갑작스럽게 폭발하기보다 서서히 달아오른다는 사실을 잘 모르는 것 같다. 그래서 자기가 순식간에 달아오르기 때문에 당연히 아내도 그럴 거라고 착각하고는 아내의 욕구를 충족시켜 주기보다 아내를 자기에게 맞추려고 하는 엄청난 실수를 종종 범하곤 한다. 그러므로 아내의 감정곡선을 존중하여 저녁식사 후부터는 줄곧 부드러운 접촉으로 사랑을 보여주다가 잠자리에 들어서는 아내를 서서히 흥분시켜 성관계에 대한 욕구를 유발시키는 남편이 지혜로운 사람이라고 할 수 있다. 적절한 준비단계만 거친다면, 아내는 남편의 손길에 온몸으로 반응해 올 것이다. 그리고 자기가 해주는 애무 하나하나에 아내가 섬세하게 반응해 오는 것을 보는 것은 남편에게도 큰 기쁨이 될 것이다. '성급하면 오히려 일을 그르친다'는 속담은 성관계에도 정확히 들어맞는 것 같다.

아내가 자신의 성적 긴장감을 깨우기 위해 남편이 만져 주었으면 하는 곳은 언제나 음핵밖에 없습니까?

절대로 그렇지 않다. 여성은 똑같은 부품으로 언제나 똑같은 효과만 내는 기계 같은 존재가 절대로 아니다. 여성은 분위기에 약하며 생리주기에 따라 몸 상태도 달라진다. 그러므로 남편은 아내의 필요와 욕구에 항상 민감해야 한다. 아내가 특별히 정열적일 때는 곧바로 음핵부터 자극해도 되지만, 그것은 극히 드문 경우이므로 항상 그래서는 절대로 안 된다. 보통은 부드럽게 키스해 주고 애무해 주고 몸의 여러 부분을 쓰다듬어 준 다음에 아주 조심스럽게 음핵을 만져야 한다. 나는 아내가 음핵을 자극해 주면 좋아한다는 소리를 듣자마자 그것이 아내의 욕망에 불을 붙이는 스위치라도 되는 것으로 착각하고, 무식하고도 노골적인 방법으로 주물러 댄다고 불평하는 아내를 많이 보아왔다. 남편은 자신의 욕망을 그런 식으로 불붙일 수 있을지 몰라도, 아내는 절대로 그렇지 않다. 다시 한 번 말하지만, 아내의 욕망을 깨울 수 있는 방법은 부드러운 애무밖에 없다.

자유연애

결혼하려면 아직 몇 년은 더 기다려야 하는 건강한 청춘남녀가 서로 사랑하고 또 서로에게 정직하기만 하다면 육체적인 사랑을 나누어도 상관없지 않습니까? 그것이 내게는 성적 억압감을 해소해 주는 자연스러운 방법 같습니다.

요즈음에는 그리스도인 젊은이들 사이에서도 이러한 질문이 빈번하게 오가는 것 같다. 아마도 일반 교육자들에 의해 파급된 인본주의적 영향 때문이다. 그러나 나는 다음의 일곱 가지 이유로 결혼할 때까지는 절대로 순결을 지켜야 한다고 생각한다.

1. 그것이 우리의 영적, 육체적 건강에 도움이 된다. 성경은 모든 혼외정사를 정죄한다. 결론적으로 말해, 자유연애를 즐기면서 동시에 말씀 안에서 성장해 가는 일이란 있을 수 없는 것이다. 그리고 결혼 전에 아무렇지도 않게 성관계를 가지게 되면 결국에는 육체적 건강이 위협받게 되는데, 왜냐하면 한 사람과의 관계가 깨어지면 또 다른 사람을 찾게 되고 그것이 되풀이되다 보면 난교로 이어지기 쉽기 때문이다. 미국 보건복지부는 24세 이하의 연령층에서 발병하는 질환 가운데 가장 심각한 것은 바로 성병이라고 발표한

적 있다. 한 고등학교 교장은 졸업생 다섯 명 가운데 한 명 이상이 성병을 앓은 적 있거나 현재 앓고 있다고 말하기도 했다. 이렇듯 자유연애는 젊음을 담보로 하기에는 너무나 위험한 사업이라고 할 수 있다.

2. 성관계는 수영이나 축구처럼 비인격적인 신체 운동이 아니라, 강도높은 감정적 경험이기 때문에 결혼 전에 사랑하지도 않는 사람과 성관계를 갖게 되면 결혼한 후에 성관계를 통해 사랑을 표현하는 것이 어렵게 된다.

3. 대개 자유연애를 하게 되면 불공평하고 불필요한 비교를 하게 된다. 남편으로서도 아버지로서도 만점인 사람이 침대에서는 전혀 매력적이지 못한 사람으로 돌변할 수도 있기 때문이다. 어떤 부인은 남편은 좋아하지만, 남편과 잠자리를 할 때마다 과거에 관계를 가졌던 남자가 떠올라 남편을 그와 비교하느라 성생활에서 아무런 만족도 못 얻는다고도 한다.

4. 특히 여성은 서른 살이 넘으면 자유연애에 대한 죄의식이 홍수처럼 밀려와, 평생에 누릴 수 있는 성경험에서 행복이나 기쁨을 박탈당하게 되고 만다.

5. 자유연애를 즐기다 보면 정말로 자신에게 맞는 배우자를 발견하지 못하게 될 수도 있다. 자유연애주의자들 중에서 평생의 배우자로 삼을 만큼 헌신된 그리스도인을 찾기란 거의 불가능하기 때문이다.

6. 다시 한 번 분명히 말하지만, 자유연애는 절대로 올바른 행

위가 아니다. 하나님이 정하신 표준은 상황에 따라 변경될 수 있는 것도 아니고 시간이 흘렀다고 해서 효력이 다하는 것도 아니다. 과거에도 그랬지만, 지금도 **결혼의 근간을 이루는 주춧돌은 정결과 정숙과 겸손이다.** 결혼할 때까지 순결을 지킨 여성이 죄의식으로 인해 고통을 당하거나 힘들어 하면서 상담을 요청한 사람은 지금까지 단 한 명도 없었지만 그 반대 이유로 상담을 요청해 온 사람은 수도 없이 많았다. 마귀는 항상 인류를 속이는 자로서의 역할을 충실히 잘 감당해 왔다.

자녀가 혼인을 하질 않고 그냥 동거하고 있다면, 부모로서 어떻게 하는 것이 가장 그 아이를 위하는 것이 되겠습니까?

자식이 어떤 나쁜 짓을 저질렀건 그들이 여전히 우리 아이들이고 우리의 사랑을 필요로 한다는 데는 변함이 없을 것이다. 그러므로 그들을 다시는 안 보겠다며 문 밖으로 내치는 일 따위는 하지 말아야 할 것이다. 그들은 자기가 한 짓이 부모에게 용납받을 수 없는 행동이라는 것을 이미 너무도 잘 알고 있기 때문이다. 물론 그런 자식을 둔 부모야 용서하는 감정이 생길 때까지는 두 번 다시 안 보고 싶은 게 솔직한 심정이겠지만, 우리는 그들을 따뜻하게 맞아들이라고 권면하고 싶다. 속으로는 그들에게 그렇게 살면 안 된다고 한바탕 설교를 늘어놓고 지금 하고 있는 짓이 얼마나 잘못인가를 뼈 속 깊이 절감하도록 혼내 주고 싶겠지만, 절대로 그래서는 안 된다. 그런 일은 우리가 하지 않아도 성령님이 다 알아서

하실 것이다. 부모로서 우리가 할 수 있는 일은 자식이 한 행위는 용납할 수 없지만, 그럼에도 불구하고 그를 여전히 사랑한다는 것을 보여 주는 것뿐이다. 그러다가 어느 순간 그들의 잘못된 관계가 산산조각이 나고 인생의 회오리바람 속에 흩어져 버렸을 때, 허리를 굽혀 자식의 조각난 삶을 주워 모아 다시 새 삶을 살도록 도와주면 되는 것이다. 누가복음 15장에 나오는 탕자의 아버지에 대한 기사를 잘 읽어보기 바란다.

결혼 전에 당분간 함께 사는 것에 대해서는 어떻게 생각하는지요? 주변에는 배우자를 선택하는 것은 아주 중요한 문제이므로 결혼하기로 결정하기 전에 함께 살아봄으로써 과연 서로에게 잘 맞는지 안 맞는지를 따져 보는 게 합리적이라고 생각하는 친구들이 있는데, 과연 그게 올바를까요?

인본주의적 발상에 근거한 이런 논리를 성경은 명백하게 배격한다. 연애한다고 해서 또 약혼했다고 해서 반드시 결혼으로 골인하는 것은 아니다. 약혼했다고 해서 결혼 전에 성관계 갖는 것을 당연하게 생각하는 커플은 한마디로 현명하지 못하다고밖에 표현할 수 없다. 나는 그로 인해 결혼 후에 죄책감에 시달리는 부부를 많이 보아왔다.

13장에서 실시한 설문조사에서 우리는 "다시 결혼하게 된다면, 어떤 것만은 꼭 피하고 싶습니까?"라는 질문을 던졌는데, "무슨 일이 있어도 결혼할 때까지 순결을 지키고 싶다"가 압도적으로 많았다. 또한 우리는 설문조사결과 결혼할 때까지 순결을 지킨 여성이 그렇지 않은 여성보다 결혼 후에 훨씬 더 만족스러운 성생활을 영위한다는 것을 발견할 수 있었다.

성관계를 갖는 횟수

보통 평범한 부부는 얼마나 자주 성관계를 갖습니까?

결혼 안에서의 성관계에 관한 책을 쓴 저술가들과 연구가들은 일반적인 표준으로서의 의미를 가진 '평균'이라는 표현을 쓰기를 상당히 꺼린다. 왜냐하면, 사람들 자체가 평균적이지 않고 각각 고유한 특성을 지니고 있기 때문이다. 게다가 부부의 나이는 어떤지, 아주 좁은 공간에서 아이를 키우고 있지는 않은지, 침실 내에서의 사생활은 얼마나 보장되고 있는지, 남편이 정서적으로 큰 압박을 받는 업무에 종사하고 있지는 않은지, 하루 근무량이 얼마나 되는지, 둘 다 화목한 가정에서 자랐는지, 지금 부부간에는 아무런 문제도 없는지, 결혼 안에서의 성관계에 대한 서로의 생각은 어떤지, 둘 다 그리스도인인지, 기질적인 차이는 없는지 등 여러 복잡한 요인에 따라 성관계를 갖는 횟수로 천양지차로 달라지기 때문이다.

물론 일주일에 몇 번 정도 성관계를 갖는 게 가장 만족스럽고 좋은가는 전적으로 부부 두 사람에게 달려 있다. 그러므로 다른 사람과 비교하여 자신의 성관계의 횟수를 확인하는 어리석은 짓은 하지 않도록 해야 한다. 다만, 관계를 갖고 싶다는 욕구가 생길 때마다 자발적이고도 희생적이고도 즐거운 마음으로 서로에게 충실한 모습을 보여야 할 것이다.

과도한 업무로 인한 피로감과 성관계의 횟수 사이에는 어떤 상관관계가 있을까요?

피로가 성관계의 횟수에 끼치는 영향은 사람들이 생각하는 것보다 훨씬 크다. 요즈음에는 사람들이 너무 늦게 잠자리에 드는 경향이 있다. 일단, 밤 11시 30분이 넘게 되면 사람 마음속에는 성관계를 갖고 싶다는 생각보다 자고 싶다는 생각이 강하게 들게 되므로 적어도 부부가 관계를 가지려면 그 이전에 잠자리에 들어야 할 것이다.

에베소서 5장 22절에 따르면, 아내는 기꺼이 그리고 기쁜 마음으로 남편에게 복종해야 한다고 하는데, 내가 정말로 피곤할 때도 그렇게 해야 하는지, 그 점이 몹시 의문스럽습니다. 남편이 성관계를 요구해 왔는데 너무 피곤해서 싫다고 대답하고 나면, 무슨 중죄라도 지은 것처럼 심한 죄책감에 시달리게 됩니다. 그런데 이제는 그런 죄책감마저도 너무 싫습니다. 어떻게 하면 거기에서 해방될 수 있을까요?

정말로 피곤해서 거절했다면 죄의식 같은 것은 느낄 필요가 없다. 남편도 한편으로는 실망하면서도 한편으로는 당신이 피곤해서 그랬다는 것을 이해해 줄 것이다. 그렇지만, 습관적이 되지 않도록 주의해야 한다. 피곤하다는 것이 모든 것을 합리화시켜 주지는 않기 때문이다. 만약 남편에 대한 분노나 쓴 감정 혹은 희생하고 싶지 않다는 이기적인 마음 등을 피곤함으로 가장하여 관계를 거절했다면, 죄책감에 시달릴 수밖에 없게 될 것이다. "오직 사랑 안에서 참된 것"(엡 4:15)을 말하고 거리낌없는 양심으로 편히 잠자리에 들기 바랄 뿐이다.

나는 성관계를 자주 갖고 싶은데, 제 아내는 그렇지 않습니다. 어떻게 하면 아내를 변화시킬 수 있겠습니까?(참고로 우리는 현재 한 달에 두어 번 밖에 관계를 갖고 있지 않습니다.)

무엇보다 내가 말하고 싶은 것은 본인이 진정으로 아내를 사랑하고 있는지 아니면 단지 이용하고 있는 것뿐인지 자문해 보라는 것이다. 우리가 실시한 조사에 의하면 한 번도 오르가즘을 경험해 보지 못했음에도 불구하고, 성생활을 즐기는 부인이 상당수에 달했다. 한마디로 여자들은 성관계에서 경험하는 친밀함과 부드러움과 애무를 좋아하며 그것만 있어도 성관계를 즐길 수 있는 것이다. 그런데 남편이 자기를 오직 성적 긴장감을 해소하기 위한 도구로만 여기고서 아무런 테크닉도 배우려 하지 않는다면, 부인으로서는 가급적 회피하려고 할 것이다. 어떤 의학적인 문제가 있거나 가슴 속 깊이 뿌리박힌 해묵은 문제가 있지 않다면, 부인이 성관계에 대해 보이는 태도와 반응은 대부분 남편이 자신을 어떻게 대하느냐에 달려 있다고 할 수 있다. 남편이 아내를 사랑하기 때문에 성관계를 갖고 싶어한다는 것을 끊임없이 표현하고 동시에 더욱 훌륭한 테크닉을 배우기 위해 노력하면서 많은 시간을 전희 단계에 할애한다면, 그리고 사정이 끝난 다음에도 아내를 오래도록 안아 준다면, 남편과 아내 사이에 성적 불만이 생길 리 만무하고 따라서 아무런 상담도 필요치 않을 것이다.

그리스도를 의지하면 의지할수록, 성관계에 대한 관심이나 흥미가 감소하면서 별로 중요하게 여겨지지 않는 경향이 있다고 하는데, 과연 그게 사실일까요? 그리고 거기에 대해서 어떻게 생각하십니까?

그리스도를 의지한다는 것 자체가 모든 육체적 필요와 기능을 한꺼번에 변화시키는 것은 절대로 아니다. 성령충만하다고 해서 배까지 부른 것이 아니다. 아울러 성령충만하다고 해서 성관계에 대한 욕구가 사라지거나 감소하는 것은 절대로 아니다. 결국, **성관계는 결혼한 부부가 정당하게 누릴 수 있는 신성한 경험이자 특권인 것이다**. 우리가 조사한 바에 의하면 성령충만한 그리스도인이 그렇지 않은 부부에 비해 더 빈번하게 성관계를 갖는 것으로 나타났다. 진정 사랑한다면 그것을 표현할 기회와 통로를 찾기 마련이고, 예나 지금이나 사랑을 표현하기에는 하나님이 결혼 안에서의 신성한 행위로 규정하신 성관계만큼 좋은 것도 없기 때문이다.

나는 일주일에 두세 번 정도 성관계를 원하는데 남편은 한 달에 한두 번 정도밖에 원하지 않습니다. 어떻게 하면 좋겠습니까?

무엇보다 남편과 속 깊은 대화를 나누도록 권하고 싶다. 어쩌면 이따금씩 자위를 하고 있어서 그럴 수도 있고 아니면 아내가 성관계를 지금보다 더 많이 원한다는 것을 눈치를 채지 못해 그럴 수도 있을 것이다. 그리고 본인이 평소에 남편의 권위에 잘 순종하는지 그렇지 않은지도 점검해 보기 바란다. 만일 아내가 순종적이지 않을 경우, 그에 대한 반발심에서 남편이 성관계를 거부할 수도 있기 때문이다. 이도 저도 아니라면, 침실에서 좀 더 매혹적인 아내가 되도록 신경 써 보기 바란다. 성적으로 도발적인 아내 앞에서도 성욕이 일어나지 않을 남편은 거의 없을 테니까 말이다.

아내는 성관계를 특별히 싫어하는 것도 아닌데, 자주 가지려고 하지 않습니다. 어떻게 하면 지금보다 더 많이 성관계를 갖고 싶게 할 수 있을까요?

지금 부인이 성관계를 싫어하는 것은 아니라고 말했는데, 그러면 오르가즘은 자주 느끼는지 점검해 보기 바란다. 단지 성관계를 싫어하지 않는 것과 오르가즘을 느끼는 것 사이에는 큰 차이점이 있다. 여성이 경험할 수 있는 가장 큰 흥분과 환희는 바로 오르가즘이기 때문이다. 오르가즘을 경험하는 여성 중에 그런 황홀한 경험을 한 달에 두 번 하는 것으로 만족할 여성은 하나도 없을 것이다. 6장을 자세히 읽어 보고 부인이 오르가즘을 경험하는지 그렇지 않은지를 확인해 보기 바란다. 부인이 오르가즘을 경험하게 되어 성관계를 자주 갖기를 바라는 쪽으로 변하는 것을 보는 것만큼 남편에게 기분 좋은 일도 드물 것이다.

성불감증 혹은 성욕 부재

성불감증은 타고나는 것일까요?

지구상의 절반이 여성이다. 이 많은 여성 가운데, 태어나면서부터 오르가즘을 느낄 수 없는 여성도 분명 있을 것이다. 그러나 장담하건대, 그런 여성은 정말로 얼마 되지 않는다. 심지어 데이비드 루벤 박사는 "모든 여성은 원하기만 하면, 항상 혹은 빈번하게 오르가즘을 느낄 수 있다. 그렇지 못할 이유가 없지 않은가?"라고 말하기도 했다. 그는 오르가즘을 느끼지 못하는 원인이 감정적인 데 있지 신체적인 데 있는 게 아님을 자세히 설명하기 위해 "정신과 의사들은 화기애애한 가정에서 부모의 사랑을 받으며 자란 여성 가운데 성불감증으로 고통받는 여성은 단 한 명도 본 적이 없다고 말한다. 오르가즘을 느끼지 못하는 여성을 살펴보면, 대부분 유아기나 청소년기에 정서적으로 심한 상처나 충격을 받은 경험이 있는 여성들임을 알 수 있다"고 말했다.

우리가 그리스도인 가정에서 자란 여성은 일반 가정에서 자란 여성보다 훨씬 더 만족스러운 성생활을 영위할 수 있다고 믿는 이유 가운데 하나는 그들이 어려서부터 아버지의 사랑을 듬뿍 받고 자랐을 가능성이 많기 때문이다. 아버지가 딸에게 해줄 수 있는 가장 큰 선물은 딸이 아빠 품에 안기고 싶어할 때 언제든지 그렇게 할 수 있도록 두 팔을 한껏 벌려주는 것이다. 따라서 이 세상 모든 아버지라면 아무리 바빠도 아무리 피곤해도 품에 안기려고 달려드는 딸아이를 내치거나 외면하는 이기적인 행동을 해서는 안 된다. 성욕이 전혀 일어나지 않는 이유는 신체적인 데도 일부 원인이 있겠지만, 그보다는 여자아이가 여섯 살이 될 때까지 가장 많이 발달하는 이성과의 감정적 교류를 박탈당했기 때문이라고도 할 수 있다. 냉담하고 이기적인 아버지가 딸아이를 냉담하고 성적 자극에 둔감한 여성으로 만든다고 해도 과언이 아닐 것이다.

아내가 성적 자극에 아무런 반응도 보이지 않는데, 어떻게 해야 할지 잘 모르겠습니다. 물론, 아내를 사랑하지만, 언제까지 이 상태를 견딜 수 있을지 잘 모르겠습니다.

우선은 남편의 부드러운 사랑과 관심이 가장 절실하고 다음은 이 문제를 극복하고자 하는 아내의 자발적인 결단과 노력이 있어야 할 것이다. 장담하건대, 이것은 시간과 노력이 많이 필요해서 그렇지, 고칠 수 없는 것이 아니므로 절대 낙심하지 말기 바란다. 이분에게는 9장과 10장을 잘 읽어보고 거기 나와 있는 대로 따라해 보라고 권유하고 싶다. 아내가 남편을 거부하는 것이 정말로 남편을 싫어해서가 아니라, 어렸을 때 아버지로부터 받은 남자에 대한 잘못된 인상 때문일 수도 있다는 것을 남편이 이해하기만 한다면, 문제를 좀 더 수월케 해결할 수 있을 것이다. 더불어 자기는 장인 같은 남자가 아니라는 것을 입증해 보이는 것도 한결 수월해질 것이다. 물론 남편이 노력한다고 해서 아내가 단번에 달라지는 것은 아니겠지만, 인내심을 갖고 친절하고 부드러운 태도로 일관하다 보면, 언젠가는 아내도 변하게 될 것이다. 또한 무슨 일이 있어도 언성을 높여서는 안 되며 집 밖에서든 안에서든 매사에 아내를 인정하고 존중해 주어야 한다. 가능하다면, 부인과 함께 이 책을 읽거나 관련서적을 찾아보기 바란다. 다시 한 번 말하지만, 아내를 자기 몸처럼 아끼고 사랑하는 것만이 문제를 해결할 수 있는 가장 쉬운 방법이다(엡 5:28).

생식기
생식기의 크기가 너무 크다든지 혹은 너무 작다든지 하여 서로 잘 맞지 않으면 좋은 관계를 갖기가 어렵다고들 하는데, 그게 과연 사실일까요?

여성들이 가슴 크기 때문에 고민하는 것 못지않게 남성들은 페니스 크기 때문에 고민 아닌 고민을 한다. 그런데 우습게도, 그것은 발기된 상태의 페니스는 대개 12~13센티미터 정도로 길이가 거의 다 비슷하다는 사실을 모르기 때문에 일어나는 것이다. 그런데 그런 무지는 근거 없는 두려움을 낳게 되는데, 일단 한 번 두려움에 쌓이게 되면 심각한 성기능장애로까지 발전하기도 한다.

앞에서도 말한 바 있지만, 아내를 만족시키고 또 임신시키는 데는 페니스 길이가 4~5센티미터 정도면 충분하다. 마찬가지로 여성도 체구와 상관없이 질 깊이는 거의 다 비슷하다. 차이가 난다고 해 봐야 기껏해야 2센티미터 정도에 지나지 않는 것이다. 조사결과에 의하면, 키 차이가 상당히 나는 부부도 키 차이가 별로 나지 않는 부부와 거의 동일한 수준의 성만족을 얻고 있는 것으로 나타났다. 물론 키 차이가 너무 나면 성교 도중에 키스하기가 좀 불편할 수도 있을 것이다. 그러나 아내와 성관계를 갖는 데 극심한 불편을 초래할 정도로 너무 크거나 작은 페니스는 없다고 한다.

나는 남편이 음핵을 손가락으로 애무해 주면, 너무 기분이 좋습니다. 그럼에도 불구하고 죄책감 같은 게 느껴지는 데 무엇 때문일까요?

우리는 모두 어떻게 자라왔는가 하는 성장배경에 의해 많은 영향을 받는다. 그런데 음핵을 애무해 주면 기쁨을 느끼는 것으로 인해 죄책감을 받고 있다면, 그것은 언제부턴가 희락은 죄악이라는 생각을 발전시키게 되었음을 의미한다고 할 수 있다. 하나님께서는 우리에게 즐기고 향유할 수 있는 것을 많이 주셨는데, 결혼 안에서 누리는 성관계도 그 가운데 하나라고 할 수 있다. 성경 어디를 보아도 남편이 아내의 음핵을 자극해 주는 것을 죄악이라고 정죄하는 본문은 찾아볼 수 없다. 오히려 히브리서 13장 4절은 그것을 허용하고 아가서 2장 6절은 남편이 아내에게 어떻게 해주어야 하는지 그 방법까지 설명하고 있다. 다시 말해, 음핵이 존재하는 유일한 이유는 여성을 성적으로 자극하기 위해서라고 말할 수 있다. 결국 하나님께서는 여성으로 하여금 육체적 쾌락을 최대한 즐기게 하기 위해 음핵을 두신 것이다.

남편이 아내의 음핵을 자극해 주는 것이 그리스도인 목회자들 사이에서도 얼마나 폭넓은 인정과 지지를 받고 있는지는 성경의 권위를 믿는 목회자들 가운데 무려 92퍼센트가 그것을 찬성했다는 것으로 입증될 수 있다(그러나 이 가운데 여성 자신이 음핵을 자극하는 행위를 인정한 목회자는 17퍼센트에 지나지 않았다는 것을 유념하기 바란다). 우리 부부로서는 그렇게 다정다감하고 사려 깊은 남편을 허락하신 것에 대해 하나님께 감사하며 그것을 마음껏 즐기라고 권유할 뿐이다.

자궁절제술을 받은 이후로, 단 한 번도 오르가즘을 경험하지 못했습니다. 그래서 그런지 점점 우울증이 심해지는 것 같습니다.

부인은 지금 오르가즘을 느끼지 못한다는 것에 더하여 우울증이라는 문제까지 안고 있는데, 이 두 가지는 별개의 것이 아니라 자신이 불완전하고 부적당한 사람이라는 두려움에서 연유하는 결과로 뿌리는 같다. 자궁절제술을 받은 대부분의 여성은 자신이 더 이상은 여성으로서의 가치가 없으며 따라서 성적 만족을 맛보는 것도 불가능하다고 생각하는 경향이 있는데, 사실은 절대로 그렇지 않다. 자궁절제술로 인해 생리는 없어지지만, 그로 인해 부부 사이의 성관계에서 누릴 수 있는 기쁨과 즐거움까지 없어진다는 의학적 근거는 전혀 없기 때문이다. 오히려 그 반대로 자궁절제술을 받은 이후로 성관계를 갖는 게 훨씬 더 자유롭고 즐거워졌다고 말하는 여성도 상당수에 달한다. 그러므로 부인은 먼저, 생식기능을 상실하였기 때문에 이제 더 이상은 여성으로서의 정상적인 기능을 할 수 없으리라는 잘못된 생각부터 극복해야 할 것 같다.

여성의 생식기 중에서 자극에 가장 민감한 부분은 음핵이고 그 다음은 질 주변에 있는 소음순과 대음순인데, 자궁절제술은 이 중 어디에도 영향을 끼치지 않는다. 심지어 의사들은 음핵 제거술을 받은 여성 가운데도 오르가즘을 느끼는 데 아무 지장을 받지 않는 여성도 있다고 주장한다. 그러므로 나는 '여성의 가장 중요한 성기관은 자신의 뇌'라는 것을 잊지 말라고 말하고 싶다. 부인의 머리 속에서 뇌라는 기관이 제거되지 않는 한 부인은 성적으로 정상적인 기능을 계속할 수 있을 것이다. 만일, 부인이 자궁절제술로 인해 성생활이 엉망진창 되었다고 믿는다면, 부인의 성생활은 실제로 그렇게 될 것이다. 그러니 부인과 남편의 생애에는 아직도 사랑을 속삭일 수 있는 세월이 무수히 남아 있다는 것을 잊지 말고 마음가짐을 긍정적으로 가지기 바란다. 우울증이 사라지지 않으면 전문가의 도움을 받아야 한다.

그리스도인 여성도 유방확대술을 해도 될까요?

이미 유방확대술을 했는데, 그것 때문에 자꾸만 죄책감이 느껴진다면, 하나님께 그 문제에 대해 솔직하게 고백하고 나서 깡그리 잊어버리도록 하라. 그리고 아직 하지 않았다면, 할까 말까 하고 고민하지 말라. 정말로 불필요한 고민이기 때문이다. 우리 몸 속에 불필요한 이물질이 삽입되면 그로 인해 여러 가지 복잡한 문제가 야기될 수 있다. 게다가 우리는 하나님이 만들어 주신 모습 그대로를 사랑해야 하는 그리스도인이다. 만일 하나님이 나를 빚으신 있는 그대로의 모습을 받아들이지 못해 유방확대술을 고려하고 있다면,

그것은 순전히 당신에게 문제가 있는 것이라고 할 수 있다. 운동 외에(물론 이것도 도움이 될지 안 될지 상당히 의문스럽지만 말이다) 여성의 가슴크기를 자연스럽게 변화시킬 수 있는 것은 거의 없다고 할 수 있다. 그리고 실제로 유방절제술을 받은 여성 입장에서는 가슴 크기가 작아 고민하는 여성이 오히려 사치스러워 보일 수도 있을 것이다. 그리고 여성들이 생각하는 것과 달리 가슴 큰 여자는 가슴 작은 여자에 비해 오히려 성적 자극에 덜 민감하게 반응할 확률이 높다. 그 이유는 가슴이 큰 여자나 작은 여자나 가슴 전체에 퍼져 있는 신경말단 수는 동일한데, 가슴 큰 여자는 신경말단 끼리의 사이가 상대적으로 넓고 또 신경말단이 피부표면까지 뻗쳐 있는 것이 아니라 속에 깊숙이 감추어져 있기 때문이다.

성무력증

성무력증으로 고생하는 남성이 매년 증가하고 있다는 게 정말 사실입니까? 만일 그렇다면 그 이유는 무엇입니까?

정확한 통계자료가 없어 단정할 수 없지만, 상담가의 대부분은 이 문제로 상담을 요청해 오는 경우가 계속 늘어나고 있다고 입을 모은다. 만일, 성무력증자가 증가추세에 있다면, 그 이유는 신체적인 면보다 정신적인 면에서 기인할 것이다. 의사들도 대부분 그것이 몸의 기능에 의한 문제라기보다 현재 우리 사회가 남성들에게 가하는 정서적이고 정신적인 압박 때문이라고 말한다. 전반적으로 오늘날의 남성은 20년 전에 비해 운동량은 현저하게 준 대신 날마다 견뎌내야 하는 정신적 압박감은 더 커진 생활을 하고 있다. 게다가 오늘날처럼 변수가 많은 세상에서는 안정된 삶을 산다는 게 이전보다 훨씬 더 어렵기 때문에 상대적으로 남성들이 자신의 남성다움에 대한 확신이나 자신감을 갖는 게 그만큼 더 어려워지게 되었다. 우리는 여성운동의 물결이 가정에까지 파고들어와 부부 사이에 잦은 불화와 충돌을 야기하고 또한 아내가 남성의 자아를 공격하는 일이 빈번해짐으로 인해 성무력증에 걸리는 남성이 앞으로도 계속해서 증가할 거라고 생각한다.

호르몬 주사를 맞으면 중년 남성이 성기능을 회복하는 데 도움이 될까요?

그 사람의 성기능 장애가 호르몬 결핍으로 인해 생겨난 경우에는 도움이 되겠지만, 정신적으로 자신이 성무력증에 걸렸다고 생각하는 사람에게는 아무리 많은 양의 호르몬을 투여해도 별 효과가 없을 것이다. 성무력증이 호르몬 결핍으로 인한 것인지 아닌지는 의학적 검사를 통해서만 확인될 수 있으므로, 계속해서 그쪽이 의심되면 하루 빨리 의사를 찾아가 보는 게 현명할 것이다.

정관절제술을 받으면 성무력증에 걸릴 확률이 그만큼 높게 되나요? 아니면, 전혀 그렇지 않나요?

이 문제에 대해서는 12장에서 산아제한에 대해 이야기하며 함께 다루었다. 의사들은 수술 자체는 남성의 성적 능력에 아무런 영향도 미치지 않는다고 주장하지만, 수술을 받은 사람이 그것을 평계 삼아 자기는 이제 성적으로 무능하게 되었다고 생각하면 정말로 그렇게 될 가능성이 충분하다. 개인적으로 우리 부부는 정관수술을 받은 의사를 무려 다섯 명이나 알고 있는데, 만일 그들이 그 수술로 인해 자신의 남성다움과 활력이 손상될 수도 있다고 생각했다면 절대로 그 수술을 받지 않았을 것이다.

자위행위

그리스도인이 자위를 하는 것은 잘못일까요?

섹스와 관련하여 이보다 더 큰 논쟁을 불러일으키고 있는 질문도 아마 없을 것이다. 수 년 전까지만 해도 그리스도인이라면 누구나 이 질문에 무조건 잘못이라고 대답했겠지만, 성혁명이 일어나고 또 의사들이 자위를 해도 건강에 전혀 지장이 없다는 연구결과들을 발표함에 따라 사정이 많이 달라졌다. 이제 더 이상은 아버지가 아들에게 자위를 하면 "뇌가 손상되고 체력이 저하되며 머리털도 빠지고 시력도 감퇴하며 심하면 간질을 할 수도 있는 등, 한마디로 그것은 미친 짓"이라고 경고할 수 없게 되어 버렸다. 그래도 아직은 많은 사람이 자위는 자학행위이자 죄 된 행동이라고 말하고 있지만, 한편에서는 그보다 더 많은 수의 사람이 미혼 남성이나 아내가 임신하여 성관계를 가질 수 없는 남성 그리고 사업상 오래도록 집을 비워야 하는 남성에게는 자위가 절대적으로 필요하며 큰 도움이 된다고 주장하고 있다.

우리는 25명의 그리스도인 의사를 상대로 자위를 어떻게 생각하느냐는 질문을 던진 적 있는데, 그 가운데 해도 된다고 대답한 의사는 무려 72퍼센트였는데 반해, 해서는 안 된다고 대답한 사람은 겨우 28퍼센트에 지나지 않는 것을 보고는 인본주의가 인간의 의사결정에 얼마나 큰 영향을 끼치고 있는지 새삼 실감하였다. 그러나 그리스도교 대학에서 학부과정을 마친 뒤 신학대학원에서 석, 박사 과정을 밟은 목사님들은 똑 같은 질문을 받자 불과 13퍼센트만이 자위를 해도 된다고 대답하고 나머지 83퍼센트는 모두 명백한 죄로 규정함으로써, 그리스도인 의사들과는 대조적인 모습을 보여 주었다. 그렇다고 해서 목사님들이 자위에 대해 의사들보다 정보가 어두운 것은 결코 아니다. 모르긴 해도 자위와 관련하여 의사들보다 더 많은 상담을 할 것이기 때문에 알고 있어도 더 잘 알고 있을 것이고 따라서 더 많이 고민하고 계실 것이다. 분명 그분들은 세미나나 청소년 프로그램 등을 통해 아직 미혼인 남성들과 이 문제에 대해 토론할 기회가 훨씬 더 많을 것이다. 우리 설문조사에 응한 사람 가운데 이때까지 한 번도 자위를 해 본 적 없다고 대답한 사람이 남성은 52퍼센트, 여성은 84퍼센트나 되었다. 반면 자주 혹은 정기적으로 자위를 한다고 대답한 사람은 남성이 17퍼센트, 여성은 4퍼센트 정도밖에 되지 않았다. 한 가지 주목할 점은 그리스도인이 되고 난 후에는 한 번도 자위를 하지 않았다고 대답한 사람이 상당수에 달했다는 것이다.

안타깝게도 성경은 이 문제에 대해 침묵하고 있다. 따라서 독단적인 자세를 취하는 것은 아주 위험하다. 자위를 금지하는 금기사항을 과감하게 벗어던진 사람들의 입장을 전혀 이해 못하는 것은 아니지만, 그래도 우리는 다음의 여섯 가지 이유로 그리스도인은 절대 자위를 해서는 안 된다고 생각한다.

1. **자위를 할 때는** 대개 아내가 아닌 다른 여자와의 관계를 상상하게 되는데, 성경은 그런 음란한 생각을 죄로 못박고 있다(마 5:28).

2. **하나님이 성적 표현을 허락하신 것은** 그것을 통해 이성 간에 상대방을 신뢰하고 의지하게 하기 위해서인데, 자위를 하게 되면 성행위를 통해 추구해야 하는 의존성이 깨뜨려지기 때문이다.

3. **하나님이 주신 양심은** 안중에도 없고 심지어 선악의 구별조차 무시하는 인본주의 영향에 세뇌된 사람이 아니라면 자위를 하고 난 뒤에 거의 예외 없이 죄의식을 느끼게 되는데, 그러한 죄의식은 영적 성장을 방해하며 특히 미혼 남녀에게 좌절감과 패배감을 안겨다 준다. 그들에게는 자위를 하고픈 충동을 극복하는 것이 그리스도 안에서 자라고 성령 안에서 행하기 위해 반드시 넘어야 하는 자기 훈련의 벽이라고 할 수 있다.

4. **자위는** "정욕이 불 같이 타는 것보다 결혼하는 것이 나으니라"는 고린도전서 7장 9절 말씀을 명백히 위반하는 행위이다. 미혼 남성이 자위를 습관처럼 반복한다면, 굳이 결혼해야 할 필요성을 못 느끼게 되기 때문이다. 이미 우리 사회에는 젊은 남성으로 하여금 결혼할 필요성을 못 느끼게 하는 사회적, 교육적, 경제적 장애물

이 위험수위를 초과했을 정도로 높게 쌓여 있다. 그러므로 여기에다 자위라는 장애물까지 더할 필요는 없다고 생각한다.

5. 결혼 전에 자위를 습관화하게 되면, 다음에 결혼해서 배우자와 성관계를 갖는 게 어렵게 되었을 때 아무 생각 없이 자위에 몰두함으로써, 문제를 해결하려고 하기보다 도피하려는 경향을 강화하게 된다.

6. 남편이 자위를 일삼는다면, 그것은 아내를 속이는 행위가 된다(고전 7:3-5). 일단 결혼한 이상 모든 남성은 아내와의 성관계를 통해서만 하나님이 주신 성욕구를 분출해야 한다. 남편이 자위라는 인위적인 방법을 통해 욕망을 해소해 버린다면, 아내는 자신이 사랑받고 있지 못하다는 생각과 함께 불안감을 느끼게 될 것이며, 그렇게 되면 많은 사소한 문제가 불필요하게 확대되는 어려운 상황에 봉착하게 될 것이다. 이것은 부부가 중년에 접어들수록 더 그렇다. 자위라는 욕망을 절제할 때 부부의 관계는 더욱 깊어진다.

이혼한 사람인데, 이따금씩 성욕을 채우고 싶다는 갈망이 불일 듯 일어날 때가 있습니다. 그럴 때는 부정한 관계를 갖는 것보다 진동기를 이용해 자위를 하는 게 낫지 않을까요?

한마디로 말하자면, 둘 다 올바르지 못하며 건강에 해롭다. 그러므로 다른 대안을 생각해 보는 게 좋을 것이다. 물론 인간을 동물의 한 부류로 보는 인본주의자들은 특별히 제조된 진동기를 권장하고 있으며, 흔히 성인만화, 잡지 등에서 많이 추천하고 있는 것이 사실이다. 그러나 우리는 그런 방법이 정신이나 영혼에 유해한 영향을 끼칠 거라고 확신한다. 성충동은 남성과 여성을 떠나 인간이라면 누구나 갖고 있는 기본적인 욕구이다. 그러나 그것은 결혼이라는 정당한 관계 안에서만 개발되어야 하는 것이기 때문에, 아직 결혼하지 않은 독신이라면 결혼할 때까지 묻어두고 있어야 한다.

하나님이 인간에게 성충동을 허락하신 이유는 결혼을 통해 그것을 충족시키게 하기 위해서였다. 따라서 독신인 남녀가 그 충동을 진동기나 다른 기구를 통해 충족시키게 되면, 결혼해야겠다는 동기가 약해지게 된다. 또한 자위에 탐닉하게 되면 이 세상 누구도 채워줄 수 없는 에로틱한 감정에 빠지게 되는데, 만일 그런 사람이 결혼했다가 배우자로부터 그러한 감정을 충족 받지 못하게 되면 자위를 하고 싶다는 유혹에 자연스럽게 빠져들게 되어, 결국에는 배우자를 속이면서까지 자신과 배우자를 위험에 빠뜨리는 심각한 상황이 전개될 수도 있게 된다.

자위가 정말로 잘못이라면, 과부나 홀아비 혹은 이혼한 사람은 자신의 성충동을 어떻게 해결해야 합니까?

한 번은 교통사고로 남편을 잃은 한 젊은 미망인으로부터 이와 유사한 질문을 받은 적이 있다. 그때 그녀는 "일주일에 열 번도 넘게 오르가즘을 느끼며 살아가던 여성이 갑작스럽게 남편을 잃어 더 이상은 오르가즘을 느낄 수 없게 되었을 때, 그 여성은 어떻게 해야 할까요?"라고 질문했다. 물론, 그녀가 말한 여성은 바로 자신이었을 것이다. 그녀는 하나님의 은혜가 그러한 필요까지도 채우고 남을 정도로 풍성한지(고후 12:9) 알고 싶어했고, 이미 뜨겁게 달구어져 있는 욕망이 더 이상 사용하지 않으면 시간의 흐름과 함께 희미해질 수도 있는지 알고 싶어했다. 또한 말씀을 읽고 기도하는 가운데 자신의 생각을 정결하게 지켜야 하는지 그리고 이성으로부터 받을 수 있는 유혹을 하나도 남김없이 거절해야 하는지도 알고 싶어했다. 더불어 교회활동을 열심히 하는 가운데 사랑받고자 하는 자신의 갈망을 나눌 수 있는 성도를 만나게 해 달라고 기도해도 되는지도(고전 10:13) 알고 싶어했다. 끝으로 그녀는 자신의 성적 욕망을 없애 달라고 간구해도 되는지(요일 5:14-15) 알고 싶어했다.

다행히 그녀는 깊은 영성과 돈독한 신앙심을 소유하고 있었다. 그리고 하나님은 2년 후에 그녀를 다른 사람과 재혼하게 함으로써 그녀의 모든 필요를 채워주셨다. 지금 그녀는 하나님은 빌립보서 4장 10절에서 약속하신 대로 우리의 모든 필요를 채워줄 수 있는 분임을 간증하며 살고 있다.

우리 부부와 절친하게 지내는 친구 가운데 결혼 17년 만에 아내와 사별하는 아픔을 겪은 사람이 있다. 처음에는 성욕을 어떻게 처리해야 할지 몰라 너무 고통스러웠는데, 그 문제를 놓고 간절히 기도하자 하나님께서는 무려 6년 동안 그에게 아무런 성욕도 일어나지 않게 해주셨다. 그리고 후에 한 여성을 만나 그녀와 새 가정을 꾸리자, 이미 다 없어졌다고 생각했던 성욕이 순식간에 불일 듯 회복되어 정상적인 성생활을 하는 데 아무 지장이 없었다.

갱년기

갱년기는 정확히 무엇이며, 그러한 현상이 생기는 이유는 또 무엇입니까?

갱년기란 난소의 활동이 점차적으로 쇠퇴해 가는 시기를 말한다. 사람마다 차이는 있지만, 대부분 40대에 접어들면서 생리주기가 불규칙해지는 것을 필두로 갱년기가 시작된다. 그러나 생리가 완전히 끊기는 것은 50대에 접어들어야지만 일어나게 된다. 여성이 나이를 먹으면, 난자생성에 영향을 미치는 에스트로겐이라는 호르몬 분비가 감소되어 자궁 내벽에 변화가 일어나 생리주기가 불규칙하게 된다. 아주 드문 경우지만, 갱년기에 접어들면서 가슴이 처지고 엉덩이가 커지며 몸무게가 느는 여성도 있다. 또 어떤 여성들은 체온이 올라가 피부가 불그스레하게 달아오르기도 하고 또 다른 여성들은 우울해져 마냥 울고 싶고 불안하고 초조해진다. 이 가운데 한 가지 증상이라도 있는 여성은 반드시 의사의 검진을 받은 뒤 에스트로겐이라는 호르몬 주사를 맞도록 해야 한다. 또 호르몬 주사를 맞지 않더라도 의사가 처방해 주는 약만 잘 복용하면 대부분의 증상은 완화될 수도 있다.

갱년기를 거치는 동안 어떤 여성은 특별히 더 많은 문제를 겪기도 하는데, 도대체 그 이유가 무엇일까요?

모든 여성은 기질적으로, 정신적으로, 신체적으로 각기 다른 상태를 유지하고 있다. 따라서 별다른 진통 없이 갱년기를 거치는 여성이 있는가 하면 아주 유별나게 이 시기를 거치는 여성도 있는데, 그런 여성들의 경우 가장 큰 원인은 다음의 두 가지라고 할 수 있다.

1. **에스트로겐의 감소.** 이 문제를 해결해 줄 수 있는 사람은 의사밖에 없다. 갱년기를 거친 많은 여성이 의사가 처방해 준 에스트로겐을 복용하였더니 견디기가 한결 수월해졌다고 증언하고 있으니까 말이다.

2. **갱년기를 거치는** 본인의 정신적 상태가 어떠한가도 상당히 중요한데, 갱년기를 자신의 몸이 깨끗하게 씻기는 시기 정도로 보는 여성은 이 시기를 훨씬 수월케 지나갈 수 있다. 바쁘고 분주하며 삶에 대한 성취욕이 강하여 갱년기 같은 데 신경도 안 쓰는 여성은 실제로 자기가 언제 갱년기를 거쳤는지도 모르게 그 시기를 지나갈 수 있다.

갱년기가 되면 성욕도 감퇴하나요?

이 문제는 전적으로 본인과 남편에게 달려 있다. 원래 관계가 별로 좋지 않은 부부 사이에서는 갱년기가 큰 악재로 작용할 수 있다. 드물기는 하지만, 갱년기로 인해 돈독하던 부부관계가 깨어지는 경우도 가끔 있다. 그러나 어떤 여성은 생리가 없어짐으로 인해 일종의 해방감 같은 것을 맛보기도 한다고 한다. 최근에 실시한 한 조사에 의하면, 마흔이 넘으면서 성관계에 더 많은 관심을 갖게 되었다는 여성이 상당수에 달하는 것으로 나타났다. 생리가 끊기는 것을 여성으로서의 매력이 상실되는 출발점으로 보고 두려워하는가 그렇지 않는가에 따라 부부관계는 나아지기도 하고 악화되기도 하는 것 같다. 다시 말해, 여성의 성생활은 생리에 달려 있지 않다는 것을 인식하기만 한다면, 폐경기 이후에도 얼마든지 풍성하고 만족스러운 성생활을 영위할 수 있는 것이다.

갱년기 후에는 호르몬 분비의 감소로 질 벽이 얇아지고 탄력을 잃음으로 인해 성관계를 갖는 게 다소 고통스러워질 수도 있고 심지어 짜증스러울 수도 있다. 그러나 이 문제는 에스트로겐 호르몬제를 충분히 복용하거나 에스트로겐이 함유된 크림을 질 내부에 국소적으로 바르면 간단하게 해결될 수 있다. 그리고 인공윤활유를 사용하는 방법도 있다.

갱년기를 거치는 동안 일주일에 한두 번 정도 만족할 만한 성관계를 가진 여성들은 체온 상승으로 피부가 붉게 달아오른다든지 초조하거나 불안해진다든지, 신경이 날카로워진다든지 하는 징후가 거의 없으며, 심지어는 호르몬제를 전혀 복용하지 않아도 질 벽에 별다른 변화가 생기지 않는다는 게 연구결과 밝혀졌다.

갱년기에 접어든 여성도 임신할 수 있을까요?

물론이다. 흔히 말하는 소위 말하는 늦둥이는 대부분 엄마가 갱년기일 때 태어난 아이들이다. 많은 여성이 생리를 몇 달 거르면 폐경이 된 줄 알고 피임약 복용을 중단하는데, 이는 상당히 잘못된 것이다. 왜냐하면 매달 규칙적으로 배란이 되어도 생리는 하지 않을 수 있기 때문이다. 이런 때에 피임을 하지 않고 관계를 가지게 되면 당연히 임신할 가능성이 높아질 것이다. 물론 나이가 있어, 그런 잘못을 범했다 하더라도 임신되는 여성은 소수에 지나지 않지만, 어쨌든 갱년기 때에도 임신되는 것은 충분히 가능하다. 그래서 의사들은 폐경이 찾아와도 최소 1년 동안은 계속해서 피임하라고 권유한다. 그 정도가 지나야 생리와 더불어 배란도 확실하게 끝났다고 추정할 수 있기 때문이다.

아내가 갱년기를 거치는 동안 남편은 어떤 도움을 줄 수 있을까요?

결혼식 날 남편은 기쁘거나 슬프거나 아내를 사랑하겠노라는 서약을 한다. 어쩌면 이 시기가 남편으로서도 결혼 후 맞는 최악의 시기가 될지 모른다. 그러나 그럼에도 불구하고 하나님께서는 변함없이 아내를 사랑하기 원하신다. 어떤 부인은 이때가 되면 불안해져 남편이 자기를 사랑하고 있다는 것과 자기가 여전히 남편에게 여성으로서의 매력을 갖고 있다는 것을 거듭 확인하고 싶어한다. 이럴 때 아내가 원하는 사랑과 인내와 친절과 이해를 적절하게 베풀어줄 수 있는 사람은 단 한 사람, 남편밖에 없다. 그러므로 남편은 하나님이 그가 할 수 없는 것을 하라고 시키시는 분이 아님을 명심하고 아내에게 필요한 친절과 사랑을 듬뿍 부어 달라고 기도하는 가운데, 아내를 사랑하고 돕기로 결단해야 할 것이다. 그러면 아내는 남편에게 고마운 마음을 갖게 될 것이고 갱년기가 완전히 끝나면 그동안 자신을 참고 견뎌준 것에 대해 꼭 보답해 줄 것이다. 갱년기가 아무리 길어 보여도 그것은 잠깐 스치는 거품 같은 것에 지나지 않으며, 그 후에는 더 큰 사랑과 부드러움의 세월이 기다리고 있음을 알게 될 것이다.

이 시기에 남편이 아내를 데리고 여기저기 여행하러 다니거나 자기의 생활반경 안으로 아내를 자주 끌어들인다면 아내가 우울증이나 불안, 초조에서 해방되는 데 많은 도움이 될 것이다. 그리고 이 시기가 되면 아이들도 예전만큼은 엄마의 지속적인 관심과 사랑을 요구하지 않게 되는데, 그로 인해 책임감 느껴야 할 일이 사라지고 대신 빈 시간만 자꾸 많아지게 되면, 아내 입장에서는 당연히 자기를 필요로 하고 원하는 사람이 있었으면 좋겠다고 느끼게 된다. 이럴 때 남편이 아내와 함께 교회활동에 적극적으로 참여하여, 같은 어려움을 겪고 있는 다른 부부들과 교제하게 되면 여러 모로 유익한 시간을 많이 가질 수 있게 될 것이다.

생리

생리 중에 성교를 하는 것이 의학적으로 볼 때 바람직한가요?

현대의학자의 대부분은 생리기간 중에 성관계를 가져도 특별히 해가 될 것은 없다고 말한다. 그러나 이 시기에는 여성의 성기가 약해져 있어 작은 자극에도 쉽게 염증을 일으킬 수 있으므로 오랜 시간 성교를 하는 것은 바람직하지 않다. 그리고 이때 관계를 갖게 되면 처음에는 따뜻하고 부드럽게 반응해 오던 아내가 어느 순간 얼음덩이처럼 차갑게 식어버릴 수도 있다. 그럼에도 불구하고 한 가지 흥미로운 사실은 이때야말로 여성이 성적으로 가장 흥분되기 쉬운 때라는 것이다.

성경은 생리 기간 중에 성교를 가지는 것에 대해 정죄하는 입장을 취하지는 않습니까?

구약의 율법은 여성이 생리를 함으로 인해 7일 동안 '불결한' 상태에 있게 되므로 그 기간 중에는 성교를 금하라고 말한다(레 15:19). 그런데 이 율법은 영적인 이유에 기반을 둔 것이 아니라 위생적인 이유에 근거를 둔 것이므로, 목욕이나 샤워가 용이치 않고 생리대나 질 세정제 그리고 기타 개량된 위생설비가 없던 3천5백 년 전에 제정된 이 법이 현대에까지 효력을 미친다고 보기는 어려울 것 같다. 게다가 예수 그리스도가 죽으심으로 모든 율법과 전례와 의식이 '단번에' 제거되었다(히 9:1-10:25). 그러므로 우리는 더 이상 그 모든 구약 율법에 구속될 필요가 없게 되었다. 우리 부부는 생리 중에 성관계를 갖는 것이 죄라고는 절대 생각지 않는다. 다만, 양이 많은 처음 사흘간은 될 수 있으면 관계를 갖지 않는 게 좋으며 그 후에 관계를 가지더라도 아내가 원해서 가져야지 남편이 원한다고 해서 일방적으로 관계를 요구하는 것은 바람직하지 않다고 생각한다.

오럴섹스

오럴섹스란 정확히 무엇입니까?

오럴섹스를 설명하기 위해서는 딱 두 단어만 있으면 충분하다. 하나는 아내가 남편의 페니스를 입 속에 넣어 귀두를 입술과 혀로 자극하는 펠라티오고, 다른 하나는 남편이 입술과 혀로 아내의 음문 주위와 음핵을 자극하는 커닐링거스다. 이 두 가지로 다 충분히 자극하면 배우자를 오르가즘에 달하게 할 수 있다.

그리스도인이 오럴섹스를 하는 게 과연 올바를까요?

우리 부부는 편지로 혹은 상담으로 거의 매주 이 질문을 받고 있다. 특히 지난 몇 년 사이에는 이러한 질문을 하는 사람이 부쩍 늘었다. 보통은 부인보다 남편이 오럴섹스를 더 원하는데, 최근에는 성관련 서적이 대량으로 쏟아져 나옴으로써 여성 가운데서도 이러한 형태의 성적 흥분을 맛보고자 하는 움직임이 커지고 있는 것 같다. 그리고 오럴섹스를 즐기는 부부도 해마다 증가하고 있다. 80퍼센트 이상의 부부가 이미 오럴섹스를 시도해 본 경험이 있다고 말하는 저자도 있다. 그런데 한 가지 흥미로운 사실은 그것을 시도해 본 사람들이 즐겁고 기분 좋은 것은 사실이지만, 하고 나면 죄의식을 느끼게 된다고 고백했다는 것이다.

성경은 이 문제에 대해서도 절대 침묵하고 있다. 그래서 그런지 이 문제를 바라보는 시각과 해석하는 방법은 사람에 따라 천양지차다. 우리가 조사해 본 바에 의하면 그리스도인 의사 가운데 본인이 즐기기만 하면 그리스도인 부부도 오럴섹스를 해도 된다고 대답한 사람이 73퍼센트였고, 아무리 즐거워도 절대 해서는 안 된다고 대답한 사람이 27퍼센트였다. 그리고 놀랍게도 목회자 가운데 오럴섹스를 해도 된다고 생각하는 사람은 77퍼센트에 달하는 반면, 해서는 안 된다고 생각하는 목회자는 겨우 23퍼센트에 지나지 않았다. 그런데 이상하게도, 우리 부부에게 조언을 구하러 오는 사람 중에는 이미 오럴섹스를 반대하는 목회자와 한 번 이상 상담한 적이 있는 사람이 상당수에 달했다. 그래서 우리는 많은 목회자가 익명으로 실시하는 조사에서는 오럴섹스를 해도 된다는 자신의 의견을 솔직하게 표명하면서, 정작 누군가 상담을 요청해 오면 설문조사 때와 정반대되는 입장을 취하는 게 아닐까 하고 의심해 보기도 했다. 객관적으로 볼 때 목사라면 당연히 그것을 반대해야 할 것 같으니까 말이다.

대개 공식적인 석상에서 오럴섹스를 찬성하면 당연히 강한 반발과 공격을 받게 된다. 여러 사람 앞에서 그것을 찬성하는 사람은 거의 없으니까 말이다. 그렇지만, 아무도 보지 않는 침실에서는 어떻게 할지 누가 알겠는가? 어떤 사람들은 오럴섹스가 위생적이지도 않고 영적이지도 않다는 이유로 그것을 반대하는데, 그들의 생각과 달리 의사들은 오럴섹스가 건강을 해치는 게 절대 아니라고 이미 밝혔으며, 성경도 오럴섹스가 영적이지 않다고 말한 적이 한 번도 없다. 그러므로 모든 부부는 이 문제에 대해 각자 나름대로의 결론을 내려야 할 것이다.

우리 부부는 그것을 권장하지도 옹호하지도 않는다. 또한 그것을 즐기는 부부를 힐난하거나 책망할 수 있는 분명한 성경적 근거를 갖고 있지도 않다. 그러나 오럴섹스가 성교를 대신할 정도로 큰 비중을 차지해도 된다고는 절대 생각지 않는다. 만일 그것이 결혼 안에 비집고 들어올 틈이 있다면, 그것은 전희 단계쯤에 국한되어야 할 것이다. 끝으로, 두 사람 중 한 사람이 그것을 달가워하지 않는다든가 그것에 대해 죄의식을 느낀다면, 절대로 다른 한 사람이 그것을 강요하거나 요구할 수 없다는 것을 분명히 말해 두고 싶다. 사랑이란 그 어떤 것도 강요하지 않는 것이니까 말이다.

그렇다면, 오럴섹스를 하는 부부가 점점 증가하는 이유는 무엇일까요?

최근 들어, 오럴섹스에 대한 논쟁이 확산된 데에는 많은 요인을 꼽을 수 있는데, 첫 번째는 성혁명으로 인해 좀 더 다양한 성경험을 하도록 고무받게 되었다는 것이고, 두 번째는 동영상, 잡지 등 시각적 자극에 따른 호기심, 성관련 서적들의 베스트셀러 등등으로 인해 오럴섹스에 대한 인식이 보편화되었다는 것이고, 세 번째는 잇따른 보고에 의하면 많은 미혼남녀가 처녀막이 파괴되거나 임신이 되는 불편한 상황을 피하기 위해 삽입성교 대신 오럴섹스를 선호한다는 것이고, 네 번째는 그것이 20세기 후반에 접어들면서 유행처럼 번져가기 시작했다는 것이다. 세 번째 요인과 관련하여 한 가지 부연하고 싶은 게 있는데, 그것은 결혼 전에 오럴섹스를 즐긴 사람은 결혼 후에도 오럴섹스에 대한 욕망이 시들지 않는 다는 것이다. 실제로, 결혼 전에 오럴섹스를 통해 오르가즘을 경험한 여성은 삽입섹스를 통해서는 웬만해서는 오르가즘을 경험하기 어렵다는 보고도 있다.

오럴섹스와 관련된 위생적인 문제로는 어떤 것들이 있을까요?

오럴섹스에 대한 열기가 과연 전문가들이 말하는 것처럼 해로운지 그렇지 않은지는 앞으로 더 밝혀져야 하겠지만, 몇몇 의학 전문가에 의하면, 오럴섹스를 통해 포진성 질환이 전염되어 심한 경우에는 자궁경부암으로까지 발전할 수도 있다고 한다. 다음에 소개하는 편지는 일리노이대학교에서 학생들을 상담하고 있는 루이스 버만 박사가 앤 랜더스라는 언론인 앞으로 보낸 편지인데, 주의 깊게 들어야 할 정보가 담겨 있다.

친애하는 랜더스 씨,

지난 번 칼럼에서 널리 알려져 있지는 않지만, 그래도 희귀병이라고는 볼 수 없는 단순포진성 질환에 대해 경고하신 것을 읽었습니다. 그때 이 병이 지속되면 불임과 암으로까지 발전될 수도 있다고 경고하셨지요.

저는 대학에서 학생들을 상담하고 있는데, 예전에 헤어졌던 여자친구와 재회하여 주말을 함께 보냈다가 헤르페스에 감염된 한 총명하고 전도유망한 남학생으로부터 그로 인한 고통과 슬픔에 대해 듣게 되었습니다. 그런데 그는 자신의 여자친구에 대해 이야기하며 그녀가 예전에 입술 헤르페스(감기나 열병 때문에 입언저리에 생기는 일종의 발진 - 역자 주)가 자주 일어나던 남자와 깊은 관계를 가진 적이 있다고 말했습니다.

아시겠지만, 헤르페스라는 질병은 입술 헤르페스 바이러스의 일종으로 최근 들어 급속히 증가하고 있는 오럴섹스로 인해 쉽게 성병으로 발전할 수 있는 그런 것입니다. 포르노 영화와 외설예술이 5년 전만 해도 생소했던 이상한 방식으로 오럴섹스를 보편화시켜버린 것이지요.

상담가로서 저는 제 동료조차도 직접적으로 혹은 간접적으로 오럴섹스를 부추기고 있는 잘못된 현실이 참 서글프다는 생각을 하곤 합니다. 제가 이 편지를 보내는 이유는 좀 더 많은 사람이 오럴섹스가 안전하지 않다는 것을 깨달았으면 하는 바람에서입니다. 무지로 인해 그런 돌이킬 수 없는 질병에 걸리는 것보다는 제대로 알고 분별력 있게 처신하는 게 바람직할 테니까요.

저는 신문과 잡지를 통해 헤르페스에 대한 기사는 많이 읽었지만, 헤르페스가 오럴섹스를 통해 전염될 수 있다는 기사는 한 번도 읽은 적이 없습니다. 아마도 감히 그런 기사를 쓸 만한 용기가 없어서 그렇겠지요. 앤, 당신은 어떤가요?

우리는 오럴섹스에 대해 좀 더 깊은 연구가 이루어지면, 이런 심각한 질병과의 상관관계에 대한 공신력 있는 결과가 언젠가는 나오게 될 것이고, 그리하여 그것이 건강을 크게 위협한다는 인식이 보편화될 때가 곧 오리라고 확신한다.

오르가즘

여성 가운데는 성교를 통해서보다 오히려 손으로 가하는 직접적인 자극에 의해 더 큰 만족을 경험하는 여성이 있다고 하는데, 사실입니까?

그렇다. 그 이유는 페니스보다 손이나 손가락으로 아내의 성감대를 찾아내는 게 훨씬 쉽고 정확하기 때문이다. 게다가 아내의 질이 출산으로 인해 늘어지고 약해져 있어 페니스가 가하는 자극에 제대로 반응하기 어려운 것도 하나의 원인으로 작용한다. 물론, 이것은 케겔운동을 통해 교정될 수 있고 성교 도중에 남편이 가하는 자극도 연습과 시행착오를 통해 개선될 수 있지만 말이다. 그래도 보통 아내는 손가락으로 가해주는 직접적 자극에 의해 첫 번째 오르가즘을 경험하게 되며 그런 다음에야 남편과 함께 동시에 오르가즘에 달하는 경지로까지 나아가게 된다. 물론 질을 통해 오르가즘을 느끼게 되기까지 걸리는 시간은 사람마다 다르며, 아무리 노력해도 안 되는 여성도 있다. 내가 해줄 수 있는 말은 연습만이 그것을 가능케 하므로 꾸준히 연습하고 노력하라는 것뿐이다.

오르가즘은 거의 느끼지 못하면서 그래도 성관계는 여전히 좋아한다면, 그 여자에게 무슨 문제가 있는 게 아닐까요?

절대로 그렇지 않다. 아마도 그런 여성은 성관계뿐 아니라, 다른 활동영역에서도 비교적 쉽게 만족을 느끼는 타입일 것이다. 그게 아니라면, 자기가 무엇을 놓치고 있는지도 모르는 타입이든가 말이다. 물론 폭발할 것 같은 오르가즘을 한 번이라도 경험해 본 여성이라면, 오르가즘이 없는 성관계에 만족을 하는 경우는 없을 것이다.

여자들이 정말로 성관계를 좋아하기는 할까요? 아니면, 단지 성경이 남편에게 복종하라고 가르치기 때문에 남편의 요구에 기계적으로 응하는 것일까요? 정말이지 그 이유가 너무 궁금합니다.

온몸이 뒤흔들리는 오르가즘을 한 번이라도 경험해 본 여성이라면, 절대로 이러한 우문을 하지 않을 것이다. 성관계만큼 즐겁고 흥분되는 경험도 없다는 것을 알고 있는 여성이라면 일주일에 두세 번은 관계를 갖고 싶어지는 게 당연하니까 말이다.

성불감증

17년이나 결혼생활 했는 데도 한 번도 오르가즘을 경험하지 못해 낙담하고 실망한 가운데 있습니다. 어떻게 하면 이 문제를 해결할 수 있을까요?

우선은 오르가즘을 경험할 수 있게 해 달라고 간절히 기도해야 할 것이다. 다음에는 이 책의 9장과 10장을 읽은 뒤, 케겔 박사가 지시한 대로 PC근육운동을 꾸준히 하기 바란다. 그리고 당장에 가시적인 효과가 나타나지 않아 실망스러울 때는, 한 번도 오르가즘을 느끼지 못하던 부인 가운데 85퍼센트 이상이 이 운동을 하고 나서 오르가즘을 경험하게 되었다는 사실을 되새기면 많은 도움이 될 것이다. 우리는 여성이 결혼한 이상 성불감증으로 고통을 받아야 할 이유나 원인 같은 것은 하나도 없다고 생각한다.

여성에게 오르가즘은 얼마나 중요한지요?

그것이 중요한 이유는 여성이 매사를 좋은 쪽으로 해결하고자 하는 적극적이고도 능동적인 생활방식에 익숙해져 있느냐 그렇지 않느냐를 대변하기 때문이다. 만일 남편이 손가락으로 자극을 가해 주었을 때 오르가즘을 경험할 수 있는 여성이라면, 남편과 함께 동시에 오르가즘에 달할 수 있도록 하는 연습이 필요하다. 동시에 오르가즘을 느끼는 것은 성관계의 궁극적인 목적인데, 그것은 충분히 익힐 수가 있다. 그러므로 나는 남편이 페니스를 너무 빨리 삽입한다든가, 또 페니스를 삽입한 후에는 더 이상 손가락으로 자극을 가하지 않더라도 거기에 개의치 말고 오르가즘에 달하기 위해 계속해서 집중하라고 말하고 싶다.

페니스를 삽입하고 난 다음에는 어떻게 해야 아내를 오르가즘에 달하게 할 수 있습니까?

아내의 성감대가 충분히 일깨워질 때까지 기다렸다가 페니스를 삽입하는 게 아내를 오르가즘에 달하게 하는 가장 좋은 방법이다. 다시 한 번 말하지만, 남편이 페니스를 삽입해야 하는 때는 아내의 질에서 점액이 홍건하게 배어나오는 때가 아니라, 소음순이 평소 크기의 2~3배 이상으로 커졌을 때이다. 그리고 페니스를 삽입한 후에도 잠시 동안은 아내의 음핵을 계속해서 자극해 주어야 하며 사정을 하고 싶어도 아내가 충분히 오르가즘에 달할 때까지 참아야 한다. 또한 페니스를 너무 깊이 삽입하지 않도록 주의해야 하며 질 속 깊이 찌르고 싶은 충동이 일 때마다 페니스 귀두를 질 입구에서 최대한 가까운 곳에서 움직이는 것이 아내를 빨리 오르가즘에 달하게 하는 비결임을 되새겨야 할 것이다. 남자는 본능적으로 페니스를 질 속 깊이 찌르고자 하는 충동을 느끼게 되는데, 그렇게 하면 오히려 아내의 질 가운데서 감각이 가장 둔한 부분만 자극하는 소모적인 결과를 낳게 되고 만다. 아내의 질에서 신경말단이 집약되어 있는 부분은 입구에서 2~5센티미터 안으로 들어간 지점이라는 사실을 유념하기 바란다.

체위

성관계는 반드시 침대에서만 가져야 하나요?

대부분의 부부에게는 침대만큼 성관계를 갖기 편한 곳도 없다. 그렇다고 해서 침대가 성관계를 가질 수 있는 유일한 장소인 것은 절대로 아니다. 통계에 따르면, 대부분의 부부가 90퍼센트 이상은 침대에서 성관계를 갖지만, 이따금 새로운 것을 시도해 보고 싶을 때는 침대 아닌 다른 장소에서 평소와는 다른 체위로 성관계를 갖기도 하는 것으로 나타났다. 개인적으로 우리 부부는 가끔은 창조적이고 실험적인 방법으로 성관계를 갖는 것도 현명하다고 생각한다. 남편과 아내 둘 다 편안하게 느낄 수 있고 사생활이 침해당할까봐 염려하지 않아도 되는 곳이라면 어디든 괜찮을 것이다.

낭만

성관련 서적들을 보면 예외 없이 하룻밤 정도는 집에서 멀리 떠나 둘 만의 밀어를 즐기는 게 좋다고 말하는데, 적은 월급으로 어떻게 그런 사치를 부릴 수 있겠습니까?

그렇다면, 우선 생활비 항목을 점검해 본다. 가끔 하룻밤 정도 허니문 같은 시간을 가질 수 있게 해 달라고 기도하면서 계획을 세운다. 모든 부부에게는 이런 시간이 필요하기 때문이다.

생활에 지장이 없는 범위 내에서 부부만의 특별한 시간을 위해 저축을 하는 것도 좋은 방법이다. 단조로운 생활에 활력을 불어넣고 싶을 때 이 돈을 사용한다면 서로에게 사랑과 격려가 된다. 결혼한 부부라면 누구나 그런 시간을 원할 것이기 때문이다. 아무리 근검절약을 원칙으로 삼는 부부라 하더라도, 단 둘만의 달콤한 시간을 위해 돈을 쓰는 것은 충분히 투자할 만한 가치가 있다고 생각한다.

중년 및 노년의 성관계
성관계는 나이가 어느 정도 되었을 때 그만두는 게 가장 좋을까요?

이 책을 집필하는 동안, 우리 부부는 수년째 절친하게 지내고 있는 한 노부부와 점심식사를 같이한 적이 있었다. 남편 되시는 분은 지금 일흔여섯 살이고 부인은 그보다 서너 살 아래인데, 그분들이 살아가시는 모습이 너무 아름다워 우리는 그분들과의 우정을 아주 소중하게 여기고 있다. 식사 도중에 내가 이 책에 대해 말씀 드리자 그분은 "궁금한 게 있으면 언제든 물어보게나. 혹시 내가 도움이 될지 누가 알겠는가?"라고 말씀하시는 것이었다. 그래서 내가 어렵사리 용기를 내어 지금 그 연세에도 성관계를 가지시는지 여쭈어보자, 빙그레 웃으시며 "못 해도 일주일에 세 번은 하지"라고 말씀하셨다. 그리고는 "이제 은퇴해서 할 일도 별로 없으니 그걸 할 수 있는 시간이 더 많아졌지 뭔가?"하고 짓궂은 농담까지 하셨다. 더불어 그분은 자신의 정력이 쇠퇴하리라고는 한 번도 생각하지 않았고, 그래서 그런지 실제로도 그런 일은 일어나지 않았다. 바로 그분의 생각이 그분으로 하여금 그토록 활기찬 생활을 할 수 있도록 한 것이었다고 한다. 그 부부를 보며 나는 부부가 건강하다면 팔십 살까지도 충분히 성관계를 가질 수 있다는 사실을 거듭 확인했다. 그리고 그분들 말고도, 나는 금혼식 날 그렇게 오랜 세월을 함께 살아온 것을 축하하는 의미에서 평소보다 몇 배 더 깊은 성관계를 가졌다고 말씀하시는 어른을 상당히 많이 만났다.

사람이 나이를 먹으면, 몸의 여기저기가 삐걱거리고 고장이 나기 시작한다. 그러나 노화 과정은 사람에 따라 다르게 나타나기 때문에, 정확히 어떤 증상이 일어난다고 예측할 수는 없다. 어떤 사람에게는 자주 나타나는 문제가 다른 사람에게는 전혀 나타나지 않을 수도 있기 때문이다. 나이가 들면서 활력이 감소하게 되면, 젊었을 때 그렇게 즐기던 활동도 덜하게 되고 정열도 그만큼 식게 된다. 그와 동시에 연세 드신 분은 성관계를 가질 때 이따금씩 기능장애를 경험하기도 한다. 그러다가 오르가즘을 경험하지 못하는 일이 몇 차례 되풀이되면 '모든 게 끝났다'는 성급한 결론을 내리게 된다. 만일 자신의 상황을 면밀하게 분석해 보면, 다시 시작할 수 있겠다는 희망을 발견할 수 있다는 것은 전혀 생각지도 않고서 말이다.

흔히 남성들은 성교를 제대로 즐기려면 반드시 사정을 해야 한다는 강박관념을 갖고 있는데, 그것은 절대 그렇지 않다. 흥분이 되면 페니스가 발기할 것이고 그러면 그것을 아내의 질 속에 삽입하여 얼마 동안 전율과 자극을 경험하게 될 것이다. 그러나 그러다가 아내를 먼저 오르가즘에 달하게 하고 나면 자기도 모르게 사정하고 싶다는 욕구가 스르르 사라져 버릴 수도 있다. 물론 사정을 하지 않았기 때문에 온몸이 폭발할 것 같은 오르가즘은 느끼지 못하겠지만, 그래도 자신의 성욕과 아내의 성욕 모두를 만족시키는 데는 별다른 지장이 없다. 흥분과 긴장은 좀 감소되지만, 그래도 불만족스럽지않다. 이러한 경험에 적응을 하게 되면, 반드시 사정을 해야 한다는 압박감에서 해방될 수 있기 때문에 오히려 사정할 수 있는 확률이 더 커진다. 그러다가 차츰 예전의 자신감을 회복하게 되고 사정에 성공하는 횟수도 그만큼 더 늘어나게 될 것이다. 그러나 한 번만 사정에 실패해도 모든 게 끝장이라고 생각함으로써 아직도 쓸 만한 능력을 너무 일찍 매장시켜 버리는 잘못을 범하는 남편이 너무 많은 것이 현실이다.

중년으로 접어들면서 너무 피곤해 도저히 성관계를 갖지 못하겠다고 느끼는 날이 부쩍 많아졌습니다. 어떻게 하면 예전처럼 의미 있고 흥분되는 삶을 살 수 있을까요?

인간의 성욕은 신체의 다른 부분이 갖고 있는 욕망과 병행한다. 그러므로 이분처럼 늘 피곤함을 느끼는 중년의 남성은 반드시 의사의 검진을 받아 보아야 하며 또 잘못된 식생활을 하고 있지는 않은지 식습관을 자세히 점검해 보아야 한다. 혹은 비타민 결핍으로 인해 피로감이 누적되어 있지는 않은지도 살펴보아야 한다. 우리 주변에는 50대에 접이들면시 피로를 부쩍 많이 느껴 예전보다 한 시간 일찍 잠자리에 드는 사람이 많다. 그런데 그분들에 의하면 고작 한 시간 일찍 잠자리에 들었을 뿐인데도 삶이 훨씬 더 풍요로워졌다고 한다. 우리 교회 성도 가운데는 아침은 많이 먹고 점심은 배고프지 않을 정도로만 먹고 저녁은 아주 조금 먹는 식생활을 했더니 살도 빠지고 활력도 더 생기는 것 같다고 말씀하시는 분이 상당수 된다. 성욕을 증가시키기 원한다면, 무엇보다 활력을 증대시키는 데 주력해야 할 것이다. 몸에 활력이 넘치면 성욕은 자연히 증가하게 되니까 말이다.

나이를 먹어갈수록 성욕도 그만큼 감퇴하는데, 그 이유가 무엇일까요?

노화가 진행됨에 따라 성욕을 포함하여 인간이 갖고 있는 대부분의 충동이 약화되는 것은 사실이지만, 그렇다고 해서 성욕이 어느 순간 갑자기 없어지는 것은 절대로 아니다. 나는 몇 년 전까지만 해도 시력이 상당히 좋았는데, 몇 년 전부터는 안경을 끼고 생활해야 할 정도로 시력이 나빠지게 되었다. 우리가 나이 들어가면서 적응해야 하는 신체적 변화가 어디 시력뿐이겠는가? 요즘에는 평균수명이 많이 연장되었기 때문에 노화로 인해 나타나는 증상이 훨씬 복잡하고 다양해졌고, 필요한 만큼의 운동을 하고 있지 못하기 때문에 문제가 더 복잡하게 되었다. 그러나 앞에서도 말했듯이, 가장 중요한 것은 자신의 몸에 일어나는 변화를 바라보는 정신적 자세가 아닌가 한다. 스스로가 자신은 성욕이 감퇴하고 있다고 생각하면, 실제로 그렇게 될 것이다. 대부분의 부부는 중년에 접어들어서도 원하는 만큼 성교를 즐긴다. 물론, 예전만큼 그렇게 자주 하지는 않지만 말이다. 그러나 우리가 조사한 바에 의하면, 성관계를 갖는 횟수는 많이 줄었지만, 서로를 사랑하는 법에 대해서는 더 많이 배워가고 있으며 그 결과, 해가 거듭될수록 더 풍성한 성생활을 즐기는 부부가 상당수에 달하는 것으로 나타났다.

60대 후반에 접어든 남성들은 체질 및 증상에 따라 비타민, 영양식품, 혹은 기타 건강보조식품들이 원기를 증강시키는 데 도움이 되는지 전문가에게 자문을 구하는 것도 좋을 것이다. 건강보조제로 아주 큰 효과를 보았다고 말하는 사람이 많으니까 말이다.

성충동

남편은 성생활에 너무도 무관심한데, 정말이지 더는 못 견디겠습니다. 어떻게 하면 좋을까요?

남편에게 솔직하게 말하는 게 가장 좋을 것 같다. 그 다음에는 자신을 돌아보며 남편의 성욕을 저하시키는 행동을 하고 있지는 않은지 점검해 보아야 할 것이다. 혹 그렇다면, 더욱 나긋나긋한 태도로 남편을 대하고 침실에서도 도발적인 옷차림으로 남편을 맞이하고 남편의 페니스도 부드럽게 잘 마사지해 주는 등 그의 성욕에 불을 붙이려는 노력을 다양하게 시도해 보아야 할 것이다. 아무리 성관계에 관심 없는 남편이라도 아내가 페니스를 부드럽게 애무해 주는 데는 버틸 재간이 없기 때문이다.

아내가 남편보다 성욕이 강하면 잘못된 걸까요?

절대 그렇지 않다. 기질과 자라온 환경, 몸의 전반적인 상태 등에 따라 사람은 저마다 다른 성욕을 갖게 된다. 부인이 남편보다 저돌적이고 공격적인 것에 대해 남편이 아무 불만 없다면, 굳이 그것에 대해 죄책감 같은 것을 느낄 필요는 없을 것이다. 게다가 요즈음에는 회사 일로 인한 정신적 압박감과 책임감에 짓눌려 먼저 성관계를 요구하는 일이 거의 없을 정도로 성욕이 저하된 남편이 많다는 것을 감안하면, 부인이 남편보다 성욕이 더 강한 게 어쩌면 당연한지도 모르겠다.

임신 중의 성생활

나는 지금 첫째 아이를 가졌는데, 성관계를 가지면 남편은 나와 아이에게 해를 끼치게 될지도 모른다고 염려해서 성관계를 거의 갖지 않고 있습니다. 임신하면 원래 그래야 하는 건가요?

참 자상하고 이해심 많은 남편인 것 같다. 하지만, 남편의 염려는 전혀 근거 없는 것이므로, 그런 불필요한 염려 때문에 사랑을 표현할 수 있는 기회를 계속해서 박탈당할 필요는 없을 것이다. 산부인과 의사들에 의하면 출산예정일 6주 전까지는 성관계를 가져도 태아나 산모에게 아무런 영향을 미치지 않는다고 한다. 남편의 잘못된 생각을 바르게 인식시켜 준다.

기타 다른 질문들

기질이 성관계에 대한 태도나 감정에도 영향을 미칠까요?

원래 공격적인 사람은 사랑에 대해서도 저돌적으로 덤비는 경향이 있다. 반면 기질적으로 수동적인 사람은 성관계에 대한 욕망도 별로 강하지 않다. 우리가 조사한 바에 의하면 다혈질적인 사람은 성관계에 아주 민감하게 반응하며, 담즙질의 남성은 서둘러 관계를 끝마치는 타입이라 여간해서는 아내를 만족시키지 못하는 것으로 나타났다. 그리고 점액질의 여성은 오르가즘에 달하는 법을 아주 빨리 배워 성관계를 주도하거나, 아니면 오르가즘을 전혀 느끼지 못해 가급적 성관계를 회피하려고 할 것이다. 또한 우울질적인 사람은 본능적으로 아주 민감하기 때문에 완벽하지 않으면 못 견디는 성향이 있어 성관계를 갖기 전해 자기가 해야 하는 일들을 완벽하게 다 마쳤는지 머릿속으로 점검하곤 하는데, 그런 일만 하지 않는다면 아주 훌륭한 배우자가 될 수 있을 것이다.

그리고 우리는 점액질 여성이 점액질 남성보다 훨씬 더 자주 오르가즘을 경험한다는 흥미로운 사실도 발견했는데, 이것은 아마도 점액질의 아내는 자신의 욕망을 남편의 욕망과 조화시킬 수 있는 능력을 갖고 있기 때문인 것 같다.

그렇다고 해서 기질이 모든 성적 반응에 영향을 끼치는 유일한 요인인 것은 절대로 아니다. 어린 시절의 경험과 성에 대한 적절한 이해 등 성적 반응에 영향을 끼치는 것은 그 외에도 무수히 많다. 개인적으로 우리 부부는 **행복한 성생활을 영위하기 위한 가장 중요한 요소는 기질이 아니라, 이기적이지 않은 마음으로 상대방을 대할 수 있는 능력이라고 생각한다.** 이기심은 사랑의 가장 큰 적이다. 따라서 사랑을 온전케 할 수 있는 것은 이기적이지 않은 마음뿐이다.

여성은 종종 섹스를 무기로 사용하는 경향이 있는데, 도대체 왜 그럴까요?

아마도 여성이 갖고 있는 최후의 무기가 성이어서 그렇지 않을까 싶다. 그러나 진정으로 사랑한다면, 무기 같은 건 전혀 필요 없을 것이다. 그래서 나는 여성이 섹스를 무기로 사용하는 것은 물에 빠진 사람이 지푸라기를 붙잡는 것만큼이나 어리석은 짓이라고 생각한다. 계속해서 그런 태도로 일관한다면, 결국에는 성적 자살을 유도하는 결과밖에 남지 않을 것이다. 물론, 남편의 사랑이 못 미더울 때도 있을 것이다. 그러므로 아내가 성을 무기로 사용한다면, 남편은 아내에게 지금 그녀가 어떻게 보이는지 자상하고도 친절하게 이야기해 주는 한편, 자기가 최근에 아내를 어떻게 대했는지도 돌아보아야 할 것이다. 왜냐하면, 아내가 그런 위험한 방법으로 승부수를 두려는 것은 마음속 깊이 도움을 원하고 있다는 표시이므로, 그런 때일수록 아내에게 더 큰 사랑과 애정을 베풀어야 하기 때문이다. 그러므로 남편이 아내를 더 큰 사랑으로 감싸 안게 되면 두 사람의 관계는 자동적으로 개선될 것이고 더 풍성한 성생활을 누릴 수 있게 될 것이다.

어떻게 하면 성관계를 영적인 경험으로 승화시킬 수 있을까요?

그리스도가 다스리시는 삶을 사는 그리스도인이 하는 일은 모두가 영적인 것이다. 먹는 것, 배설하는 것, 아이를 훈계하는 것, 쓰레기통을 비우는 것 등 크고 작은 일 모두가 영적인 것이다. 성관계 또한 영적인 행위에 포함되는 것은 두 말 할 필요 없을 것이다. 영적인 그리스도인들은 잠자리에 들기 전에 기도를 한다. 그리고 성관계로 이어지기도 한다. 그러므로 이것을 영적인 행위가 아니라고 말할 수 있는 사람은 하나도 없을 것이다. 사실상, 우리 부부는 영성이 강하면 강할수록 서로를 더 큰 사랑과 애정으로 대하게 되고 결국 사랑을 표현하기 위한 성관계도 더 빈번하게 갖게 된다고 믿고 있다. 그리고 **실제로도 성관계는 부부의 관계를 풍성하게 하는 모든 영적 경험의 최종적인 표현이 되어야 한다.**